CB049514

DISTRIBUIÇÃO DO RENDIMENTO, DESIGUALDADE E POBREZA: PORTUGAL NOS ANOS 90

COLECÇÃO ECONÓMICAS – 2ª Série
Coordenação da Fundação Económicas

António Romão (org.), *A Economia Portuguesa – 20 Anos Após a Adesão*, Outubro 2006

Manuel Duarte Laranja, *Uma Nova Política de Inovação em Portugal? A Justificação, o modelo os instrumentos*, Janeiro 2007

Daniel Müller, *Processos Estocásticos e Aplicações*, Março 2007

Rogério Fernandes Ferreira, *A Tributação dos Rendimentos*, Abril 2007

Carlos Alberto Farinha Rodrigues, *Distribuição do Rendimento, Desigualdade e Pobreza: Portugal nos anos 90*, Novembro 2007

COLECÇÃO ECONÓMICAS – 1ª Série
Coordenação da Fundação Económicas

Vítor Magriço, *Alianças Internacionais das Empresas Portuguesas na Era da Globalização. Uma Análise para o Período 1989-1998*, Agosto 2003

Maria de Lourdes Centeno, *Teoria do Risco na Actividade Seguradora*, Agosto 2003

António Romão, Manuel Brandão Alves e Nuno Valério (orgs.), *Em Directo do ISEG*, Fevereiro 2004

Joaquim Martins Barata, *Elaboração e Avaliação de Projectos*, Abril 2004

Maria Paula Fontoura e Nuno Crespo (orgs.), *O Alargamento da União Europeia. Consequências para a Economia Portuguesa*, Maio 2004

António Romão (org.), *Economia Europeia*, Dezembro 2004

Maria Teresa Medeiros Garcia, *Poupança e Reforma*, Novembro 2005

1ª Série publicada pela CELTA Editora

CARLOS ALBERTO FARINHA RODRIGUES
Professor Auxiliar do ISEG/UTL

DISTRIBUIÇÃO DO RENDIMENTO, DESIGUALDADE E POBREZA: PORTUGAL NOS ANOS 90

DISTRIBUIÇÃO DO RENDIMENTO, DESIGUALDADE
E POBREZA: PORTUGAL NOS ANOS 90

AUTOR
CARLOS ALBERTO FARINHA RODRIGUES

EDITOR
EDIÇÕES ALMEDINA, SA
Avenida Fernão de Magalhães, n.º 584, 5.º Andar
3000-174 Coimbra
Tel.: 239 851 904
Fax: 239 851 901
www.almedina.net
editora@almedina.net

PRÉ-IMPRESSÃO • IMPRESSÃO • ACABAMENTO
G.C. – GRÁFICA DE COIMBRA, LDA.
Palheira – Assafarge
3001-453 Coimbra
producao@graficadecoimbra.pt

Novembro, 2007

DEPÓSITO LEGAL
267737/07

Os dados e as opiniões inseridos na presente publicação
são da exclusiva responsabilidade do(s) seu(s) autor(es).

Toda a reprodução desta obra, por fotocópia ou outro qualquer processo,
sem prévia autorização escrita do Editor,
é ilícita e passível de procedimento judicial contra o infractor.

Índice Geral

Índice de Quadros	9
Índice de Figuras	13
Índice de Variáveis	15
Apresentação	17
Prefácio	19
Agradecimentos	23
Capítulo 1: **Introdução**	25
Capítulo 2: **Distribuição do Rendimento: Aspectos Conceptuais**	35
2.1. Introdução	35
2.2. O que estudamos quando estudamos a distribuição do rendimento	36
2.2.1. A variável objecto de estudo	37
2.2.2. Unidade receptora do rendimento	40
2.2.3. Escalas de Equivalência	41
2.2.4. Ponderação das unidades demográficas	44
2.3. Índices distributivos	45
2.3.1. Distribuição do Rendimento e Desigualdade	45
2.3.2. Desigualdade e bem-estar social	57
2.3.3. Bem-estar social e pobreza económica	68
2.4. Técnicas de Decomposição da Desigualdade e Pobreza	78
2.4.1. Decomposição dos índices de desigualdade por grupos socio-económicos	79
2.4.2. Decomposição dos índices de desigualdade por fontes de rendimento	84
2.4.3. Decomposição dos índices de pobreza por grupos socioeconómicos	89
2.5. Ordenação das distribuições	92
2.5.1. Critérios de ordenação e bem-estar social	97

2.5.2. Critérios de ordenação e desigualdade 104
2.5.3. Critérios de ordenação e pobreza 107
2.6. Da teoria à prática: problemas de implementação empírica 113
2.6.1. Inferência estatística dos índices redistributivos 117
2.6.2. Inferência estatística e ordenação das distribuições de rendimento 118

Capítulo 3: **Principais alterações na distribuição do rendimento e seu impacto na Desigualdade e na Pobreza em Portugal (1989-2000)** .. 121

3.1. Introdução 121
3.2. Informação estatística de base – os Inquéritos aos Orçamentos Familiares 122
    3.2.1. Objectivos e principais características dos IOFs 122
    3.2.2. Plano de amostragem e representatividade 124
    3.2.3. Informação disponível sobre o rendimento 131
    3.2.4. Construção da distribuição individual do rendimento disponível por adulto equivalente 138
3.3. Evolução da distribuição do Rendimento 140
    3.3.1. A distribuição do rendimento em Portugal: uma análise gráfica ... 140
    3.3.2. A distribuição do rendimento em Portugal: uma análise por decis do rendimento por adulto equivalente. 145
    3.3.3. A distribuição do rendimento em Portugal: alterações na desigualdade. 153
    3.3.4. A distribuição do rendimento em Portugal: pobreza económica ... 163
    3.3.5. A distribuição do rendimento em Portugal: medidas de bem-estar social. 176
3.4. Sensibilidade dos resultados obtidos 179
    3.4.1. Sensibilidade dos resultados alcançados ao conceito de rendimento escolhido. 180
    3.4.2. Sensibilidade dos resultados alcançados face à distribuição de rendimento seleccionada 183
    3.4.3. Sensibilidade dos resultados alcançados face à escala de equivalência seleccionada 188

Capítulo 4: **Principais determinantes das alterações ocorridas na distribuição do rendimento** 195

4.1. Introdução 195
4.2. Alterações nas assimetrias regionais 200
4.3. Alterações na estrutura etária da população 209

4.4. Alterações na composição dos agregados 214
4.5. Alterações no nível médio de instrução do indivíduo de referência. 223
4.6. Alterações na participação da população na actividade produtiva... 227
4.7. Alterações na estrutura do emprego 235
4.8. Alterações na estrutura dos rendimentos familiares 241
4.9. Alterações nas assimetrias salariais 250
4.10. Alterações no impacto redistributivo da política fiscal 256

Capítulo 5: **Simulação do Impacto Redistributivo do Programa de Rendimento Mínimo Garantido** 265

5.1. Introdução 265
5.2. O Programa de Rendimento Mínimo Garantido 267
    5.2.1. Principais características do RMG 267
    5.2.2. Principais dificuldades de implementação de um Programa de Rendimento Mínimo Garantido 269
5.3. O Programa do Rendimento Mínimo Garantido no IOF 2000 272
5.4. Metodologia de Simulação do RMG 274
5.5. Principais Resultados da Simulação do RMG 276
    5.5.1. Identificação dos beneficiários do RMG 277
    5.5.2. Validação Preliminar dos Resultados da Simulação do RMG. 281
5.6. Impacto do RMG na repartição do rendimento 285
    5.6.1. Eficácia do RMG no combate às situações de pobreza 290
    5.6.2. Eficiência do RMG no combate às situações de pobreza 292
5.7. Avaliação Global do Programa 298

Capítulo 6: **Conclusão** 301

Anexo I – Dominância de "Rank", de Lorenz e de Lorenz Generalizada para Diferentes Tipos de Distribuição do Rendimento 319

Anexo II – Sensibilidade das Medidas de Pobreza Monetária face a Diferentes Tipos de Distribuição do Rendimento 341

Anexo III – Sensibilidade das Medidas de Desigualdade e de Pobreza Face a Diferentes Escalas de Equivalência 347

Referências Bibliográficas 353

Índice de Quadros

Quadro n.º 3-1 Inquérito aos Orçamentos Familiares – Dimensão da Amostra por NUTS II 126
Quadro n.º 3-2 Taxa de Resposta dos Inquérito aos Orçamentos Familiares 1994/95-2000 128
Quadro n.º 3-3 Distribuição da População (Indivíduos) por NUTS II (%) ... 129
Quadro n.º 3-4 Ponderadores de Extrapolação e Correcção da Amostra 130
Quadro n.º 3-5 Rendimento Líquido dos Agregados 134
Quadro n.º 3-6 Rendimento Bruto dos Agregados 135
Quadro n.º 3-7 Confronto entre os valores do Rendimento Disponível das Contas Nacionais (CN) e dos Inquérito aos Orçamentos Familiares (IOF) 136
Quadro n.º 3-8 Construção da Distribuição Individual do Rendimento Disponível por Adulto Equivalente 139
Quadro n.º 3-9 Distribuição Individual do Rendimento Disponível por Adulto Equivalente 146
Quadro n.º 3-10 Distribuição Individual do Rendimento Disponível por Adulto Equivalente: Taxas Anuais de Crescimento Real por Decis 149
Quadro n.º 3-11 Distribuição Individual do Rendimento Disponível por Adulto Equivalente: Rendimento Médio de cada Decil como percentagem da Média e da Mediana 150
Quadro n.º 3-12 Distribuição Individual do Rendimento Disponível por Adulto Equivalente: Proporções do Rendimento auferidas por cada Decil 152
Quadro n.º 3-13 Distribuição Individual do Rendimento Disponível por Adulto Equivalente: Curvas de Lorenz 154
Quadro n.º 3-14 Distribuição Individual do Rendimento Disponível por Adulto Equivalente: Medidas de Desigualdade 159
Quadro n.º 3-15 Rácios dos Percentis 161
Quadro n.º 3-16 Distribuição Individual do Rendimento Disponível por Adulto Equivalente: Incidência da Pobreza para vários valores da Linha de Pobreza 168

Quadro n.º 3-17 Distribuição Individual do Rendimento Disponível por Adulto Equivalente: Incidência da Pobreza para vários valores da Linha de Pobreza Relativa 171
Quadro n.º 3-18 Distribuição Individual do Rendimento Disponível por Adulto Equivalente: Medidas de Pobreza... 173
Quadro n.º 3-19 Incidência da Pobreza (Linha de Pobreza = 60% do Rendimento Mediano por Ad.Eq.)... 175
Quadro n.º 3-20 Distribuição Individual do Rendimento Disponível por Adulto Equivalente: Curva de Lorenz Generalizada 178
Quadro n.º 3-21 Distribuição Individual do Rendimento Disponível por Adulto Equivalente: Medidas de Bem-Estar.. 179
Quadro n.º 3-22 Distribuição Individual do Rendimento Monetário por Adulto Equivalente: Taxas Anuais de Crescimento Real por Decis.... 181
Quadro n.º 3-23 Distribuição Individual do Rendimento Monetário por Adulto Equivalente: Medidas de Desigualdade 182
Quadro n.º 3-24 Distribuição Individual do Rendimento Monetário por Adulto Equivalente: Medidas de Pobreza.. 183
Quadro n.º 3-25 Distribuição do Rendimento 184
Quadro n.º 3-26 Sensibilidade das Medidas de Desigualdade face a diferentes conceitos de Distribuição 185
Quadro n.º 3-27 Sensibilidade das Medidas de Pobreza face a diferentes conceitos de Distribuição 187
Quadro n.º 4-1 Distribuição do Rendimento e Desigualdade por Região.... 201
Quadro n.º 4-2 Distribuição do Rendimento e Pobreza por Região 203
Quadro n.º 4-3 Decomposição da Evolução da Desigualdade (E(0)) e da Pobreza (F(0)) por Região (%)... 204
Quadro n.º 4-4 Distribuição do Rendimento e Desigualdade por Tipologia Rural/Urbano 206
Quadro n.º 4-5 Distribuição do Rendimento e Pobreza por Tipologia Rural//Urbano... 207
Quadro n.º 4-6 Decomposição da Evolução da Desigualdade (E(0)) e da Pobreza (F(0)) por Tipologia Rural/Urbano (%) 208
Quadro n.º 4-7 Distribuição do Rendimento e Desigualdade por Escalão de Idade do Indivíduo de referência... 211
Quadro n.º 4-8 Distribuição do Rendimento e Pobreza por Escalão de Idade do Indivíduo de referência 212
Quadro n.º 4-9 Decomposição da Evolução da Desigualdade (E(0)) e da Pobreza (F(0)) por Escalão de Idade do Indivíduo de Referência (%)..... 213
Quadro n.º 4-10 Distribuição do Rendimento e Desigualdade por Dimensão do ADP 216

Quadro n.º 4-11 Distribuição do Rendimento e Pobreza por Dimensão do ADP 217
Quadro n.º 4-12 Decomposição da Evolução da Desigualdade (E(0)) e da Pobreza (F(0)) por Dimensão do ADP (%) 218
Quadro n.º 4-13 Distribuição do Rendimento e Desigualdade por Tipo de ADP 219
Quadro n.º 4-14 Distribuição do Rendimento e Pobreza por Tipo de ADP .. 221
Quadro n.º 4-15 Decomposição da Evolução da Desigualdade (E(0)) e da Pobreza (F(0)) por Tipo de ADP (%) 222
Quadro n.º 4-16 Distribuição do Rendimento e Desigualdade por Nível de Instrução do Indivíduo de referência 224
Quadro n.º 4-17 Distribuição do Rendimento e Pobreza por Nível de Instrução do Indivíduo de referência 226
Quadro n.º 4-18 Decomposição da Evolução da Desigualdade (E(0)) e da Pobreza (F(0)) por Nível de Instrução do Indivíduo de Referência (%) 227
Quadro n.º 4-19 Distribuição do Rendimento e Desigualdade por Participação do ADP na Actividade Produtiva 228
Quadro n.º 4-20 Distribuição do Rendimento e Pobreza por Participação do ADP na Actividade Produtiva 229
Quadro n.º 4-21 Decomposição da Evolução da Desigualdade (E(0)) e da Pobreza (F(0)) por Participação do ADP na Actividade Produtiva (%) ... 230
Quadro n.º 4-22 Distribuição do Rendimento e Desigualdade por Principal Fonte de Receita do Agregado 232
Quadro n.º 4-23 Distribuição do Rendimento e Pobreza por Principal Fonte de Receita do Agregado 234
Quadro n.º 4-24 Decomposição da Evolução da Desigualdade (E(0)) e da Pobreza (F(0)) por Principal Fonte de Receita do ADP (%) 235
Quadro n.º 4-25 Distribuição do Rendimento e Desigualdade por Categoria Socioeconómica do Indivíduo de Referência 236
Quadro n.º 4-26 Distribuição do Rendimento e Pobreza por Categoria Socioeconómica do Indivíduo de Referência 239
Quadro n.º 4-27 Decomposição da Evolução da Desigualdade (E(0)) e da Pobreza (F(0)) por Categoria Socioeconómica do Indivíduo de Referência (%) 240
Quadro n.º 4-28 Estrutura do Rendimento Disponível por Adulto Equivalente 241
Quadro n.º 4-29 Distribuição Individual do Rendimento Disponível por Adulto Equivalente Contribuição para a Desigualdade das Diferentes Fontes do Rendimento 243
Quadro n.º 4-30 Distribuição Individual do Rendimento Disponível por Adulto Equivalente Decomposição de E(2) por Fontes do Rendimento 245
Quadro n.º 4-31 Distribuição Individual do Rendimento Disponível por

Adulto Equivalente Decomposição da Evolução de E(2) por Fontes do Rendimento (%).. 246
Quadro n.º 4-32 Estrutura do Rendimento Líquido por Adulto Equivalente de acordo com a Incidência da Pobreza.. 248
Quadro n.º 4-33 Quadros de Pessoal 1989/2000: Número de Trabalhadores e Evolução do Ganho Total 252
Quadro n.º 4-34 Quadros de Pessoal 1989/2000: Evolução da Desigualdade Salarial.. 253
Quadro n.º 4-35 Quadros de Pessoal 1989/2000: Rácios dos Percentis......... 255
Quadro n.º 4-36 Desigualdade Salarial 1989/1995/2000: Proporção da Desigualdade Imputável à Desigualdade Inter-grupos (%)....................... 256
Quadro n.º 4-37 Estrutura do Rendimento Líquido por Adulto Equivalente (II)... 257
Quadro n.º 4-38 Distribuição Individual do Rendimento Disponível por Adulto Equivalente Contribuição para a Desigualdade das Diferentes Fontes do Rendimento 258
Quadro n.º 4-39 Distribuição Individual do Rendimento Disponível por Adulto Equivalente: Decomposição de E(2) por Fontes do Rendimento 259
Quadro n.º 4-40 Distribuição Individual do Rendimento Disponível por Adulto Equivalente: Medidas de Desigualdade para diferentes conceitos de Rendimento 261
Quadro n.º 4-41 Efeitos Redistributivos das Transferências Sociais sobre a Incidência da Pobreza Económica 263
Quadro n.º 5-1 Programa de Rendimento Mínimo Garantido (2000): Confronto entre os dados administrativos e os dados do IOF2000 272
Quadro n.º 5-2 Simulação do Impacto do Programa de Rendimento Mínimo Garantido: Principais Indicadores.. 276
Quadro n.º 5-3 Simulação do Impacto do Programa de Rendimento Mínimo Garantido: Incidência do RMG sobre Diferentes Grupos Socioeconómicos.. 279
Quadro n.º 5-4 Simulação do Impacto do Programa de Rendimento Mínimo Garantido: Rendimento Disponível por Adulto Equivalente Pré e Pós RMG... 286
Quadro n.º 5-5 Simulação do Impacto do Programa de Rendimento Mínimo Garantido: Taxa de Participação e Distribuição dos Beneficiários por Decil... 287
Quadro n.º 5-6 Simulação do Impacto do Programa de Rendimento Mínimo Garantido: Curvas de Lorenz Pré e Pós RMG................................. 288
Quadro n.º 5-7 Simulação do Impacto do Programa de Rendimento Mínimo Garantido: Medidas de Desigualdade Pré e Pós RMG.......................... 289
Quadro n.º 5-8 Simulação do Impacto do Programa de Rendimento Mínimo Garantido: Medidas de Pobreza Pré e Pós RMG..................................... 291

Índice de Figuras

Figura n.º 2-1 Curva de Quantis 46
Figura n.º 2-2 Curva de Lorenz 48
Figura n.º 2-3 Curva de Lorenz Generalizada 63
Figura n.º 2-4 Curva de Défice de Recursos 74
Figura n.º 2-5 Curva de Défice de Recursos Acumulada (Curva TIP) 76
Figura n.º 2-6 Ordenação do bem-estar social: dominância estocástica de 1ª ordem 99
Figura n.º 2-7 Ordenação do bem-estar social: Parada de Pen 101
Figura n.º 2-8 Ordenação do bem-estar social: Dominância de Lorenz Generalizada 103
Figura n.º 2-9 Ordenação da desigualdade: Dominância de Lorenz 106
Figura n.º 2-10 Ordenação da incidência da pobreza: dominância estocástica de 1ª ordem 110
Figura n.º 2-11 Ordenação da incidência da pobreza: dominância estocástica de 2ª ordem 112
Figura n.º 3-1 Distribuição Individual do Rendimento por Adulto Equivalente: Função Densidade (I) 142
Figura n.º 3-2 Distribuição Individual do rendimento por Adulto Equivalente: Função Densidade (II) 144
Figura n.º 3-3 Distribuição Individual do Rendimento Médio por Adulto Equivalente por Decis 147
Figura n.º 3-4 Distribuição Individual do Rendimento por Adulto Equivalente: Curvas de Lorenz 156
Figura n.º 3-5 Distribuição Individual do Rendimento por Adulto Equivalente: Diferenças entre as Ordenadas das Curvas de Lorenz 157
Figura n.º 3-6 Distribuição Individual do Rendimento por Adulto Equivalente: Índice de Atkinson com diferentes Valores de Aversão à Desigualdade 160
Figura n.º 3-7 Distribuição Individual do Rendimento por Adulto Equivalente: Função Distribuição – Curva de Incidência da Pobreza 166

14 | Distribuição do Rendimento, Desigualdade e Pobreza

Figura n.º 3-8 Distribuição Individual do Rendimento por Adulto Equivalente: Incidência da Pobreza para várias valores da Linha de Pobreza Absoluta 167

Figura n.º 3-9 Distribuição Individual do Rendimento por Adulto Equivalente: Incidência da Pobreza para várias valores da Linha de Pobreza Relativa 172

Figura n.º 3-10 Distribuição Individual do Rendimento por Adulto Equivalente: Incidência da Pobreza para várias valores da Linha de Pobreza Relativa 174

Figura n.º 3-11 Distribuição Individual do Rendimento por Adulto Equivalente: Curvas de Lorenz Generalizada 177

Figura n.º 3-12 Sensibilidade das Medidas de Desigualdade Face a Diferentes Escalas de Equivalência 189

Figura n.º 3-13 Sensibilidade das Medidas de Desigualdade Face a Diferentes Escalas de Equivalência 190

Figura n.º 3-14 Sensibilidade das Medidas de Pobreza Face a Diferentes Escalas de Equivalência 192

Figura n.º 4-1 Associação entre os Factores Explicativos e as Técnicas de Decomposição 199

Figura n.º 4-2 Desigualdade do Ganho Total (1989/2000) 254

Figura n.º 5-1 Modelo de Beckerman para Analise da Eficiência das Transferências Sociais 293

Figura n.º 5-2 Modelo de Beckerman para Analise da Eficiência do Rendimento Mínimo 295

Índice de Variáveis

a^h	Características demográficas do agregado familiar h
$A\,(\varepsilon)$	Classe de índices de desigualdade de Atkinson
C_k^A	Desigualdade associada à distribuição hipotética de rendimento em que todas as fontes de rendimento com excepção de k foram igualizadas.
C_k^B	Desigualdade associada à distribuição hipotética de rendimento em que o rendimento de tipo k foi igualizado.
CV	Coeficiente de variação
$D^s\,(y)$	Curva de dominância estocástica de ordem s
$E_g\,(\theta)$	Desigualdade no grupo g (Índice de Entropia Generalizada)
$E\,(\theta)$	Classe de índices de desigualdade de entropia generalizada
$\bar{E}\,(\theta)$	Desigualdade inter-grupo (Índice de Entropia Generalizada)
$f\,(y)$	Função densidade de y
$F\,(y)$	Função distribuição de y
$F\,(z,\,a)$	Classe de índices de pobreza de Foster-Greer-Thorbecke
$\bar{F}\,(z,\,a)$	Classe de índices de pobreza normalizados de Foster-Greer-Thorbecke
G	Índice de Gini
$g\,(p,\,z)$	Défice de recursos da população pobre (*poverty gap*)
I	Indicador (genérico) de desigualdade
I^s	Classe de índices de desigualdade de ordem s
$I_B\,(\Pi)$	Desigualdade inter-grupo
$I_W\,(\Pi)$	Desigualdade intra-grupo
I_k	Desigualdade da distribuição do rendimento de tipo k
$L\,(p)$	Curva de Lorenz
L_i	Ordenada da curva de Lorenz
$LG\,(p)$	Curva de Lorenz generalizada
$m\,(n^h,\,a^h)$	Dimensão (número de adulto equivalentes) do agregado familiar h
$m_{v\theta}$	Momentos amostrais em torno de zero
n^h	Dimensão (número de indivíduos) do agregado familiar h
n	População total
P^s	Classe de índices de pobreza de ordem s
$P\,(z)$	Índice de pobreza

$Q(p)$	Função quantil
$R_B(\Pi)$	Proporção da desigualdade explicada pela partição Π
$R_W(\Pi)$	Proporção da desigualdade não explicada pela partição Π (resíduo)
RQ	Rácio de quantis
s_k	Contribuição relativa do factor k para a desigualdade total
S_k	Contribuição absoluta do factor k para a desigualdade total
TIP (p,z)	Curva TIP (Défice de recursos acumulado da população)
V_L	Matriz de variâncias e co-variâncias da curva de Lorenz
$U(y)$	Função de utilidade do rendimento y
W	Função de bem-estar social
W^s	Classe de índices de bem-estar social de ordem s
$W(\varepsilon)$	Índice de bem-estar social baseado na função de bem-estar de Atkinson
$W(G)$	Índice de bem-estar social de Sen
x_i^h	Rendimento do indivíduo i no agregado familiar h
y	Indicador de recursos (rendimento)
y_h	Rendimento por adulto equivalente do agregado familiar h
y_k	Rendimento de tipo k
z	Valor da linha de pobreza
z^{max}	Valor máximo da linha de pobreza
α	Parâmetro de aversão à pobreza
δ	Elasticidade de equivalência
ε	Parâmetro de aversão à desigualdade
ξ	Rendimento igualmente distribuído
θ	Parâmetro de sensibilidade à desigualdade
λ_g	Rendimento médio do grupo g relativamente ao rendimento médio da população
μ	Rendimento médio
μ^*	Média geométrica de y
μ_k	Rendimento médio de tipo k
μ_g	Rendimento médio do grupo g
$\mu_g(z)$	Défice de recursos médio
$\mu_{i\theta}$	Momentos da distribuição em torno de zero
Π	Partição da população
$\rho(y,z)$	Contribuição para o índice de pobreza de um individuo com rendimento y
ρ_k	Coeficiente de correlação entre y e y_k
σ_y	Desvio padrão de y
σ_k	Desvio padrão de y_k
σ_{yk}	Covariância entre y e y_k
ϕ_g	Proporção da população no grupo g
ω	Ponderador associado a cada membro da população

Apresentação

O trabalho aqui apresentado corresponde a uma versão, revista pelo autor, da sua dissertação de Doutoramento apresentada em Dezembro de 2005 no Instituto Superior de Economia e Gestão da Universidade Técnica de Lisboa e que teve como orientadores o Prof. Anthony Atkinson da Universidade de Oxford e a Prof.ª Manuela Silva do ISEG.

Prefácio

A obra agora editada tem por base a tese de doutoramento de Carlos Farinha Rodrigues. No essencial, o Autor procura avaliar a evolução ocorrida em Portugal nos anos 90 no que respeita às desigualdades na repartição do rendimento e à pobreza. Trata-se, numa primeira abordagem, de um problema de escolha de medidas e de ensaio de uma bateria de testes que permitam dar conta destes dois fenómenos, por sua natureza distintos mas com fronteiras comuns.

O Autor percorre a literatura disponível, procede à respectiva crítica e ensaio de aplicação aos dados constantes nas fontes das estatísticas oficiais, nacionais e comunitárias. Em si mesmo, é um esforço meritório, pois trata-se de percorrer um terreno inóspito onde não faltam subtilezas a descodificar e lacunas de informação a colmatar. Dela dá conta o texto com o pormenor devido, o que, desde logo, confere à tese um elevado valor metodológico. Assim sendo, os investigadores nesta área vêem, doravante, o caminho aberto a novos desenvolvimentos e actualizações.

O Autor não se confina, porém, à medição estatística destes fenómenos. Serve-se dos seus instrumentos de medida para investigar também os determinantes da desigualdade e da pobreza no nosso País no período de referência, os anos noventa do século XX. Tendo subjacente um dado referencial teórico, ensaia hipóteses, confronta resultados e daí extrai ilações relevantes para a condução das políticas públicas, em particular para a política social.

A política do rendimento mínimo, em vigor desde 1997, e suas posteriores alterações foram objecto de análise específica, do ponto de vista da eficiência do papel redistributivo do estado no que respeita à redução da pobreza material. A exploração de dados novos a que foi necessário proceder enriquece o texto, pois não só permite conclusões interessantes como fornece pistas para a criação de um sistema de avaliação sistemática de resultados que em muito viria a beneficiar a aplicação desta política.

Deixo enunciados os temas que o leitor/a encontrará desenvolvidos no livro agora publicado. Intencionalmente omito as conclusões, para não retirar curiosidade e interesse pela leitura integral da obra.

Portugal tem conhecido ao longo de várias décadas taxas de crescimento económico positivo, mas não se tem verificado a lei de Kuznets, segundo a qual a desigualdade deveria reduzir-se, à medida do crescimento económico alcançado. Ao invés, entre nós, a desigualdade na repartição do rendimento vem crescendo e a pobreza material, por seu turno, oferece grande resistência à regressão.

A análise de Carlos Farinha Rodrigues reporta-se à década de 90, mas por outras fontes temos razões para admitir que a desigual apropriação dos frutos do crescimento económico se vem acentuando neste início do século XXI. Por outro lado, os indicadores de pobreza conhecidos continuam a situar-se a níveis preocupantes, não dando sinais de redução por efeito do crescimento sustentado da economia.

Será esta situação uma inevitabilidade? Não creio.

Os factores explicativos destes fenómenos, identificados na tese de Carlos Farinha Rodrigues, apontam caminhos de intervenção das políticas públicas no sentido da contenção das desigualdades e da redução da pobreza, os quais, se adoptados de forma consistente, virão a alterar positivamente o panorama actual.

Cabe aos investigadores ajudar a traçar, com o rigor possível, esses caminhos e bem assim mostrar as implicações resultantes, para a própria economia e para o bem-estar das populações, da correspondente alternativa de inércia.

Gostaria de aproveitar mais umas linhas para felicitar o Carlos Farinha Rodrigues por ter levado a bom termo a sua investigação e o seu doutoramento em economia nesta área e fazer votos de que esta não seja senão uma etapa mais na sua carreira académica que tem agora responsabilidades acrescidas tanto na Universidade como na sociedade.

Gostaria também de felicitar o ISEG por encorajar a abordagem destas temáticas no seu plano de estudos e por desempenhar um trabalho pioneiro, no conjunto da comunidade científica e sua relação com a sociedade.

Manuela Silva

Agradecimentos

O trabalho apresentado nesta dissertação não teria sido possível sem o apoio e a colaboração de diversas pessoas e instituições cuja contribuição agradeço.

Em primeiro lugar desejo expressar o meu profundo reconhecimento e agradecimento aos meus orientadores, Prof. Anthony Atkinson e Prof.ª Manuela Silva, pela sua orientação, estímulo, apoio e permanente disponibilidade durante o longo processo de elaboração desta dissertação. Os ensinamentos científicos e de rigor que de ambos recebi marcaram visivelmente este trabalho, assim como a minha formação pessoal.

Desejo igualmente expressar os meus agradecimentos ao Instituto Nacional de Estatística, não só pela permissão de utilização dos microdados dos Inquéritos aos Orçamentos Familiares mas, essencialmente, por me ter proporcionado ao longo dos últimos anos a possibilidade de participar num trabalho muito enriquecedor de avaliação, aperfeiçoamento e análise da informação estatística sobre as famílias, os rendimentos familiares e a sua distribuição.

Desejo formular ainda os meus agradecimentos:

Ao ISEG, e em particular ao Departamento de Economia, por todas as facilidades que me foram concedidas para a realização desta dissertação.

Ao CISEP, e à sua Direcção, pelo carinho e apoio que sempre concedeu a este projecto.

À Universidade de Cambridge (UK), pelo acolhimento e pelo estimulante ambiente de trabalho em que decorreu a primeira etapa de elaboração deste trabalho.

À Fundação de Ciência e Tecnologia (FCT), pelo apoio financeiro concedido durante a minha estadia na Universidade de Cambridge, através de uma Bolsa de Doutoramento da JNICT.

Ao Prof. Victor Martins e à Prof.ª Isabel Andrade, pela leitura atenta e crítica das primeiras versões desta dissertação e pelos valiosos comentários e sugestões que sempre me proporcionaram.

Aos colegas e amigos Margarida Abreu, José Luís Albuquerque, Luís Costa, Augusto Mateus, Isabel Proença, Ana Paula Santos, Daniel Santos e Henrique Vasconcelos, cujos comentários sobre diversas secções da dissertação permitiram o seu aperfeiçoamento.

Ao saudoso José João Marques da Silva. O seu vastíssimo conhecimento económico, o rigor que sempre soube incutir nos que com ele trabalhavam, o seu profundo interesse e a crítica exigente no trabalho científico constituíram um incentivo insubstituível para a realização desta dissertação.

Finalmente, um agradecimento muito especial à minha família, à Leonor, à Joana, ao Duarte e ao Guilherme, pelo apoio constante e pelo encorajamento à finalização deste trabalho.

Capítulo 1:
Introdução

Ao longo da última década as preocupações com a distribuição do rendimento, com a desigualdade, com a pobreza e a exclusão social adquiriram uma importância acrescida no debate político e social na Europa. O compromisso assumido pelos governos dos países membros da União Europeia nos Conselhos Europeus de Lisboa (Março de 2000), Nice (Dezembro de 2000) e Estocolmo (Junho de 2001) de promover o desenvolvimento sustentável, de forma a reduzir o risco de pobreza e exclusão social constituiu, certamente, um forte impulso para colocar na agenda política a necessidade de um debate acrescido sobre a importância da distribuição do rendimento, da articulação entre esta e o crescimento económico e a qualidade de vida da população.

Na génese destas preocupações não pode deixar de estar o reconhecimento de que nas sociedades europeias, apesar do nível de desenvolvimento alcançado, uma proporção significativa da população permanece excluída dos benefícios desse desenvolvimento e da prosperidade que lhe está associada, vivendo em situação de elevada precariedade. A informação disponível sobre o rendimento nos diferentes Estados-Membros demonstra que, em 2001, 15% da população da UE, ou seja, mais de 55 milhões de pessoas, pertencia a agregados familiares em que o rendimento se situava abaixo dos 60% da mediana do respectivo rendimento nacional e cerca de metade desses 55 milhões de pessoas tinha vivido persistentemente abaixo deste limiar (Comissão Europeia, 2004).

Ainda que o nível de rendimentos constitua apenas uma das múltiplas dimensões da pobreza e da exclusão social é inquestionável a importância que a sua distribuição tem no processo de medição da pobreza e na avaliação das situações de precariedade social. A ênfase colocada na análise dos rendimentos, em particular na análise dos baixos rendimentos, justifica-se fundamentalmente pelo facto de, em economias de mercado, a insuficiência de recursos monetários coarctar o acesso a toda uma gama de bens e serviços de primeira necessidade.

O estudo aprofundado dos mecanismos subjacentes à formação e à distribuição dos rendimentos adquire, neste contexto, uma nova relevância. A compreensão dos principais traços característicos da distribuição dos rendimentos constitui, por um lado, um instrumento imprescindível para um diagnóstico correcto da extensão e intensidade das desigualdades e da pobreza económica e, por outro lado, um elemento essencial para a concepção, acompanhamento e avaliação de políticas redistributivas, tendentes à sua redução e superação.

A crescente sensibilização da sociedade, e dos decisores políticos, para o problema das assimetrias sociais e da pobreza foi acompanhada, e muitas vezes precedida, por um forte impulso nos estudos académicos sobre os temas da desigualdade e da pobreza.

Em 1996, numa comunicação à Royal Economic Society, o Prof. Atkinson sublinhava a necessidade de trazer de novo o tema da distribuição do rendimento para o corpo principal da teoria económica, retirando-o da hibernação onde tinha permanecido desde os primórdios do pensamento económico[1]. Apesar desta aparente marginalidade, a literatura económica sobre a distribuição do rendimento, a desigualdade e a pobreza registou um incremento significativo nas últimas décadas. O quadro conceptual e teórico

---

[1] *Bringing Income Distribution From the Cold*, Presidential Address to the Royal Economic Society, Swansea April 1996.

onde se fundamenta a análise da distribuição do rendimento é hoje muito mais conhecido e fundamentado. Assistiu-se a um profundo desenvolvimento das técnicas de análise empírica que associado a uma maior disponibilidade de informação estatística e a um mais fácil acesso a meios computacionais de tratamento da informação, permitiu a realização de estudos aprofundados sobre a distribuição do rendimento em diversos países e a comparação entre países diferentes. Por último, registou-se um aprofundamento da interdisciplinaridade dos estudos sobre a distribuição do rendimento[2].

Até aos anos 80, apesar da sua extensão e intensidade, as desigualdades e a pobreza não eram reconhecidos pelas autoridades públicas em Portugal como um problema prioritário. Somente no início da década de 90, nomeadamente com a criação do Programa Nacional de Luta contra a Pobreza, são encetadas as primeiras medidas de âmbito governativo concebidas especificamente para fazerem face ao problema da pobreza e da precariedade social. Na segunda metade dos anos 90 assistiu-se a um aprofundamento dessas medidas e, simultaneamente, à criação de novas políticas sociais, como o Rendimento Mínimo Garantido. As políticas redistributivas, em particular o combate à pobreza e à exclusão social, passaram igualmente a fazer parte dos objectivos explícitos da política social.

Este reconhecimento, social e político, da importância da distribuição do rendimento, da desigualdade e da pobreza na sociedade portuguesa beneficiou da realização de um conjunto de estudos que possibilitaram uma caracterização aprofundada e sistematizada da distribuição do rendimento em Portugal. Os trabalhos de Costa *et al.* (1985), Pereirinha (1988), Silva *et al.* (1989), Costa (1993) e Ferreira (1997) constituem documentos fundamentais para a compreensão da distribuição do rendimento em Portu-

---

[2] O *Handbook of Income Distribution*, editado em 1999 por Atkinson e Bourguignon faculta uma avaliação pormenorizada nos avanços realizados nos estudos sobre a distribuição do rendimento.

gal, em particular ao longo dos anos 80. Estes estudos introduziram e incentivaram muito do debate actual sobre a pobreza e a desigualdade na nossa sociedade[3].

A dissertação que agora se apresenta filia-se nesta tradição de estudos sobre a distribuição do rendimento em Portugal. O seu objectivo é o de proceder a uma análise aprofundada sobre a distribuição do rendimento em Portugal e compreender como esta se alterou ao longo dos anos 90 do século XX, incorporando nessa investigação o estudo de diferentes vertentes como o bem-estar social, a desigualdade e a pobreza.

O presente estudo pretende dar resposta a três questões, consideradas como fundamentais para a análise da distribuição do rendimento e a percepção do seu impacto sobre a desigualdade e a pobreza económica.

Em primeiro lugar pretende-se averiguar quais as principais transformações ocorridas no rendimento disponível das famílias e em que medida estas se reflectiram nas condições de vida e no bem-estar da população. Ter-se-á a sociedade tornado mais igualitária ou, pelo contrário, ter-se-ão agravado as desigualdades socioeconómicas? Os grupos mais desfavorecidos da sociedade viram a sua situação melhorada? A pobreza económica acentuou-se ou regrediu?

Uma segunda questão prende-se com a identificação dos principais factores explicativos das transformações ocorridas e com o reconhecimento de quais são os principais determinantes da desi-

---

[3] Outros estudos contribuíram de forma significativa para um maior conhecimento da distribuição do rendimento em Portugal. Entre eles refira-se: Castanheira e Pereirinha (1979), Pereirinha (1986,1987), Santos (1983,1985) e Silva (1984,1985) para o período subsequente ao 25 de Abril de 1974 e ao longo da década de 70; Ferreira (1992), Gouveia e Tavares (1995) e Rodrigues (1994,1996) para as alterações ocorridas na década de 80 e Gouveia (1998) para o período 1980-95. Soares e Bago d'Uva (2000), Branco e Gonçalves (2000) e Nunes (2004) apresentam resultados mais recentes, referentes à década de 90, baseados na análise do Painel dos Agregados Familiares.

gualdade e da pobreza em Portugal. Que papel desempenham as alterações ocorridas na estrutura familiar e nas características demográficas da população na desigualdade e na pobreza? Qual a importância que os níveis de instrução e de qualificação exercem sobre as disparidades dos rendimentos e sobre o grau de vulnerabilidade da população? Como se repercutem as alterações na actividade produtiva e no funcionamento do mercado de trabalho sobre a estrutura dos rendimentos e a sua distribuição?

Finalmente, em terceiro lugar, pretende-se investigar qual o impacto efectivo das políticas redistributivas na distribuição do rendimento, na redução da desigualdade e no atenuar das situações de pobreza. Qual o efeito dos instrumentos tradicionais da política redistributiva (impostos directos e transferências sociais) na contenção da desigualdade e na redução da pobreza? Qual o nível de eficácia e de eficiência de políticas sociais concebidas para combater as situações de pobreza e de exclusão social?

A resposta a estas questões vai-nos possibilitar caracterizar de forma detalhada a distribuição do rendimento em Portugal e as suas alterações ao longo da década de 90. Permitirá, ainda, dispor de um quadro de referência para a concepção, orientação e validação de políticas redistributivas, quadro esse assente na identificação dos grupos sociais mais vulneráveis e na apreciação da eficácia e eficiência dessas políticas no combate às desigualdades e à precariedade. A consideração simultânea da análise do bem-estar social, da desigualdade e da pobreza económica permitirá, igualmente, cobrir uma lacuna importante em anteriores estudos que é o de apresentar uma análise integrada dos vários aspectos da distribuição do rendimento.

A abordagem que irá ser seguida, ainda que abrangente em relação às diferentes vertentes de análise da distribuição do rendimento, não pode deixar de ser parcelar face à multiplicidade de factores que convergem no processo de criação e reprodução das desigualdades e da pobreza.

A opção seguida na delimitação do objecto de estudo foi, claramente, a de centrar a análise nos recursos económicos das famílias e dos indivíduos. A perspectiva tomada é, pois, a de avaliar a desigualdade a partir da assimetria da distribuição dos rendimentos e a pobreza como uma situação de privação resultante da insuficiência de recursos. A distribuição dos rendimentos constitui, nesta perspectiva específica, um instrumento suficiente para avaliar o bem-estar, a desigualdade e a pobreza económica.

A presente dissertação estrutura-se em torno de quatro capítulos principais que, conjuntamente, permitem esboçar uma resposta às três questões enunciadas.

No Capítulo 2 apresentam-se as diversas abordagens de análise da distribuição do rendimento e fundamentam-se as escolhas metodológicas que serão implementadas nos capítulos seguintes.

A integração, num quadro conceptual e metodológico único e coerente, das três vertentes de análise da distribuição do rendimento – desigualdade, bem-estar social e pobreza – constitui um elemento novo face às metodologias tradicionais de análise.

A conjugação de uma metodologia de análise assente na estimação de índices distributivos com uma abordagem que possibilita estabelecer uma ordenação inequívoca de duas ou mais distribuições de acordo com princípios normativos possibilita igualmente alargar o âmbito de análise e o nível de integração das diferentes formas de olhar para a distribuição do rendimento.

Os problemas de implementação empírica dos diferentes métodos e de técnicas para analisar a distribuição do rendimento são igualmente discutidos. A consideração do desenho das amostras utilizadas e da inferência estatística aplicada aos vários indicadores sobre a distribuição do rendimento, descurada na maioria dos estudos empíricos, reforça a capacidade de interpretação desses mesmos indicadores e permite realçar as diferenças entre distribuições que são estatisticamente significativas.

As principais alterações ocorridas na distribuição do rendimento em Portugal ao longo da década de 90 são apresentadas no Capítulo 3.

Este capítulo inicia-se com uma discussão detalhada da fonte de informação estatística utilizada na análise empírica: os dados microeconómicos dos três últimos Inquéritos aos Orçamentos Familiares realizados em Portugal em 1989/90, 1994/95 e 2000. Procede-se a uma análise detalhada da qualidade e da abrangência da informação disponível, em particular ao nível dos rendimentos familiares, de modo a evidenciar as suas potencialidades e limitações para o estudo da distribuição do rendimento. As principais transformações operadas sobre a informação de base de forma a adequá-la aos objectivos do estudo são igualmente, apresentadas e explicadas.

Uma primeira leitura das alterações ocorridas na distribuição do rendimento individual por adulto equivalente assenta na análise do crescimento ocorrido durante o período em análise e no modo como esse crescimento se repercutiu no bem-estar social. A estimação e análise das funções de densidade do rendimento, conjuntamente com a observação do rendimento médio dos vários decis da distribuição e das respectivas taxas de crescimento, permite-nos identificar quais os grupos que mais beneficiaram com o crescimento económico ocorrido.

A análise anterior é, de seguida, consolidada através da estimação de diferentes índices de desigualdade e de bem-estar social, os quais possibilitam avaliar e quantificar os efeitos de crescimento sobre o nível de bem-estar social e a desigualdade. A representação gráfica da parada de Pen, da curva de Lorenz e da curva de Lorenz generalizada, permitem uma validação adicional dos resultados obtidos.

As alterações ocorridas na pobreza económica são analisadas considerando linhas de pobreza absoluta e relativas. A consideração de um intervalo de variação bastante alargado para a linha de pobreza (relativa e absoluta) possibilita a obtenção de resultados que não dependem do estabelecimento de um valor específico para o limiar de rendimento que identifica a população pobre. A utilização das curvas de incidência da pobreza e das curvas TIP permitem um aprofundamento da análise efectuada e clarificam novos aspectos do perfil da pobreza económica e da sua alteração.

Por último, procede-se a uma extensa análise de sensibilidade dos resultados alcançados face às opções metodológicas assumidas e, em particular, às que se referem à definição do rendimento, ao tipo de distribuição utilizada e à escala de equivalência adoptada.

A identificação dos principais factores explicativos da evolução verificada na distribuição do rendimento constitui o objecto do Capítulo 4. A metodologia seguida assenta, predominantemente, na utilização de um conjunto exaustivo de técnicas de decomposição da desigualdade e da pobreza.

Dois tipos de decomposição são ensaiados: decomposição da desigualdade e da pobreza por grupos socioeconómicos e decomposição da desigualdade por fontes de rendimento. A primeira permite evidenciar que grupos sociais são particularmente sensíveis à desigualdade e à pobreza. A segunda ilustra o papel das diferentes fontes de rendimento na constituição dessa desigualdade.

Um conjunto de factores explicativos da desigualdade e da pobreza foram ensaiados e testados, associando a cada um deles uma ou mais técnicas de decomposição. A decomposição por grupos socioeconómicos permitiu avaliar o papel desempenhado na distribuição do rendimento, na desigualdade e na pobreza, pelas alterações ocorridas nas assimetrias regionais, na estrutura etária da população, na composição dos agregados familiares, no nível de instrução, na participação da população na actividade produtiva e na estrutura do emprego. A decomposição por fontes de rendimento permite verificar a importância das alterações ocorridas na estrutura do rendimento e nas assimetrias salariais na distribuição dos rendimentos.

Uma primeira apreciação do impacto da política redistributiva é igualmente ensaiada através da decomposição por fontes de rendimento, a qual permite evidenciar o papel dos impostos directos e das transferências sociais na desigualdade e na pobreza.

No Capítulo 5 procede-se ao aprofundamento do estudo do papel redistributivo do Estado, através da simulação dos impactos redistributivos de uma política específica: o Programa de Rendimento Mínimo Garantido.

Apresentam-se os objectivos e as características do Programa e discutem-se as principais dificuldades da sua implementação. Particular atenção é dada ao problema dos potenciais (des)incentivos do Programa no mercado de trabalho e à ocorrência de situações de "non-take-up". A simulação dos efeitos redistributivos do Programa permite fazer uma avaliação preliminar da taxa de "take-up" associada ao programa, identificar os seus principais beneficiários e avaliar o seu impacto na desigualdade e nas várias dimensões da pobreza económica.

A simulação do Programa permite igualmente avaliar o seu grau de eficiência, através da estimação da eficiência vertical e da eficiência na redução da pobreza.

Finalmente, no Capítulo 6 procede-se a uma síntese das principais conclusões obtidas ao longo da dissertação.

Capítulo 2:
Distribuição do Rendimento: Aspectos Conceptuais

2.1. Introdução

Antes de procedermos à análise das principais características da distribuição do rendimento em Portugal e da sua evolução ao longo da década de 90, torna-se necessário apresentar uma súmula dos principais conceitos e técnicas que constituirão a referência teórica e instrumental para essa mesma análise. Esse é o objectivo deste capítulo, onde se pretende expor e fundamentar as escolhas metodológicas que serão implementadas nos capítulos seguintes.

A literatura sobre os aspectos conceptuais associados ao estudo da distribuição do rendimento nas suas várias vertentes (níveis de bem-estar, desigualdade, pobreza) registou um crescimento vertiginoso nas últimas décadas. A publicação em 1999 do primeiro volume do "Handbook of Income Distribution" expressa, reforçando, esse crescimento[4].

Um dos aspectos inovadores que emergiu dos estudos recentes foi a tentativa de integrar, num quadro conceptual e metodológico único e coerente, as várias vertentes e as diferentes formas de olhar

---

[4] Refira-se igualmente o projecto, iniciado em 2003 pela United Nations Statistics Division (UNSD), visando a publicação de um "Handbook on Poverty Statistics: Concepts, Methods and Policy Use".

para a distribuição do rendimento[5]. Utilizando a feliz expressão de Kakwani (1997), "a desigualdade, o nível de bem-estar social e a pobreza são três fenómenos inter-relacionados".

Ao longo deste capítulo, a noção dessa inter-relação será uma preocupação constante. Os diferentes conceitos e indicadores apresentados, ainda que particularmente vocacionados para a observação de uma das três vertentes da distribuição de rendimento, serão contextualizados de forma a possibilitarem uma apreciação integrada das diferentes componentes em estudo na distribuição do rendimento.

Um outro aspecto a que daremos particular atenção é o da conjugação de uma metodologia de análise de tipo "cardinal", assente na estimação de índices distributivos que quantificam o nível de bem-estar social, a desigualdade ou a pobreza, com uma abordagem de tipo "ordinal" que possibilita estabelecer uma ordenação inequívoca de duas ou mais distribuições de acordo com esses mesmos critérios.

Um último aspecto a abordar neste capítulo é o da fiabilidade dos resultados obtidos através da aplicação empírica dos diferentes conceitos e técnicas. Muitos dos estudos empíricos sobre a distribuição do rendimento descuram completamente este aspecto. A não consideração do nível de significância estatística dos resultados obtidos pode comprometer, de forma importante, a interpretação dos resultados alcançados.

2.2. O que estudamos quando estudamos a distribuição do rendimento

Caracterizar a distribuição do rendimento de uma dada população pressupõe, em primeiro lugar, a explicitação do que entendemos por distribuição do rendimento de forma a poder evidenciar os

---

[5] Veja-se, por exemplo, Duclos e Abdelkrim (2005).

diferentes aspectos conceptuais associados ao estudo dessa mesma distribuição.

A concretização de um estudo sobre a distribuição do rendimento implica diversas opções metodológicas que devem ser explicitadas e justificadas. Essas opções, ainda que indispensáveis para a operacionalização dos vários conceitos, não deixam de se reflectir nos resultados alcançados. Torna-se, assim, necessário apresentar as diversas opções existentes, e os juízos de valor implícitos em cada uma delas, e justificar as escolhas efectuadas[6].

2.2.1. *A variável objecto de estudo*

A maioria dos estudos empíricos sobre a distribuição do rendimento assenta numa única variável, que se considera reflectir o nível de bem-estar social de uma dada população. A redução da complexidade dos fenómenos subjacentes à análise da desigualdade, do bem-estar e da pobreza de uma sociedade à observação de uma única variável constitui obviamente uma limitação deste tipo de estudos[7]. Esta visão unidimensional, assente na distribuição dos recursos económicos, foi fortemente criticada por Sen (1992) que, tomando como referência a análise da desigualdade, se interrogava sobre "desigualdade de quê?". Para Sen é tão legítimo discutir a distribuição dos recursos como a distribuição dos direitos ou das liberdades de que os indivíduos desfrutam.

---

[6] Para um estudo detalhado dos diferentes aspectos metodológicos subjacentes à identificação da distribuição do rendimento veja-se o Capítulo 1 de Atkinson (1983) e Atkinson e Bourguignon (1999b).

[7] Note-se que, em particular nos estudos sobre a pobreza, existem situações em que se torna desejável uma abordagem multidimensional do fenómeno. Por exemplo, a análise simultânea dos recursos dos agregados familiares e das suas carências em determinadas vertentes como a alimentação, a habitação, a saúde, o acesso à cultura, etc., pode possibilitar a construção de índices multidimensionais de privação. A utilização desses índices permite uma visão mais alargada das condições de vida da população. A análise das desigualdades pode igualmente ser aprofundada, como sugere Silva (1999), através duma leitura multidimensional que não se confine à consideração dos recursos económicos.

Apesar desta crítica, a maioria dos estudos empíricos continua a assentar exclusivamente numa análise baseada na distribuição dos recursos. Neste contexto, a escolha de qual a variável que melhor traduz o acesso e o controle dos indivíduos sobre os recursos económicos emerge, necessariamente, como uma primeira questão metodológica.

Jenkins (1991a) ilustra os problemas associados à selecção da variável utilizada como proxy dos recursos económicos, distinguido as vantagens e as limitações da opção pela riqueza, pelo rendimento ou pela despesa.

A primeira das variáveis sugerida por Jenkins, a riqueza, representa o poder total de um indivíduo sobre os recursos e é, aparentemente, a melhor opção para evidenciar o seu bem-estar na sociedade. A sua avaliação é, no entanto, extremamente complexa e na generalidade dos casos é inviabilizada pela não disponibilidade da informação necessária para a sua quantificação e operacionalização.

A variável mais usada é indubitavelmente o rendimento, o qual pode ser interpretado como a variação do poder que um indivíduo possui sobre os recursos económicos ao longo de um dado período de tempo. A variável rendimento tem o mérito de poder ser mais facilmente calculada e interpretada do que a riqueza, mas induz um outro tipo de problemas.

Por um lado, torna-se necessário precisar o conceito de rendimento que se retém, tendo em consideração que conceitos diferentes nos conduzem a diferentes interpretações de bem-estar social. O rendimento antes de impostos e transferências coloca a ênfase no poder económico potencial. Porém, o poder económico efectivo depende da actuação do Estado, o que sugere a utilização do rendimento líquido após impostos e transferências sociais. Uma definição mais exaustiva do poder económico pressupõe a consideração não só do rendimento monetário mas também do rendimento em géneros, como o autoconsumo, o autoabastecimento e a autolocação. Assim, o indicador mais adequado para medir o nível de vida de um agregado será o somatório dos rendimentos monetários e não monetários dos seus membros.

Por outro lado, torna-se necessário precisar o período de tempo em que o rendimento é inquirido. Devemos considerar um mês, um ano ou o período de vida de um indivíduo? A opção por cada um desses períodos de tempo conduz a resultados diferentes. A consideração de um período de tempo mais longo tende a reduzir a dispersão dos rendimentos entre a população na medida em que a agregação ao longo do tempo exclui flutuações e, consequentemente, conduz a distribuições mais homogéneas.

O período de referência ideal para analisar o rendimento de um dado indivíduo depende da forma como o seu rendimento oscila ao longo dos diferentes períodos de tempo e da sua capacidade de contrair ou conceder empréstimos. A variação sistemática do rendimento de um indivíduo ao longo do seu ciclo de vida é particularmente relevante. Uma estratégia possível para lidar com este problema consiste em considerar o rendimento total ao longo do ciclo de vida, isto é, alargar o período de referência de forma a incluir o rendimento total auferido por um indivíduo ao longo da sua vida, o seu *rendimento permanente*'(Friedman, 1957). Esta opção é, porém, geralmente inviável pela indisponibilidade de dados estatísticos[8].

Por último, a despesa traduz o exercício do poder. O seu uso é, porém, igualmente controverso. Embora alguns autores defendam a utilização da despesa, alicerçadas no facto de a sua oscilação ao longo do ciclo de vida ser menor e de em inquéritos directos à população a sua subestimação ser inferior à do rendimento, nao deixa de ser verdade que conceptualmente estamos muito mais interessados na despesa potencial de um indivíduo do que na sua despesa efectiva.

A opção seguida na análise empírica das alterações da distribuição do rendimento em Portugal ao longo da década de 90 foi a da utilização do rendimento disponível dos agregados como indi-

---

[8] Uma segunda estratégia, que ensaiaremos no Capítulo 4, consiste em isolar a contribuição das diferenças de idade dos indivíduos através de técnicas de decomposição.

cador de bem-estar social. Para além dos argumentos acima enunciados quanto às vantagens/desvantagens relativas da utilização da riqueza, do rendimento ou da despesa, dois aspectos adicionais sustentam essa opção. Por um lado, o rendimento possibilita uma maior integração da análise conjunta do fenómeno da pobreza, da desigualdade e do nível de bem-estar. Por outro lado, a distribuição do rendimento permite identificar mais facilmente os principais determinantes do nível de vida e, em particular, a análise do impacto das políticas sociais e fiscais sobre as condições de vida dos indivíduos.

2.2.2. *Unidade receptora do rendimento*

O problema metodológico seguinte envolve a unidade demográfica usada na análise. São três as unidades usualmente consideradas na literatura: indivíduos, famílias e Agregados Domésticos Privados (ADPs). A opção por uma destas unidades pressupõe necessariamente diferentes hipóteses quanto ao processo através do qual os respectivos membros partilham os seus recursos.

A família tem sido tradicionalmente a unidade estatística mais usada na análise das condições de vida da população. Porém, as mutações sociológicas verificadas nas sociedades ao longo das últimas décadas indiciam que a existência de laços de parentesco não pode ser considerada como condição imperativa para a constituição de agregados com práticas de vida suportada por um orçamento comum. É esta transformação na estrutura social que conduziu à progressiva substituição do conceito "agregado familiar" pelo de "agregado doméstico privado" como unidade de observação estatística. Este último é definido como "o grupo de pessoas que reside numa mesma unidade de alojamento e cujas despesas habituais em alojamento e habitação são suportadas conjuntamente" (INE, 1990).

Embora o bem-estar dos indivíduos seja o objectivo último da análise, usar o rendimento de cada indivíduo do agregado levanta várias questões. Por um lado, existem indivíduos que podem não auferir rendimentos, mas partilham da utilização do rendimento do conjunto em que vivem. Por outro lado, a informação disponível sobre como se processa a redistribuição do rendimento no seio dos agregados é usualmente escassa ou nula.

2.2.3. *Escalas de Equivalência*

A utilização do rendimento conjunto dos membros de um dado agregado coloca, ainda, um problema adicional. Agregados de dimensão e composição diferenciada têm diferentes necessidades tornando-se, portanto, necessário corrigir o rendimento do agregado de forma a obter um indicador de bem-estar comparável ou equivalente.

O ajustamento mais simples que podemos fazer é o de considerar uma partilha equitativa entre todos os membros do agregado e calcular o respectivo rendimento *per capita*. Este método implica, porém, aceitar-se a hipótese de que todos os membros de um agregado usufruem do mesmo nível de bem-estar devido à inexistência de desigualdades intra-familiares. Esta hipótese tem sido criticada por alguns autores (Haddad e Kambur (1990), Jenkins (1991b), Sutherland (1997), por exemplo) que salientam que a sua aceitação pode traduzir-se numa efectiva subestimação do nível de desigualdade na distribuição do rendimento.

A dimensão do agregado não é, no entanto, a única característica que influencia o nível de vida que este pode desfrutar face a um dado nível de rendimento. Por um lado, para um mesmo nível de rendimento total, um adulto e uma criança podem usufruir um nível de bem-estar diferente do que podem usufruir dois adultos. Por outro lado, é lícito admitir que as necessidades de um agregado composto por três indivíduos sejam menores que a soma das necessidades desses mesmos indivíduos se cada um deles vivesse sozinho. Tal resulta de algumas categorias da despesa, em particular as relacionadas com a habitação, não dependerem linearmente da dimensão do agregado devido à presença de economias de escala no consumo.

Torna-se, assim, necessário encontrar um método que possibilite ultrapassar o hiato entre o conceito observável do rendimento do agregado e o conceito mais abstracto de rendimento que traduz o bem-estar individual.

A metodologia tradicionalmente seguida consiste em corrigir o rendimento total do agregado através da utilização das chamadas escalas de equivalência.

Uma escala de equivalência mais não é do que uma "taxa de conversão" que visa quantificar o efeito das economias de escala e transformar o 'rendimento total do agregado' no seu 'rendimento por adulto equivalente'.

O rendimento equivalente de um agregado h, y_h, pode ser expresso como (Jenkins (2000))

$$y_h = \frac{\sum_{i=1}^{n^h} x_i^h}{m(n^h, a^h)} \quad (2.1)$$

onde n^h representa a dimensão do agregado familiar, x_i^h o rendimento do indivíduo i pertencente a esse agregado e onde $m(n^h, a^h)$ traduz a forma funcional genérica da escala de equivalência. Esta depende da dimensão do agregado (n^h) e da composição do mesmo (a^h). Note-se que a^h incorpora informação quer sobre a idade quer sobre outros atributos de cada um dos membros do agregado.

Duas vias distintas têm sido seguidas para a determinação empírica das escalas de equivalência. A primeira consiste na sua estimação econométrica a partir de sistemas da procura dos diferentes bens, tipificando quer os comportamentos de consumo dos diferentes consumidores quer as economias de escala existentes. Exemplos de aplicação desta metodologia encontram-se, por exemplo, em Pollak e Wales (1979) e Coulter *et al.* (1992a,1992b). Uma segunda metodologia consiste em utilizar escalas de equivalência *ad hoc,* em que se atribuem de forma arbitrária, mas explícita, diferentes ponderadores a cada indivíduo num agregado.

Presentemente, a escala de equivalência mais utilizada a nível europeu em estudos sobre a distribuição do rendimento é obtida por este segundo método. A denominada *escala de equivalência da OCDE modificada* atribui ao primeiro indivíduo adulto um peso igual a 1, um peso de 0.5 aos restantes adultos no agregado familiar e um peso de 0.3 aos jovens com menos de 14 anos.

No estudo empírico das alterações ocorridas na distribuição do rendimento em Portugal ao longo dos anos 90 que se apresenta nos capítulos seguintes utilizaremos predominantemente esta escala para corrigir o rendimento disponível dos agregados, transformando-o, assim, no *rendimento disponível por adulto equivalente*. A utilização da escala de equivalência da OCDE modificada permite alguma harmonização e comparabilidade com estudos realizados noutros países da União Europeia. Isto não significa, porém, que se considere ser esta a escala ideal ou a que melhor traduz a realidade portuguesa.

A escolha de uma dada escala de equivalência é tradicionalmente motivo de controvérsia dado que, como Coulter *et al.* (1992a) demonstram empiricamente, não existe uma escala de equivalência que se revele preferível a todas as demais. Por outro lado, diversos estudos têm evidenciado que a escolha de uma dada escala de equivalência condiciona os resultados obtidos na avaliação da distribuição do rendimento e, consequentemente, as estimativas de desigualdade e de pobreza.

Face à inexistência de uma escala de equivalência ideal, diferentes autores (Coulter *et al.* (1992a), Buhmann *et al.* (1988), por exemplo) sugerem que, mais importante que essa escolha, é o proceder-se a uma análise de sensibilidade dos resultados obtidos devido à utilização de diferentes escalas. Será esta a abordagem que desenvolveremos no Capítulo 3.

2.2.4. *Ponderação das unidades demográficas*

O último aspecto de natureza metodológica a considerar é o da determinação de qual é a unidade receptora do rendimento a considerar na análise. Mesmo que aceitemos que o rendimento por adulto equivalente constitui o melhor indicador dos recursos auferidos por cada membro do agregado, permanece a questão de saber se o agregado deve contar como uma unidade, como n^h unidades ou como $m(n^h, a^h)$ unidades.

Combinando os três conceitos de rendimento atrás enunciados (rendimento total do ADP, rendimento *per capita* e rendimento por adulto equivalente) com as três possibilidades expostas quanto à unidade receptora do rendimento (agregado, indivíduo e adulto equivalente) confrontamo-nos com nove combinações possíveis, correspondentes a outras tantas especificações da distribuição do rendimento.

Obviamente nem todas as possibilidades são igualmente relevantes. Por exemplo, é difícil encontrar alguma justificação económica para utilizar o rendimento total do agregado ponderado pelo número de adultos equivalentes existentes no seu seio.

Cowell (1984) defende a utilização do rendimento por adulto equivalente ponderado pelo número de indivíduos como a opção mais correcta evocando as seguintes razões:

   i) A abordagem convencional da teoria do bem-estar é baseada no indivíduo. O bem-estar social depende do bem-estar de cada pessoa, independentemente da unidade em que estas se integram e das alianças que formam;
   ii) A análise da distribuição do rendimento pressupõe a análise do nível de bem-estar que um determinado rendimento permite auferir, assegurando que é possível proceder à comparação do nível de bem-estar entre indivíduos vivendo em diferentes tipos de famílias.

Esta escolha corresponde, de acordo com Cowell, à utilização da distribuição individual do rendimento por adulto equivalente como a que melhor se adequa à análise do nível de bem-estar dos indivíduos.

2.3. Índices distributivos

2.3.1. *Distribuição do Rendimento e Desigualdade*

Após a definição dos conceitos de "rendimento" e de "unidade receptora do rendimento" podemos agora analisar os diferentes métodos que nos possibilitam proceder à comparação entre distribuições de rendimento. Esta comparação tem frequentemente um carácter normativo, na medida em que se pretende escolher qual das distribuições "*é preferível*" de acordo com um determinado critério[9]. Esse critério pode ser o nível de bem-estar, de desigualdade ou de pobreza associado a uma determinada distribuição de rendimento.

Antes de analisarmos a forma de proceder à comparação das diferentes distribuições de acordo com os três critérios enunciados, e de modo a consolidar as definições que sucessivamente se irão introduzir, considere-se a seguinte notação: Designemos por y a variável que traduz os recursos da população, a qual, por simplicidade, passaremos a designar simplesmente por *rendimento*.

Consideremos que os rendimentos da população, $y_1 \leq y_2 \leq ... \leq y_n$, são todos positivos e que a média μ existe e é finita. A função de distribuição dos rendimentos é dada por $p = F(y)$, a qual assumimos ser continuamente diferenciável, não decrescente em y e possuir função de densidade $f(y)$.

---

[9] A própria escolha de uma definição "correcta" dos conceitos de rendimento e de unidade receptora do rendimento já implica, como vimos na secção anterior, a introdução de juízos de valor de carácter claramente normativo.

Para cada valor de p definido no intervalo $(0,1)$ existe um único nível de rendimento y^* com ordem p que satisfaz $p = F(y^*)$. A função $F(y)$ indica-nos a proporção de indivíduos na população que usufrui um rendimento inferior ou igual a y^*. A função de distribuição do rendimento apresenta como valores limite $F(0) = 0$ e $F(+\infty) = 1$. O rendimento médio da população pode facilmente ser expresso como $\mu = \int y f(y)\, dy$.

Invertendo a função de distribuição $F(y)$ podemos obter a função quantil $Q(p)$ definida como $Q(p) = F^{-1}(p)$. $Q(p)$ é o nível de rendimento abaixo do qual se situa uma proporção p da população. Por exemplo, $Q(0.5)$ representa o rendimento mediano, isto é, o nível de rendimento que divide a população em duas subpopulações de igual dimensão.

A Figura n.º 2-1 ilustra a curva de quantis de uma dada distribuição. O eixo horizontal evidencia a proporção da população ordenada de acordo com o seu nível de rendimento enquanto que os respectivos quantis $Q(p)$ estão representados no eixo vertical.

Figura n.º 2-1 – Curva de Quantis

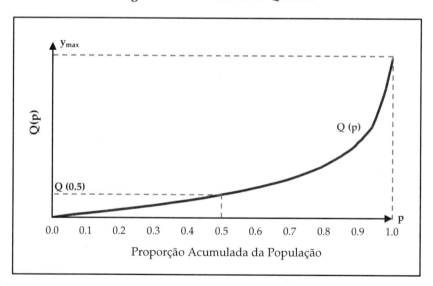

A função quantil ilustra igualmente a posição relativa, a ordenação, dos diferentes indivíduos na distribuição do rendimento. Se o rendimento de um indivíduo corresponde ao quantil $Q\,(p)$ então existe uma proporção p da população que dispõe de um rendimento inferior ao seu e uma percentagem $(1-p)$ com rendimentos superiores. O valor p pode assim ser interpretado como a ordem ("rank") do indivíduo na distribuição. A função quantil é crescente na medida em que quanto maior for a ordem do indivíduo p maior será o valor do correspondente quantil $Q\,(p)$.

Quer a função de distribuição quer a função quantil revelam-se instrumentos estatísticos importantes na análise da distribuição do rendimento. Elas permitem não só derivar os diferentes índices distributivos utilizados na análise do bem-estar social, da desigualdade e da pobreza como igualmente estão na base dos processos de ordenação entre duas ou mais distribuições. A função quantil apresenta a vantagem adicional de permitir normalizar a dimensão da população. Esta normalização corresponde a introduzir na análise o princípio de invariância da população. Este princípio assegura que se concatenarmos duas ou mais populações idênticas os diferentes indicadores associados à distribuição do rendimento (índices de pobreza, desigualdade, bem-estar social) não se alteram. A aceitação deste princípio torna mais simples a comparação de distribuições de recursos de populações com diferente dimensão.

As definições anteriores podem igualmente ser representadas em termos discretos. Ao longo deste capítulo assumiremos que a variável que traduz os recursos da população é contínua, pelo que todos os indicadores nele apresentados são derivados admitindo a continuidade de y.

Curvas de Lorenz

Um dos instrumentos mais utilizados na análise da desigualdade na distribuição do rendimento é a curva de Lorenz (Lorenz, 1905). O lugar central ocupado pela curva de Lorenz na análise da distribuição do rendimento resulta de ela permitir uma visualização completa da distribuição do rendimento normalizado pela média, da sua associação ao índice de desigualdade de Gini e de possibilitar uma fácil e intuitiva comparação entre duas ou mais distribuições. A curva de Lorenz assumiu uma importância acrescida após Atkinson (1970) ter demonstrado que esta pode ser utilizada como critério de ordenação de distribuições com claro significado normativo.

Uma forma intuitiva de obter a curva de Lorenz consiste em ordenar todos os indivíduos numa população por ordem crescente do seu rendimento e construir um gráfico onde no eixo horizontal representamos a proporção acumulada da população e no eixo vertical a proporção acumulada dos seus rendimentos. A representação gráfica da curva de Lorenz é apresentada na Figura n.º 2-2

Figura n.º 2-2 – Curva de Lorenz

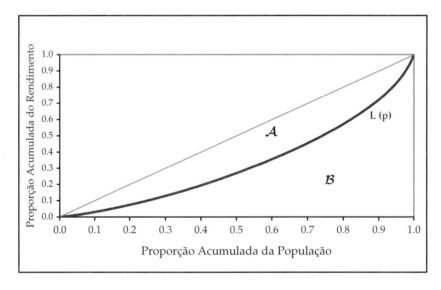

A curva de Lorenz indica-nos assim a proporção do rendimento total auferida pela proporção p da população com menores rendimentos. Por exemplo, $L(0.2) = 0.08$ significa que os 20% da população mais pobre apenas auferem 8% do rendimento total da sociedade.

A configuração da curva de Lorenz permite observar não somente a desigualdade existente numa dada distribuição mas igualmente tipificar as situações extremas que ocorreriam numa situação de desigualdade nula e de desigualdade máxima.

Se todos os indivíduos na população auferissem o mesmo nível de rendimento, e consequentemente a proporção acumulada do rendimento detida por qualquer percentagem p da população seria igualmente p, a curva de Lorenz corresponderia à linha diagonal no gráfico anterior que por isso é designada por *linha de perfeita igualdade*. Esta situação corresponderia à inexistência de qualquer nível de desigualdade.

Se existir desigualdade na distribuição do rendimento a curva de Lorenz situa-se abaixo da diagonal. Quanto maior o nível de desigualdade maior a distância que separa a curva de Lorenz da linha de perfeita igualdade.

Por último, se todo o rendimento da população fosse auferido por um único indivíduo estaríamos numa situação de desigualdade máxima e a curva de Lorenz seria representada por dois troços. O primeiro correspondente ao eixo horizontal entre os pontos $(0;0)$ e $(0;1)$ e o segundo ao eixo vertical entre os pontos $(0;1)$ e $(1;1)$.

A curva de Lorenz revela-se assim não somente um instrumento adequado para analisar a desigualdade ocorrida numa dada distribuição mas pode igualmente ser utilizada para comparar duas ou mais distribuições de acordo com o critério da desigualdade[10]. No entanto, a comparação da desigualdade entre duas distribuições com base na análise das suas curvas de Lorenz somente permite uma ordenação parcial.

---

[10] A possibilidade de comparação da desigualdade entre duas distribuições através da análise das suas curvas de Lorenz não depende do nível de rendimento médio de cada uma delas na medida em que a Curva de Lorenz expressa a distribuição do rendimento relativamente à média.

Se a curva de Lorenz de uma distribuição A se situar, para qualquer valor de p, abaixo da curva de Lorenz de uma outra distribuição B então podemos inequivocamente afirmar que a distribuição A é mais igualitária. No entanto, quando as curvas de Lorenz se interceptam já não é possível identificar qual das duas distribuições é mais desigual.

A curva de Lorenz pode ser expressa a partir de função densidade como:

$$L(p) = \frac{1}{\mu}\int_0^y y\, f(y)\, dy \qquad (2.2)$$

Gastwirth (Gastwirth, 1971,1972) demonstrou formalmente a associação entre a curva de Lorenz e a curva de quantis anteriormente analisada, explicitando alternativamente a curva de Lorenz como:

$$L(p) = \frac{1}{\mu}\int_0^p Q(t)\, dt \qquad (2.3)$$

A curva de Lorenz apresenta as seguintes propriedades (Kakwani, 1980):

$$L(0) = 0$$
$$L(1) = 1$$
$$\frac{\partial L(p)}{\partial p} = \frac{Q(p)}{\mu} \geq 0 \quad e \quad \frac{\partial^2 L(p)}{\partial p^2} = \frac{1}{\mu\, f(y)} > 0$$
$$L(p) \leq p \qquad (2.4)$$

As duas primeiras propriedades resultam da própria definição da curva de Lorenz e são facilmente observáveis no gráfico anterior. As derivadas da curva de Lorenz asseguram que esta é não decrescente e convexa.

A expressão da primeira derivada permite igualmente observar que o declive da curva de Lorenz em cada ponto p indica o rácio entre o quantil de ordem p e a média da distribuição. Por exemplo o declive da curva de Lorenz no ponto $p = 0.5$ dá-nos o quociente entre o rendimento mediano e o rendimento médio.

Uma outra propriedade da curva de Lorenz salientada por Gastwirth é a de que o declive da curva de Lorenz assume o valor 1 para o valor de p correspondente ao rendimento médio μ. Nesse ponto a curva de Lorenz torna-se paralela à linha de perfeita igualdade.

Curva de Lorenz e Índice de Gini

Vimos anteriormente que a curva de Lorenz nos permitia ter uma visualização gráfica da desigualdade existente numa dada distribuição de rendimento, traduzindo-se essa desigualdade na distância maior ou menor da curva de Lorenz à linha de perfeita igualdade. O coeficiente de desigualdade de Gini (G) permite quantificar essa distância, exprimindo-a num índice que traduz o nível de desigualdade existente.

O índice de Gini pode ser expresso como o rácio entre a área compreendida entre a curva de Lorenz e a linha de perfeita igualdade e a área abaixo da linha de perfeita igualdade. ($G = (A/(A + B))$) na Figura n.º 2-2).

Formalmente a área que separa a curva de Lorenz da linha de perfeita igualdade pode ser definida como $\int_0^1 (p - L(p))\, dp$, enquanto que a área abaixo da linha de perfeita igualdade é dada por $\int_0^1 p\, dp$ que, por construção, assume sempre o valor $1/2$.

O coeficiente de Gini pode assim ser definido como:

$$G = \frac{\int_0^1 (p - L(p))\, dp}{\int_0^1 p\, dp} = 2\int_0^1 (p - L(p))\, dp$$

(2.5)

A expressão anterior evidencia uma vez mais a estreita relação entre o índice de Gini e a curva de Lorenz. O índice de Gini representa uma forma de agregação, ao longo de p, das sucessivas distancias que separam a curva de Lorenz da linha de igual distribuição.

Demonstra-se igualmente (Kakwani, 1980) que o coeficiente de Gini definido na expressão (2.5) é igual a um menos o dobro da área abaixo da curva de Lorenz, isto é:

$$G = 1 - 2\int_0^1 (L(p))\, dp \tag{2.6}$$

Cowell (1999b) sugere uma definição alternativa do índice de Gini como:

$$G = \frac{1}{2\mu} \iint |y - y'|\, dF(y)\, dF(y') \tag{2.7}$$

A expressão anterior, ainda que torne menos evidente a ligação entre o índice de Gini e a curva de Lorenz, permite uma reinterpretação do coeficiente de Gini como "*a média normalizada das diferenças absolutas entre o rendimento de qualquer par de indivíduos na distribuição*" (Cowell (1999b)).

Seja qual for a definição utilizada no seu cálculo, o índice de Gini varia entre zero e um, assumindo o valor zero no caso de uma distribuição completamente igualitária e o valor um no caso de um único indivíduo na distribuição deter todo o rendimento. Contrariamente ao que acontecia com a comparação da desigualdade entre distribuições assente na observação das suas curvas de Lorenz a ordenação da desigualdade com base no índice de Gini é agora completa, isto é, o nível de desigualdade de quaisquer duas distribuições pode ser inequivocamente comparado e ordenado.

Índices positivos de desigualdade

Sen (1973) sugeriu a divisão clássica do processo de construção das medidas de desigualdade: medidas de desigualdade positivas e medidas de desigualdade normativas.

As medidas de desigualdade positivas[11] tentam descrever a distribuição do rendimento e a desigualdade que lhe está associada através de uma medida estatística capaz de captar as diferenças na distribuição do rendimento sem qualquer referência a uma avaliação social dessa mesma distribuição. Nas medidas de desigualdade de tipo normativas assume-se explicitamente uma valorização social da desigualdade e estabelece-se uma associação clara entre o nível de desigualdade e o nível de bem-estar social.

A diferença entre estes dois tipos de medidas decorre mais do processo da sua construção do que do seu conteúdo objectivo. A construção de medidas de tipo normativo é, como veremos na secção seguinte, um processo mais exigente e consequentemente mais restritivo, quanto à formulação das hipóteses que lhe estão subjacentes, mas tem a vantagem de explicitar claramente as hipóteses de partida que estão na génese das respectivas medidas de desigualdade. As medidas de tipo positivo, ainda que omitindo na sua elaboração uma valorização social explícita, não deixam de estar imbuídas de aspectos valorativos, sendo igualmente possível associá-las a conceitos de bem-estar social específicos.

A construção das medidas de desigualdade de tipo positivo assenta na especificação de um índice de dispersão da distribuição em torno de um rendimento de referência, na generalidade dos casos em torno do rendimento médio.

Uma medida de desigualdade que ilustra de forma quase intuitiva o processo atrás descrito é o *coeficiente de variação*, o qual pode ser expresso como o rácio entre o desvio padrão do rendimento e o rendimento médio, isto é:

---

[11] Estas medidas são discutidas com detalhe em Atkinson (1970,1973), Champernowne (1974) e Foster (1985).

$$CV = \sqrt{\int \left(\frac{y}{\mu} - 1\right)^2 f(y)\, dy}$$

(2.8)

Duas outras medidas de desigualdade habitualmente referidas na literatura são os chamados índices de Theil (Theil, 1967). Estas medidas de desigualdade são construídas com base na distância entre os logaritmos do rendimento.

A primeira, que podemos designar por *Variância Logarítmica*, é definida como:

$$\int (\ln y - \ln \mu)^2 f(y)\, dy$$

(2.9)

A segunda, denominada *Variância dos Logaritmos* é representada por:

$$\int (\ln y - \ln \mu^*)^2 f(y)\, dy$$

(2.10)

onde μ* é a média geométrica da distribuição

A principal limitação destes dois indicadores de desigualdade é a de que nem sempre respeitam o princípio das transferências de Pigou-Dalton. Este princípio, proposto inicialmente por Dalton (1920), implica que qualquer transferência de um indivíduo de maior rendimento para outro de menor rendimento, desde que não altere as respectivas posições relativas na escala de rendimentos nem a média da distribuição, se traduza numa redução da desigualdade. Estas transferências são usualmente designadas por transferências de tipo Pigou-Dalton ou transferências progressivas[12].

---

[12] De forma simétrica, uma transferência de um indivíduo mais pobre para um indivíduo mais rico, que não altere as suas posições relativas na escala de rendimentos e que preserve o rendimento médio será designada por transferência regressiva.

O princípio das transferências de Pigou-Dalton permite, assim, estabelecer uma relação entre uma transferência progressiva e a redução da desigualdade. Consideremos uma qualquer distribuição de rendimento $F(y_A)$. Se admitirmos que um indivíduo i, escolhido arbitrariamente, vê o seu rendimento acrescido através duma transferência proveniente de um indivíduo mais rico j, e que essa transferência é suficientemente pequena para não alterar a posição relativa de i e j na distribuição do rendimento, obtemos uma nova distribuição $F(y_B)$ menos desigual que a distribuição $F(y_A)$. Qualquer índice que registe uma diminuição na desigualdade ao passarmos da distribuição $F(y_A)$ para a $F(y_B)$ respeita o Principio das Transferências.[13]

Em alguns casos, os dois índices anteriores revelam um acréscimo do nível de desigualdade após a realização de uma transferência progressiva de rendimento entre dois indivíduos.

Estas várias medidas de desigualdade reagem de forma diferenciada a alterações na distribuição do rendimento.

O coeficiente de variação regista a mesma diminuição da desigualdade como resposta a uma transferência progressiva ocorrida em qualquer parte da distribuição, sendo por isso muito mais afectado por diferenças relativas no rendimento no topo da distribuição do que na sua parte inferior.

Os dois índices de Theil retratados nas expressões (2.9) e (2.10) atribuem um maior peso a transferências ocorridas na parte inferior da distribuição, na medida em que a transformação logarítmica comprime as diferenças de rendimento na parte superior da distribuição.

No caso do índice de Gini anteriormente analisado, o impacto de uma transferência progressiva depende da posição dos dois

---

[13] O critério de ordenação implícito na curva de Lorenz anteriormente analisado respeita o princípio das transferências, na medida em que uma transferência progressiva de rendimento entre dois indivíduos provoca uma deslocação inequívoca da curva de Lorenz para mais perto da linha de perfeita igualdade.

indivíduos na ordenação dos rendimentos e não propriamente do montante dos rendimentos. A redução na desigualdade será tanto maior quanto mais perto os indivíduos se encontram do centro da distribuição (mais precisamente da moda).

Os exemplos anteriores evidenciam como estes diferentes índices, ainda que construídas de uma forma "neutra" face a juízos de valor quanto à análise da desigualdade, acabam por reflectir diferentes sensibilidades quanto à importância da desigualdade em diferentes áreas da escala de rendimentos.

Um outro indicador de desigualdade assente em medidas estatísticas da distribuição do rendimento é o Rácio de Quantis (RQ) definido como:

$$RQ = \frac{Q(p_2)}{Q(p_1)} \tag{2.11}$$

O Rácio de Decis (Q (90)/Q (10)) é a medida deste tipo mais frequentemente utilizada. O rendimento mediano é também regularmente usado quer para p_1 como para p_2. A grande vantagem deste tipo de medidas é a de possibilitar a análise da evolução da desigualdade em diferentes partes da distribuição. Consideremos, por exemplo, a utilização dos três seguintes rácios de quartis Q (0.9)/Q (0.1), Q (0.9)/Q (0.5) e Q (0.5)/Q (0.1) para analisar a evolução da desigualdade em dois períodos de tempo. A análise conjunta da evolução destes três indicadores permite observar em que medida a variação da desigualdade sugerida pelo Rácio de Decis é resultante de alterações na distribuição dos rendimentos na parte superior da distribuição ou na sua parte inferior.

A principal limitação do Rácio de Quantis é a de ele não reflectir alterações que afectem outros quantis que não Q (p_1) e Q (p_2).

2.3.2. Desigualdade e bem-estar social

Vimos na secção anterior que os índices positivos de desigualdade ponderam de forma distinta os rendimentos dos indivíduos situados em diferentes áreas da distribuição e, consequentemente, introduzem juízos de valor implícitos na análise da desigualdade.

Uma abordagem alternativa consiste em especificar à partida uma função de bem-estar social, construída de forma a traduzir um conjunto de princípios considerados desejáveis e, a partir da função de bem-estar social derivar um conjunto de medidas de desigualdade que reflectem esses mesmos princípios.

Esta segunda abordagem, seguida por Atkinson (1970), pressupõe que ao nível de rendimento y de cada indivíduo se possa atribuir um certo nível de utilidade $U(y)$ e que a utilidade média da sociedade, o seu nível de bem-estar social W, possa ser obtido através da agregação das utilidades individuais.

Consideremos a seguinte forma de especificar a função de bem-estar social, W, proposta por Atkinson (1970):

$$W = \int U(y) f(y) \, dy \qquad (2.12)$$

De acordo com Atkinson, admita-se que a função de bem-estar social W é aditivamente separável e simétrica nos rendimentos individuais, crescente em y e duplamente diferenciável.

Atkinson (1970) impõe duas restrições adicionais sobre a função de utilidade: a primeira é a de que esta seja estritamente côncava; a segunda é a de que tenha elasticidade constante.

A hipótese de concavidade da função de bem-estar social pode ser defendida com base em dois argumentos distintos: i) Se $U(y)$ é uma representação das preferências individuais então a concavidade da função de bem-estar social é a tradução da utilidade marginal decrescente do rendimento; ii) Se $U(y)$ é uma representação das preferências de um decisor social avesso à desigualdade, então a concavidade da função de bem-estar social traduz assim uma clara preferência social pela equidade.

Em ambos os casos o facto de a função de utilidade ser estritamente côncava assegura que quanto maior for o rendimento de um indivíduo menor é o seu peso na função de bem-estar social[14].

A condição de elasticidade constante assegura que U, e consequentemente W, gozam da propriedade de homotetia. A função de bem-estar social ser homotética implica que o rácio das utilidades sociais marginais entre quaisquer dois indivíduos na população se mantém constante quando todos os rendimentos variam na mesma proporção. Se multiplicarmos o rendimento de cada indivíduo na distribuição por uma certa proporção vamos alterar o bem-estar social na mesma proporção, mas mantendo a desigualdade entre os indivíduos inalterável.

Para que W seja homotética a função de utilidade $U(y)$ tem que assumir a forma:

$$U(y) = \begin{cases} a + b\dfrac{y^{1-\varepsilon}}{1-\varepsilon} & se \ \varepsilon \geq 0 \ e \ \varepsilon \neq 1 \\ a + b\ln(y) & se \ \varepsilon = 1 \end{cases}$$

(2.13)

O parâmetro ε é usualmente referido como "parâmetro de aversão à desigualdade de Atkinson". Ele permite aferir o contributo de um acréscimo marginal do rendimento de cada indivíduo para o bem-estar social, o qual depende da posição relativa de indivíduo na escala de rendimentos.

---

[14] Como resultado de se considerar a função de utilidade como aditiva e não decrescente no rendimento é possível interpretar a utilidade marginal social do rendimento, $\partial U/\partial y$, como um ponderador de bem-estar social. A concavidade estrita de $U(y)$ assegura que os ponderadores de bem-estar social são não negativos para cada indivíduo, mas que quanto maior for o seu rendimento menor é o peso que lhe é atribuído na agregação das utilidades individuais. Hipóteses acerca do grau de concavidade da função de bem-estar social, ou equivalentemente acerca dos ponderadores individuais de bem-estar, tem uma correspondência em hipóteses acerca do Princípio das Transferências. Quanto mais avessa a sociedade é à desigualdade mais côncavos são os contornos da função de bem-estar social.

Se ε = 0, a utilidade social marginal do rendimento é constante. Aumentar em 1€ o rendimento de um indivíduo pobre gera o mesmo incremento no bem-estar social do que aumentar no mesmo montante o rendimento de um indivíduo rico. A distribuição do rendimento não exerce qualquer efeito sobre o nível de bem-estar social e o índice W (ε = 0) mais não é do que uma função do rendimento médio.

Para valores de ε > 0, aumentar o rendimento de um indivíduo pobre é socialmente mais valorizado do que aumentar o rendimento de um indivíduo rico. Quanto maior o valor de ε mais rapidamente diminui a utilidade social marginal com o rendimento, pelo que o indicador do bem-estar social se torna mais sensível à distribuição dos rendimentos.

Uma das vantagens de W ser homotética é a de que a função de bem-estar social pode ser usada para medir o nível de desigualdade[15]. A utilização directa da função representada em (2.13) faria, no entanto, depender a desigualdade não somente do parâmetro ético ε mas igualmente das constantes arbitrárias a e b[16].

Esta dificuldade é superada por Atkinson através da consideração adicional do conceito de *Rendimento Igualmente Distribuído* (RID). Este é o rendimento comum a todos os indivíduos numa distribuição que proporciona o mesmo nível de bem-estar social que a distribuição actual. Representando o RID por ξ este pode ser definido como:

$$\int U(\xi) f(y) dy = \int U(y) f(y) dy \qquad (2.14)$$

O índice de desigualdade associado à função de bem-estar social sugerida por Atkinson pode ser agora expresso como função exclusiva de μ e ξ:

---

[15] Sobre a relação entre funções de bem-estar social e a medição da desigualdade, veja-se Atkinson (1974,1983), Blackorby e Donaldson (1978,1980), Dagum (1990) e Sen (1973,1992).

[16] Diferentes valores de a e b gerariam uma série de medidas de desigualdade ordinalmente equivalentes entre si.

$$I = \frac{\mu - \xi}{\mu} = 1 - \frac{\xi}{\mu}.$$

(2.15)

A noção de desigualdade implícita na função de bem-estar social W assenta assim na distância relativa que separa o RID do rendimento médio. O nível de desigualdade pode ser interpretado como o custo social relativo da desigualdade. Por exemplo, $I = 0.3$ significa que se a distribuição do rendimento fosse igualitária era suficiente 70% do rendimento total existente numa dada distribuição para se alcançar o mesmo nível de bem-estar social.

Uma das vantagens associadas à utilização da função de bem-estar social W, e de se expressar a desigualdade como função de μ e ξ, é a de que se torna possível evidenciar o *trade-off* entre o nível de rendimento e a forma como este se distribui.

$$\xi = \mu(1 - I).$$

(2.16)

Na expressão anterior o rendimento igualmente distribuído ξ constitui em si mesmo um indicador de bem-estar social, de interpretação mais fácil que W[17], o qual depende do nível de rendimento médio (μ) e do nível de equidade ($1 - I$). Duas distribuições com rendimentos médios diferentes podem evidenciar o mesmo nível de bem-estar social desde que essas diferenças em μ sejam compensadas por diferentes níveis de desigualdade[18].

---

[17] Contrariamente ao que acontece com W, o rendimento igualmente distribuído é expresso em termos monetários o que claramente facilita a sua interpretação.

[18] Note-se que para que o nível de bem-estar social seja idêntico nas duas distribuições a distribuição com maior nível de rendimento médio terá que apresentar igualmente um maior nível de desigualdade.

Índice de desigualdade de Atkinson

Atkinson (1970) critica os índices de desigualdade de tipo positivo apresentados na secção 2.3.1, como o índice de Gini ou o coeficiente de variação, na base de que estes são simples instrumentos estatísticos que medem a dispersão relativa de uma dada distribuição, sem qualquer relação expressa com a dimensão normativa do bem-estar. Como alternativa, apresenta uma classe de índices de desigualdade derivados directamente da função de bem-estar social por si proposta, e incorporando explicitamente princípios normativos considerados socialmente desejáveis. A classe de índices de desigualdade de Atkinson é dado por:

$$A(\varepsilon) = \begin{cases} 1 - \dfrac{\left(\int y^{1-\varepsilon} f(y) \, dy\right)^{\frac{1-\varepsilon}{\varepsilon}}}{\mu} & se \ \varepsilon \geq 0 \ e \ \varepsilon \neq 1 \\ 1 - \dfrac{\exp\left(\int \ln y \, f(y) \, dy\right)}{\mu} & se \ \varepsilon = 1 \end{cases}$$

(2.17)

Quanto maior for ε maior será o nível de desigualdade e, consequentemente, maior a avaliação do custo social da desigualdade expressa como uma proporção do rendimento total "desperdiçado".

Valores elevados ε atribuem maior peso a redistribuições do rendimento reduzindo as diferenças de rendimento na parte infe rior da distribuição comparativamente à parte superior. Com valores de ε superiores à unidade o índice de desigualdade torna-se muito sensível à parte inferior da distribuição[19].

---

[19] Ao parâmetro ε pode ser atribuído qualquer valor entre zero e infinito. Estes dois casos extremos correspondem, respectivamente, à indiferença face à desigualdade e ao critério Rawlsiano (Rawls, 1972) em que somente o rendimento do indivíduo mais pobre é socialmente valorizado. A relação entre o conceito de

Curva de Lorenz Generalizada e índices de bem-estar social

A avaliação do bem-estar social é tradicionalmente operada através de duas abordagens distintas: a primeira utiliza a representação gráfica da curva de Lorenz Generalizada; a segunda, assenta na construção de índices de bem-estar social.

Apesar de a curva de Lorenz constituir uma representação gráfica adequada para a análise da desigualdade de uma dada distribuição, ou para comparar a desigualdade entre duas distribuições, o facto de ela ser insensível a alterações no nível médio dos rendimentos conduz a que a sua aplicabilidade para a avaliação e comparação do nível de bem-estar social seja limitada.

Esta insuficiência da curva de Lorenz para comparar distribuições numa óptica do bem-estar social pode, porém, ser facilmente ultrapassada através da utilização da curva de Lorenz Generalizada proposta por Shorrocks (1983).

A curva de Lorenz Generalizada, $LG(p)$, é obtida a partir da curva de Lorenz tradicional, multiplicando cada ponto dessa curva pelo rendimento médio μ.

$$LG(p) = \mu L(p) = \int_0^p Q(p)\, dp \ . \tag{2.18}$$

A expressão anterior confirma que a passagem da curva de Lorenz para a curva de Lorenz Generalizada corresponde a um reescalonamento pela média da curva inicial. Isso significa que o perfil da desigualdade subjacente à curva de Lorenz se mantém, agora acrescido da informação quanto ao nível do rendimento[20]. A altura da curva de Lorenz Generalizada reflecte o

---

justiça social de Rawls e funções de bem-estar social evidenciando extrema aversão à desigualdade é discutida em Sen (1974).

[20] O facto de a curva de Lorenz Generalizada poder ser interpretada como um simples reescalonamento da curva de Lorenz tradicional conduz a que alguns autores a designem como *curva de Lorenz Absoluta*, em oposição à curva de Lorenz original tida como *relativa*.

nível de rendimentos enquanto que a sua curvatura nos indica o nível de desigualdade.

Como resultado do reescalonamento pela média a curva de Lorenz Generalizada varia entre zero para $p = 0$ e o rendimento médio do conjunto da população quando p alcança o valor 1. Para qualquer valor de p a curva de Lorenz Generalizada indica-nos a contribuição absoluta para o rendimento *per capita* dos rendimentos auferidos pela proporção p da população de menores rendimentos.

A consideração simultânea do padrão de desigualdade e do nível médio de rendimentos tornam a curva de Lorenz Generalizada num instrumento adequado para a avaliação e comparação de distribuições de acordo com o critério do bem-estar social.

A figura seguinte ilustra a curva de Lorenz Generalizada.

Figura n.º 2-3 – Curva de Lorenz Generalizada

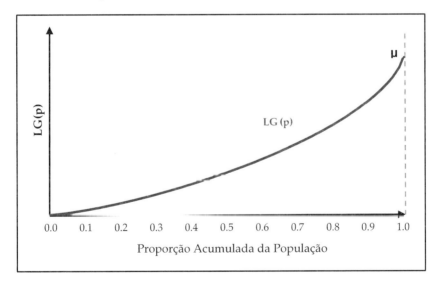

A utilização de índices de bem-estar constitui uma via alternativa para caracterizar o nível de bem-estar social. O indicador mais simples, e o mais utilizado, é o rendimento médio.

$$\mu = \int y\, f(y)\, dy \qquad (2.19)$$

O rendimento médio não tem, contudo, em atenção a assimetria na distribuição do rendimento. Para que o indicador de bem-estar social traduza quer o nível de rendimentos quer a sua distribuição torna-se necessário que os índices de bem-estar social estejam associados a funções de bem-estar que contenham essas duas vertentes.

Tendo como referência a função de bem-estar social proposta por Atkinson, Jenkins (1994) propôs a utilização dos seguintes índices de bem-estar social:

$$W(\varepsilon) = \begin{cases} \dfrac{\int y^{1-\varepsilon}\, f(y)\, dy}{1-\varepsilon} & se\ \varepsilon \geq 0\ e\ \varepsilon \neq 1 \\ \int \ln y\, f(y)\, dy & se\ \varepsilon = 1 \end{cases} \qquad (2.20)$$

A classe de índices apresentados na expressão anterior é usualmente designada na literatura (Jenkins, 1994) por "*índices de média generalizada de ordem (1 – ε)*". ε é o parâmetro de aversão à desigualdade de Atkinson e que assume aqui as mesmas propriedades.

A ligação entre os índices representados em (2.20) e o índice de desigualdade de Atkinson pode ser realçado expressando o sistema anterior como:

$$W(\varepsilon) = \begin{cases} \dfrac{\left[\mu(1-A(\varepsilon))\right]^{1-\varepsilon}}{1-\varepsilon} & se\ \varepsilon \geq 0\ e\ \varepsilon \neq 1 \\ \ln\left[\mu - (1-A(1))\right] & se\ \varepsilon = 1 \end{cases} \qquad (2.21)$$

Se interpretarmos (1 – A (ε)) como um indicador de equidade é fácil verificar que a classe de índices proposta por Jenkins traduz igualmente o *"trade-off"* entre eficiência e equidade na avaliação do bem-estar social[21].

O índice de bem-estar social mais utilizado em estudos empíricos é, indubitavelmente, o apresentado por Sen (1976). Este propõe um índice de bem-estar social, que igualmente tem em conta a distribuição do rendimento sobre W, mas que está associado ao índice de Gini.

$$W(G) = \mu(1-G) \tag{2.22}$$

O índice de bem-estar social de Sen pode ser interpretado como uma medida do "rendimento real" de uma população, na medida em que traduz uma correcção do rendimento médio pela assimetria na distribuição do rendimento (Atkinson, 1999). Verifica-se, ainda, uma relação imediata entre o índice de bem-estar representado na expressão (2.22) e a curva de Lorenz Generalizada proposta por Shorrocks. O índice de bem-estar social proposto por Sen corresponde a duas vezes a área abaixo da curva de Lorenz generalizada, isto é.

$$W(G) = 2\int_0^1 (LG(p))\, dp \tag{2.23}$$

Índices de Entropia Generalizada

Cowell (1977) e Cowell e Kuga (1981a,1981b) apresentam uma outra classe de índices de desigualdade com algumas características semelhantes à classe de índices de Atkinson. A classe de *índices de Entropia Generalizada*, proposta por estes autores, é igualmente parametrizada por um parâmetro θ, semelhante à aversão à desi-

---

[21] Se ε = 0 não existe qualquer preocupação com a desigualdade na avaliação do bem-estar social e o índice de Jenkins mais não é que o rendimento médio da população.

gualdade de Atkinson, que traduz a sensibilidade desta classe de índices a diferentes partes da distribuição do rendimento.

O processo de construção desta classe de índices é, porém, substancialmente diferente do ensaiado por Atkinson. Enquanto que a classe de índices de Atkinson é deduzida, como vimos na secção anterior, a partir da especificação de uma função de bem-estar social, os índices de entropia generalizada são obtidos de forma axiomática, impõem *a priori* um conjunto de princípios éticos que um índice deve satisfazer e determinam qual a forma funcional que respeita todos esses princípios.

Cowell e Kuga (1981a,1981b) demonstram que um índice de desigualdade que respeite os princípios de invariância da escala de rendimento, o princípio das transferências de Pigou-Dalton e seja aditivamente decomponível terá que ser representado pela seguinte[22] classe de índices de Entropia Generalizada, $E(\theta)$:

$$E(\theta) = \begin{cases} \dfrac{1}{\theta(\theta-1)} \left[\int \left[\dfrac{y}{\mu}\right]^{\theta} f(y)\, dy - 1 \right], & se\ \theta \neq 0,1 \\ -\int \log\left(\dfrac{y}{\mu}\right) f(y)\, dy, & se\ \theta = 0 \\ \int \dfrac{y}{\mu} \log\left(\dfrac{y}{\mu}\right) f(y)\, dy, & se\ \theta = 1 \end{cases}$$

(2.24)

O parâmetro θ representa o ponderador atribuído à distância entre rendimentos situados em diferentes partes da distribuição do rendimento, e pode variar entre θ e $+\infty$. Para valores baixos de θ, o índice é mais sensível a alterações ocorridas na parte inferior da distribuição, enquanto que valores elevados de θ captam melhor as modificações ocorridas nos rendimentos mais elevados.

---

[22] Ou por uma expressão que lhe seja ordinalmente equivalente para algum valor de θ (Cowell, 1995).

Cowell (1995,1999a) demonstrou que a classe de índices de Entropia Generalizada apresenta como casos particulares algumas medidas de desigualdade conhecidas e é ordinalmente equivalente a outros índices de desigualdade já apresentados.

Para valores de θ igual a zero e a um o índice de Entropia Generalizada torna-se equivalente, respectivamente, ao Desvio Médio Logarítmico apresentado na expressão (2.9) e ao índice de Theil exposto em (2.10). O índice $E\,(2)$ é idêntico a metade do Coeficiente de Variação, na medida em que $E\,(2)$ pode ser reescrito como

$$E(2) = \frac{1}{2} \int \left(\frac{y-\mu}{\mu}\right)^2 f(y)\,dy$$
(2.25)

Por último, a classe de índices de Entropia Generalizada é ordinalmente equivalente à classe de índices de Atkinson para valores de $\theta \leq 1$ e de $\theta = 1 - \varepsilon$.

Cowell (1999a) demonstra formalmente a relação entre as duas famílias de índices. Façamos $\theta = 1 - \varepsilon$, então:

$$A(\varepsilon) = \left[\theta\,(\theta - 1)\,E(\theta) + 1\right]^{1/\theta} \quad para \;\; \theta < 1,\; \theta \neq 0$$
$$A(\varepsilon) = 1 - \exp\left(-E(\theta)\right) \quad para \;\; \theta = 0$$
(2.26)

A ordenação da desigualdade de duas distribuições por qualquer uma das famílias de índices é consistente.

A grande vantagem desta classe de índices propostos por Cowell é, no entanto, o de serem aditivamente decomponíveis. Como veremos na secção 2.4 esta propriedade torna-os extremamente atraentes para a análise dos principais determinantes da desigualdade.

2.3.3. *Bem-estar social e pobreza económica*

O conceito de pobreza, tal como o conceito de desigualdade, incorpora diversas dimensões. A maioria de nós está de acordo que o não acesso a determinados bens considerados essenciais para desfrutar de uma vida digna, não poder participar na sociedade ou não poder desenvolver-se como pessoa são características definidoras de uma situação de pobreza.

Não poder desfrutar de uma habitação digna ou de uma alimentação básica, não ter acesso aos serviços de saúde ou de educação, não poder participar na vida familiar e social, não poder usufruir do direito ao ócio, etc., parecem variáveis tão relevantes para medir este fenómeno quanto o critério mais usual de ausência de recursos, medido em termos do rendimento ou da despesa.

Neste trabalho, como a preocupação central é analisar a distribuição do rendimento, vamo-nos centrar num tipo específico de pobreza, a que se reporta à carência de meios económicos e que, de acordo com Atkinson (1998) designaremos por *pobreza económica*.

Assim utilizaremos o rendimento como determinante do nível de vida dos indivíduos, sem pretender com isso esgotar o carácter multidimensional do fenómeno da pobreza. Uma justificação plausível para esta simplificação consiste em admitir que o facto de se sofrer privações, ainda que estas não sejam estritamente económicas, é determinado em grande medida pelo nível de vida material do indivíduo. Desta forma, ao centrarmos a análise nos indivíduos de menores recursos económicos, estamos de alguma maneira a assumir a hipótese implícita de que é essa circunstância que os impede de aceder aos bens e serviços indispensáveis para ter uma vida digna.

A opção pela utilização da escassez de recursos como variável de referência simplifica o problema somente de uma forma aparente. Fundamentalmente, não nos resolve o problema da definição de quais as condições básicas a que todo o indivíduo deve ter acesso, isto, é a definição do nível de rendimento abaixo do qual os indivíduos sofrem privações, a linha de pobreza.

Construção de Linhas de Pobreza

No que diz respeito à definição da linha de pobreza uma primeira opção metodológica é entre a utilização de uma *linha de pobreza absoluta* ou de uma *linha de pobreza relativa*.

Utilizar um conceito de pobreza baseado numa linha de pobreza verdadeiramente absoluta implica aceitar que as condições mínimas que garantem o acesso a uma vida digna não variam ao longo do tempo e que coincidem para diferentes sociedades. Esta noção dificilmente é aceite na sua modalidade mais radical pelo que, na prática, mesmo os países que adoptam esta abordagem estabelecem limites à sua aplicação, restringindo-a a um dado espaço económico e procedendo à sua actualização regular ao longo do tempo.

A noção de pobreza absoluta é predominante nos países com um menor nível de desenvolvimento. A principal razão radica no facto de uma percentagem muito elevada da população não ter acesso às condições mínimas, nomeadamente alimentares, pelo que não faria sentido proceder a comparações relativas.

A forma habitual de estabelecer a linha de pobreza consiste em definir um cabaz mínimo de bens para uma dieta alimentar que possibilite a própria sobrevivência, cabaz esse definido de acordo com os padrões alimentares desse país ou região, e de seguida aplicar um multiplicador que reflicta o custo dos bens não alimentares. Note-se, no entanto, que em países desenvolvidos como os EUA ou o Reino Unido a utilização de linhas de pobreza assim definidas goza de uma certa tradição. Em Portugal, este método tem sido igualmente implementado em diversos estudos sobre a pobreza (Costa *et al.* (1985), Ferreira (1997), por exemplo).

O conceito alternativo de pobreza relativa pressupõe que as condições básicas para uma vida digna têm de estar em consonância com a sociedade em que o indivíduo está inserido. As condições para se ser pobre não são as mesmas na Suécia, em Portugal ou em Moçambique. De igual forma, o nível de precariedade de recursos que conduz a que um indivíduo seja considerado pobre hoje em

Portugal é substancialmente diferente do nível de rendimento que o classificaria como pobre há cinquenta anos.

O conceito de pobreza relativa é hoje um conceito mais consensual, nomeadamente a nível europeu. Saliente-se que, desde 1975, a União Europeia qualifica como pobre "aqueles indivíduos ou famílias cujos recursos são tão limitados que os excluem do nível de vida mínimo aceitável no Estado Membro em que habitam" (EEC, 1981).

As linhas de pobreza relativa partem da distribuição do rendimento e utilizam uma medida estatística, como a média ou a mediana, como âncora. Desde Fuchs (1967) que tem sido tradicional definir a linha de pobreza como uma percentagem do rendimento mediano. Dada a potencial sensibilidade dos resultados relativamente a esta escolha, é igualmente, tradicional avaliar os níveis de pobreza utilizando linhas de pobreza alternativas[23].

Índices de Pobreza

Uma vez definida a linha de pobreza, torna-se necessário construir indicadores que possibilitem quantificar as várias dimensões da pobreza económica.

Designemos por z o valor da linha de pobreza. Um índice de pobreza deve permitir agregar as contribuições dos diferentes indivíduos numa população para o nível de pobreza. Consideremos a classe genérica de índices de pobreza de tipo aditivo dada pela expressão:

---

[23] A prática corrente nos países da União Europeia é considerar uma linha central de pobreza correspondente a 60% do rendimento mediano por adulto equivalente. De forma a possibilitar alguma análise de sensibilidade dos resultados obtidos são igualmente estimados indicadores de pobreza correspondentes à utilização de 50 e 70% do rendimento mediano. Um processo alternativo consiste em definir a linha de pobreza como uma percentagem do rendimento médio. Essa opção gera, no entanto, indicadores de pobreza mais elevados, dada a assimetria das distribuições do rendimento onde a média é sempre maior que a mediana.

Capítulo 2. Distribuição do Rendimento: Aspectos Conceptuais | 71

$$P(z) = \int \rho(y,z) f(y) dy \qquad (2.27)$$

Na expressão anterior ρ (y, z) representa a contribuição para o índice de pobreza do conjunto da população de um indivíduo com um rendimento y. Essa contribuição deve verificar as seguintes condições:

$$\rho(y,z) \geq 0 \quad se \quad y \leq z$$
$$\rho(y,z) = 0 \quad se \quad y > z \qquad (2.28)$$

As duas condições anteriores implicam que na construção do índice de pobreza somente os rendimentos dos indivíduos situados na ou abaixo da linha de pobreza são relevantes (axioma de Foco).

A maioria das medidas propostas na literatura pode ser representada pela classe genérica (2.27)[24].

A medida de pobreza mais simples, mas igualmente a mais criticada, é a taxa de "incidência da pobreza"[25], representada por:

$$\int_0^z f(y) dy \qquad (2.29)$$

A medida anterior indica-nos simplesmente a proporção da população pobre, sem tomar em consideração outras dimensões da pobreza. Um indivíduo ligeiramente abaixo da linha de pobreza tem um peso no índice idêntico a um outro com um rendimento bastante inferior a z.

---

[24] Para um *"survey"* detalhado das várias medidas de pobreza veja-se Foster (1984).

[25] A taxa de incidência surge muitas vezes com a designação simples de "taxa de pobreza" bem como com outras designações. Nos últimos anos, os estudos realizados pelo Eurostat nos países da União Europeia, tem consagrado a designação de "risco de pobreza" para identificar a taxa de incidência da pobreza.

Um outro índice igualmente representado pela classe (2.27) é o défice de recursos (normalizado) da população pobre.

$$\int_0^z \left[\frac{y-z}{z}\right] f(y)\, dy \qquad (2.30)$$

A medida anterior é usualmente considerada como um indicador da "intensidade da pobreza" na medida em que traduz a distância média do rendimento da população pobre à linha de pobreza, normalizada por z.

Uma outra classe de índices que pode ser expressa por (2.27) é a proposta por Foster-Greer-Thorbecke (1984). Os vários membros desta classe são diferenciáveis por um parâmetro $\alpha \geq 0$, e são definidos por:

$$F(z;\alpha) = \int_0^z (z-y)^\alpha f(y)\, dy \qquad (2.31)$$

Quando $\alpha = 0$, o índice $F(z, \alpha)$ dá-nos a incidência da pobreza. Quando $\alpha = 1$, obtemos um indicador da intensidade da pobreza, o défice de recursos médio da população pobre. Quando $\alpha = 2$, obtemos um indicador da *severidade da pobreza*, que traduz a desigualdade de recursos entre a população pobre[26].

Esta classe de índices é frequentemente apresentada na literatura de forma normalizada. A normalização do índice é obtida dividindo os rendimentos truncados e os défices de pobreza pelo valor da linha de pobreza. Na sua versão normalizada estes índices podem ser escritos como

$$\overline{F}(z;\alpha) = \int_0^z \left(\frac{z-y}{z}\right)^\alpha f(y)\, dy \qquad (2.32)$$

---

[26] Como veremos adiante com $\alpha = 2$ o indicador de pobreza torna-se crescente e convexo nos défices de pobreza.

A normalização dos índices de pobreza não produz diferenças substanciais na análise da pobreza quando as distribuições que estamos a comparar apresentam iguais linhas de pobreza. Por outro lado, a normalização torna os índices de pobreza insensíveis face às unidades monetárias do rendimento consideradas bem como a alterações proporcionais de todos os rendimentos e da própria linha de pobreza[27].

Quando o valor das linhas de pobreza difere entre distribuições a normalização dos índices de pobreza pode ser mais questionável.

Curvas de Pobreza

Muitos dos índices atrás analisados podem ser expressos como uma função do défice de recursos da população. A consideração dos défices de recursos permite não somente uma reinterpretação dos diferentes índices, mas igualmente a sua representação gráfica através das curvas de pobreza.

Consideremos, em primeiro lugar, o défice de recursos (*poverty gap*) da população pobre, o qual pode ser definido como:

$$\int_0^z (z-y) f(y) \, dy \tag{2.33}$$

A expressão anterior possibilita uma interpretação clara do conceito de *poverty gap* como o rendimento médio que seria necessário adicionar aos rendimentos da população pobre para que esta alcançasse a linha de pobreza.

No entanto, a forma mais intuitiva de representarmos o défice de recursos consiste em expressar o défice de recursos de cada elemento da população num gráfico em que no eixo horizontal repre-

---

[27] Alguns autores designam os índices de pobreza normalizados como índices de pobreza relativos, como contraponto aos não normalizados que designam por índices de pobreza absolutos.

sentamos a proporção acumulada da população ordenada por ordem crescente do rendimento e no eixo vertical o correspondente défice de recursos.

O défice de recursos de qualquer indivíduo no ponto p pode agora ser expresso em função da curva de quantis (Duclos e Abdelkrim 2005). Se um indivíduo se encontra abaixo da linha de pobreza o seu défice de recursos é dado pela diferença entre a linha de pobreza e o respectivo quantil $Q(p)$. Se o indivíduo se situar acima da linha de pobreza o seu défice de recursos é nulo. Podemos assim definir o défice de recursos no ponto p como:

$$g(p,z) = \max(z - Q(p), 0) \qquad (2.34)$$

A Figura n.º 2-4 apresenta a curva de défice de recursos ($g(p; z)$).

Figura n.º 2-4 – Curva de Défice de Recursos

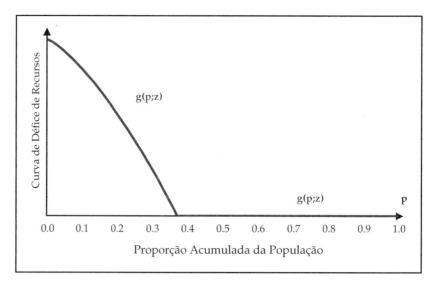

A curva de défice de recursos apresenta claramente dois troços. Para o conjunto da população pobre ela é decrescente na medida em que estando a população ordenada pelo rendimento quanto mais à direita nos situarmos no eixo de p menor é a distância que separa os indivíduos da linha de pobreza. A curva de pobreza anula-se quando atingimos o valor de p correspondente à incidência da pobreza ($F(z)$), sendo a partir desse ponto coincidente com o eixo de p.

Por analogia com o efectuado na apresentação da curva de Lorenz podemos encontrar a configuração da curva de défice de recursos em duas situações extremas: a situação de pobreza total, em que todos os indivíduos teriam um rendimento nulo e a segunda correspondente à completa ausência de pobreza com o rendimento de todos os indivíduos acima do limiar de pobreza. No primeiro caso o défice de recursos de todos os indivíduos seria igual à linha de pobreza z e a curva de défice de pobreza seria uma recta horizontal que cortava o eixo vertical no valor da linha de pobreza. Na segunda situação a curva de défice de recursos coincidiria com o eixo horizontal.

A curva de défice de recursos permite-nos observar directamente diferentes dimensões da pobreza: a incidência expressa pelo ponto da curva em que esta se torna horizontal, a intensidade da pobreza evidenciada pela própria curva de défice no seu troço decrescente, o défice de recursos médio pelo integral abaixo da curva[28] e a desigualdade na distribuição do défice de recursos dada pelo seu declive.

Uma das potencialidades da curva de défice de recursos é de que ela contém toda a informação necessária para a construção de diferentes índices de pobreza. Por exemplo a classe de índices sugerida por Foster-Greer-Thorbecke representada na equação (2.31) pode ser obtida a partir da curva de défice de recursos como (Duclos e Abdelkrim (2005)):

$$F(z;\alpha) = \int_0^1 g(p;z)^\alpha \, dp \qquad (2.35)$$

---

[28] O défice de recursos médio pode assim ser expresso como $\int_0^1 g(p,z)\, dp$.

Outra curva extremamente interessante para a visualização da medida e comparabilidade da pobreza é a chamada *curva TIP* (Three 'I's of Poverty curve) introduzida por Jenkins e Lambert (1997,1998a,1998b). Esta curva, também designada por *curva de perfil da pobreza* (Shoorocks, 1998), corresponde à acumulação do défice de recursos (*Cumulative Poverty Gap*).

Tal como acontecia com a curva de défice de recursos a curva TIP pode ser expressa num gráfico em que no eixo horizontal representamos a proporção acumulada da população ordenada por ordem crescente do rendimento e no eixo vertical o correspondente défice de recursos acumulado.

A curva TIP pode assim ser definida como:

$$TIP(p;z) = \int_0^p g(q;z)\, dq. \tag{2.36}$$

A representação gráfica da curva TIP é apresentada na Figura n.º 2-5.

Figura n.º 2-5 – Curva de Défice de Recursos Acumulada (Curva TIP)

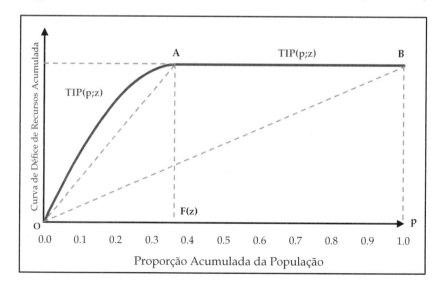

A curva TIP é uma função crescente, concava para o eixo dos p, com o declive da curva no ponto p igual ao défice de recursos $g\,(p;\,z)$ nesse ponto. Tal como acontecia com a curva de défice de recursos a curva TIP torna-se horizontal para todos os p correspondentes a rendimentos iguais ou superiores à linha de pobreza. A curva TIP varia entre zero para $p = 0$ e o défice de recursos médio do conjunto da população para $p = 1$.

O défice médio de recursos dos indivíduos pobres e do conjunto da população podem facilmente ser identificados na Figura n.º 2-5. O primeiro corresponde ao declive da recta OA, enquanto que o segundo é dado pelo declive da recta OB.

Também aqui podemos fazer a analogia com a curva de Lorenz e encontrar a configuração da curva TIP nas duas situações extremas correspondentes à situação em que todos os indivíduos tenham um rendimento nulo, e consequentemente os défices de recursos são máximos, e a situação em que nenhum indivíduo na população é pobre. No primeiro caso o défice de recursos de todos os indivíduos seria igual a z, a curva TIP seria uma recta de declive z e a altura da curva no ponto $p = 1$ correspondente ao défice de recursos médio da população seria igualmente dado por z. Na situação em que o rendimento de todos os indivíduos se situava acima da linha de pobreza a curva de TIP coincidia com o eixo horizontal.

As diferentes dimensões da pobreza podem igualmente ser deduzidas da curva TIP.

A incidência da pobreza é medida pelo comprimento do troço não horizontal da curva. A taxa de pobreza é o valor de p, correspondente a $F\,(z)$, para qual a curva se torna horizontal. A intensidade da pobreza é traduzida pela altura da curva TIP. A severidade da pobreza é dada pelo grau de concavidade da parte crescente da curva TIP[29].

---

[29] Se o défice de recursos de todos os indivíduos pobres fosse idêntico então o troço da curva TIP à esquerda da linha de pobreza seria dado pela recta OA, a qual teria um declive igual á diferença entre a linha de pobreza e o rendimento

É precisamente esta potencialidade da curva TIP para retratar simultaneamente as três dimensões da pobreza (a incidência ou taxa de pobreza (*incidence*), a intensidade medida pelo défice de recursos médio (*intensity*) e, por último a severidade expressa pela desigualdade dos rendimentos da população pobre (*inequality*)) que está na origem da sua designação como *curva dos três is* da pobreza. Segundo Jenkins e Lambert (1997) " ...no other graphical device used in poverty literature pictures poverty as completely and transparently as the TIP curves does".

2.4. Técnicas de Decomposição da Desigualdade e Pobreza

Após termos analisado os diferentes índices distributivos que nos permitem quantificar os principais aspectos da distribuição do rendimento faz sentido aprofundar a análise desta distribuição através de metodologias que possibilitem uma primeira investigação da própria estrutura da desigualdade e da pobreza. A metodologia aqui seguida assenta na decomposição de diferentes índices como instrumento analítico para identificar os factores geradores da desigualdade e da pobreza. Esta metodologia foi inicialmente desenvolvida por Bourguignon (1979) e Shorrocks (1980), que analisaram em que condições os diferentes índices redistributivos podiam ser aditivamente decomponíveis.

Dois tipos de decomposição são ensaiados: decomposição da desigualdade e da pobreza por grupos socioeconómicos e decomposição da desigualdade por fontes de rendimento. A primeira permite evidenciar que grupos sociais são particularmente sensíveis

---

médio da população pobre. Estaríamos então numa situação em que a severidade da pobreza seria nula. A distância entre a curva TIP e a recta OA traduz, assim, a desigualdade na distribuição do défice de recursos entre a população pobre. De igual forma a distância entre a curva TIP e a recta OB expressa a desigualdade na distribuição do défice de recursos para o conjunto da população.

à desigualdade e à pobreza. A segunda ilustra o papel das diferentes fontes de rendimento na constituição dessa desigualdade.

Como veremos, em ambas as metodologias, a classe de Índices de Entropia Generalizada e os índices FGT possuem propriedades que os tornam extremamente atraentes neste tipo de análise.

2.4.1. *Decomposição dos índices de desigualdade por grupos socioeconómicos*

A afectação da desigualdade às diferenças inter e intra-grupos de uma dada população exige um sistema consistente de ordenação da desigualdade no seio dos vários grupos e no conjunto da população, assim como um método consistente de agregação da informação dos vários grupos.

Para desenvolver uma medida síntese da desigualdade é necessário relacionar a desigualdade global com as suas várias componentes. Este relacionamento constitui um passo prévio à construção de um modelo económico de alterações na distribuição do rendimento e um instrumento importante na análise da sua evolução.

Cowell e Jenkins (1995) desenvolvem uma medida síntese para 'explicar' a desigualdade, análoga ao R^2 utilizado na análise estatística da regressão. Esta medida é teoricamente consistente com os métodos de decomposição da desigualdade

A aplicação desta metodologia pressupõe a partição da população de acordo com determinadas características observáveis. A ideia central deste tipo de decomposição é a de que, face a uma dada partição Π e com uma medida de desigualdade adequada, a desigualdade total I pode ser escrita como uma função da desigualdade intra-grupo $I_w(\Pi)$ e da desigualdade inter-grupo $I_B(\Pi)$, ou seja:

$$I = g\left(I_W(\Pi), I_B(\Pi)\right).$$

(2.37)

Esta formalização permite especificar a proporção da desigualdade atribuível à desigualdade inter-grupos para qualquer partição da população Π e consequentemente evidenciar o nível de desigualdade explicado pela característica definidora de Π.

- Se, para uma dada partição Π', $I(\Pi') = g(I_w, 0)$ então a característica definidora de Π' não explica nada da desigualdade;
- Se, para uma dada partição Π', $I(\Pi') = g(0, I_B)$ então a característica definidora de Π' explica toda a desigualdade.

Tendo em conta estas duas situações limite, Cowell e Jenkins (1995) propõem os seguintes índices:

a) Proporção da desigualdade explicada

$$R_B(\Pi) = \frac{I_B(\Pi)}{I}. \tag{2.38}$$

b) Proporção da desigualdade não explicada (resíduo)

$$R_W(\Pi) = 1 - \frac{I_W(\Pi)}{I}. \tag{2.39}$$

Considerando uma qualquer partição Π, podemos calcular os índices R definidos em (2.38) e (2.39) e aplicar o seguinte princípio (Cowell e Jenkins, 1995): Se entre duas partições diferentes Π_a e Π_b, correspondentes a duas características a e b da população, se verificar que $R_B(\Pi_a)$ é superior a $R_B(\Pi_b)$, é razoável afirmar-se que a característica a é mais importante como determinante da desigualdade que a característica b.

Os índices anteriores podem ser utilizados para analisar mais do que um determinante da desigualdade de cada vez. Esta extensão exige apenas a especificação de uma sub-partição da partição original.

Para quaisquer características a e b verifica-se que:

$$R(\Pi_{a,b}) \geq R(\Pi_b)$$
$$R(\Pi_{a,b}) \geq R(\Pi_a). \tag{2.40}$$

Usando esta técnica com uma sucessão de sub-partições obtemos uma representação consistente da importância de qualquer conjunto de características como determinante da desigualdade.

Para que estes dois índices propostos por Cowell e Jenkins possam ser construídos é necessário seleccionar uma medida de desigualdade que possa ser expressa de acordo com a equação (2.37), isto é, um índice que possua a propriedade de decomposição aditiva.

Um índice de desigualdade é aditivamente decomponível por grupos da população se, para qualquer partição da população em G grupos, mutuamente exclusivos e que conjuntamente constituem a população total, a desigualdade total pode ser obtida como a soma da desigualdade verificada no seio de cada um dos grupos (desigualdade intra-grupo) e da desigualdade existente entre os vários grupos (desigualdade inter-grupo).

Esta propriedade assegura que se a desigualdade aumentar no interior dum qualquer grupo g mantendo-se inalteradas todas as demais desigualdades intra e inter-grupos, então a desigualdade total deve aumentar independentemente da forma como a população está subdividida e dos diferentes níveis de desigualdade existentes.

A classe de índices de entropia generalizada anteriormente analisada é a única que possui esta propriedade. A expressão (2.24) pode ser reescrita como:

$$E(\theta) = \sum_{g=1}^{G} \phi_g \left(\frac{\mu_g}{\mu}\right)^{\theta} E_g(\theta) + \overline{E}(\theta)$$

(2.41)

onde ϕ_g é a proporção da população que pertence ao grupo g e μ_g é o rendimento médio desse grupo.

Na expressão (2.41) a primeira parcela representa a desigualdade intra-grupo e a segunda a desigualdade inter-grupo. $E_g(\theta)$ é a desigualdade no grupo g definida de forma análoga à desigualdade no conjunto da população. $\overline{E}(\theta)$ é a desigualdade que se verificaria na população total se o rendimento de cada indivíduo no grupo g fosse idêntico ao rendimento médio do grupo a que pertence[30]. $\overline{E}(\theta)$ pode, assim, ser interpretado como a contribuição absoluta da desigualdade inter-grupo para a desigualdade total.

Note-se que somente quando $\theta = 0$ a desigualdade intra-grupo não depende do rendimento de cada grupo, isto é:

$$E(0) = \sum_{g=1}^{G} \phi_g \, E_g(0) + \overline{E}(0). \tag{2.42}$$

Neste caso o ponderador associado às diferentes componentes da desigualdade intra-grupos é a proporção da população em cada grupo.

Se considerarmos o índice $E(1)$ é fácil verificar que obtemos

$$E(1) = \sum_{g=1}^{G} \frac{n_g \mu_g}{n \mu} E_g(1) + \overline{E}(1). \tag{2.43}$$

pelo que o respectivo ponderador é a proporção do rendimento total auferida por cada grupo.

A diferença entre estes dois tipos de ponderadores não é irrelevante. Vejamos o que aconteceria se o rendimento médio de cada grupo fosse igualado ao rendimento médio do conjunto da população através de uma alteração equiproporcional nos rendimentos dos diferentes indivíduos em cada grupo. No caso de $E(0)$ a desigualdade intra-grupos manter-se-ia inalterada o que já não se verificaria com $E(1)$ visto que a alteração introduzida implicaria igualmente modificações nos respectivos ponderadores. Somente no caso de $E(0)$ a desigualdade intra-grupo pode ser associada à desigualdade que se obteria se as diferenças entre os diferentes grupos fossem anuladas.

---

[30] Este procedimento corresponderia a eliminar a desigualdade no interior de cada grupo.

Para os demais valores de θ a decomposição do índice de entropia não se revela tão interessante como nos dois casos apresentados dada a dificuldade de interpretação dos ponderadores da desigualdade intra-grupo.

As potencialidades da classe de índices de entropia generalizada no tratamento da decomposição da desigualdade entre grupos socioeconómicos tornam particularmente atraente a sua utilização no estudo dos determinantes da desigualdade. Cowell e Kuga (1981a,1981b) demonstram que esta classe de índices engloba todos os índices que satisfazem simultaneamente as propriedades de anonimato, independência da escala de rendimento, o princípio das transferências e são aditivamente decomponíveis.

Outra potencialidade importante associada a esta classe de medidas de desigualdade é que elas possibilitam a desagregação da evolução da desigualdade ao longo do tempo. Como vimos antes a desigualdade total encontra-se associada ao nível de desigualdade existente em cada grupo, à repartição da população e às diferenças no rendimento médio entre os vários grupos. Na análise da evolução da desigualdade é igualmente possível identificar três componentes correspondentes às influências provenientes da alteração da estrutura da população, da modificação da desigualdade em cada um dos grupos e das variações relativas no rendimento médio de cada grupo socioeconómico.

Mookherjee e Shorrocks (1982) demonstram como a medida $E(0)$ pode ser usada para demonstrar os três efeitos referidos. Representemos por $\Delta E(0)$ a alteração registada na desigualdade, medida por este índice, entre o ano t e t+1:

$$\begin{aligned}\Delta E(0) &= E(0)_{t+1} - E(0)_t \\ &\approx \sum_{g=1}^{G} \overline{\phi_g}\, \Delta E_g(0) + \sum_{g=1}^{G} \overline{E_g(0)}\, \Delta \phi_g + \\ &\quad \sum_{g=1}^{G} \left(\overline{\lambda_g} - \overline{\log \lambda_g}\right) \Delta \phi_g + \sum_{g=1}^{G} \left(\overline{\phi_g \lambda_g} - \overline{\phi_g}\right) \Delta \log \mu_g \end{aligned}$$
(2.44)

onde λ_g expressa o rácio entre o rendimento médio do grupo g e o rendimento médio do conjunto da população, $\lambda_g = \mu_g / \mu$, ϕ_g, indica novamente a proporção da população no grupo g e $\lambda_g \phi_g$ indica a proporção do rendimento total auferida pelos indivíduos do grupo g. Uma barra por cima das variáveis significa os valores médios entre t e $t+1$.

Na equação anterior o primeiro termo pode ser interpretado como representando alterações "puras" da desigualdade ocorridas no seio de cada grupo, o segundo e terceiro termo como o efeito de alterações da estrutura da população respectivamente na desigualdade intra-grupo e na desigualdade inter-grupo, e a última parcela reflecte o impacto em $\Delta E_g(0)$ resultante de alterações no rendimento médio relativo dos diversos grupos.

2.4.2. *Decomposição dos índices de desigualdade por fontes de rendimento*

A decomposição da desigualdade por fontes de rendimento possibilita identificar a contribuição dos diversos tipos de rendimento (salários, rendimentos de capital, etc.) na desigualdade do rendimento total.

Consideremos que existem K fontes de rendimento e representemos por $y_k = (y_{1k}, y_{2k}, ..., y_{nk})$ a distribuição do rendimento de tipo k. Designemos por μ_k o rendimento médio proveniente de origem k. Assumindo que os diferentes tipos de rendimento são mutuamente exclusivos e que o rendimento total é igual ao somatório dos k tipos de rendimento, temos que $y = \sum_k y_k$.

Se o índice de desigualdade for uma função convexa não negativa dos rendimentos relativos e cada componente do rendimento for não negativa, a relação mais simples entre I e a distribuição do factor k seria dada por

$$I \leq \sum_{k=1}^{K} \frac{\mu_k}{\mu} I_k.$$

(2.45)

Se a expressão anterior assumir a forma de igualdade então $I_k (\mu_k / \mu)$ constituiria a opção adequada para medir o impacto do rendimento de tipo k sobre a desigualdade total. Porém, tal só ocorreria no caso dos diferentes tipos de rendimento serem perfeitamente correlacionados para todos os indivíduos, o que evidentemente não se verifica. Em todas as outras situações o somatório das contribuições das diferentes fontes excede a desigualdade total.

Uma outra limitação inerente à utilização da expressão (2.45) é a imposição subjacente de que todos os tipos de rendimento devem ser não negativos. Ora uma das potencialidades inerentes à decomposição da desigualdade por fontes de rendimento é a possibilidade de se poderem considerar como rendimentos negativos os diferentes tipos de encargos suportados pelos indivíduos (impostos directos, contribuições para a Segurança Social, etc.) de forma a avaliar o seu eventual impacto "igualizador" sobre a desigualdade.

Torna-se assim necessário encontrar uma outra "regra" que possibilite associar a desigualdade total à soma das contribuições dos rendimentos originados em diversas fontes, ou seja:

$$I = \sum_{k=1}^{K} S_k. \qquad (2.46)$$

em que S_k, que depende exclusivamente da fonte de rendimento k, representa a contribuição absoluta do factor k para a desigualdade total. A fonte de rendimento k gera uma contribuição "desigualizadora" se $S_k > 0$ e uma contribuição igualizadora se $S_k < 0$.

Defina-se igualmente s_k como a contribuição proporcional do factor k para a desigualdade total

$$s_k = \frac{S_k}{I} \quad ; \quad \sum_{k=1}^{K} s_k = 1. \qquad (2.47)$$

As diferentes funções que possibilitam gerarem valores apropriados para s_k designam-se por *"regras de decomposição"*. Shorrocks (1982) analisa detalhadamente os problemas associados à selecção destas "regras de decomposição" tendo chegado às seguintes conclusões:

1. Para qualquer índice de desigualdade existe um número infinito de potenciais "regras de decomposição";
2. Qualquer "regra de decomposição" utilizada com um determinado índice de desigualdade pode igualmente ser usada com qualquer outro índice.

As conclusões anteriores significam que a selecção de uma adequada "regra de decomposição" é totalmente independente do índice de desigualdade escolhido e, consequentemente, das diferentes percepções de desigualdade. A solução utilizada por Shorrocks para superar o problema da multiplicidade de "regras de decomposição" consiste na introdução de duas restrições adicionais: a primeira impõe que seja nula a contribuição para a desigualdade total de qualquer fonte de rendimento cuja distribuição seja equitativa; a segunda estabelece que dois tipos de rendimento contribuem igualmente para a desigualdade se, cumulativamente, a sua distribuição for idêntica e se em conjunto constituem o rendimento total. Estas duas condições são suficientes para determinar uma única "regra de decomposição" dada por

$$R_V : s_k = \frac{\sigma_{yk}}{\sigma_y^2} = \frac{\rho_k \sigma_k}{\sigma_y}. \tag{2.48}$$

em que os símbolos tem o seguinte significado: σ_{yk} é a co-variância entre y e y_k, σ_y é o desvio padrão de y, σ_k é o desvio padrão de y_k e, finalmente, ρ_k representa o coeficiente de correlação entre y e y_k.

A "regra de decomposição" explicitada em (2.48) não depende da medida de desigualdade escolhida, possuindo ainda a vantagem de facilmente identificar o sentido da contribuição de cada tipo de rendimento para a desigualdade total, exclusivamente através da análise da correlação (positiva ou negativa) entre o rendimento total e o rendimento proveniente da fonte k.

O significado da contribuição de cada tipo de rendimento k para a desigualdade pode ser interpretado através de duas perspectivas:

    1. Qual a desigualdade que se verificaria se o rendimento k fosse a única fonte de desigualdade;

    2. Qual a redução na desigualdade que se obteria se fossem eliminadas as diferenças na distribuição do rendimento de origem k.

No primeiro caso avaliar-se-ia a desigualdade C_k^A correspondente a uma hipotética distribuição do rendimento em que o rendimento k se manteria inalterado, procedendo-se a uma redistribuição igualitária de todas as demais fontes de rendimento. Na segunda interpretação considerar-se-ia a desigualdade C_k^B associada a uma outra hipotética distribuição que eliminasse as diferenças na distribuição do rendimento k, substituindo para cada indivíduo y_{ik} por μ_k.

Formalmente teríamos:

$$C_k^A = I\left(y_k + (\mu - \mu_k)1\right). \tag{2.49}$$

$$C_k^B = I(y) - I\left(y - y_k + \mu_k 1\right). \tag{2.50}$$

em que 1 representa o vector unitário.

Em ambas as interpretações as conclusões resultam imediatas: se C_k^A for elevado comparativamente a I então a fonte de rendimento k tem uma contribuição significativa para a desigualdade total; se C_k^B for elevado comparativamente a I isso significa que a sua igualização tem um forte impacto na redução da desigualdade pelo que a sua contribuição para a desigualdade global é elevada. Note-se que C_k^B pode ser negativo, traduzindo o facto de o factor k atenuar a desigualdade na distribuição do rendimento total.

Como já observamos, a decomposição da desigualdade por fontes de rendimento e a consequente determinação da contribuição de cada tipo de rendimento para a desigualdade é independente do índice de desigualdade escolhido. Em aplicações empíricas da "regra de decomposição" proposta por Shorrocks o índice mais utilizado é $E\,(2)$, o qual corresponde a um meio do quadrado do coeficiente de variação.

Duas razões parecem estar na origem desta opção. Em primeiro lugar a "regra de decomposição" proposta por Shorrocks corresponde à decomposição "natural" de $E\,(2)$. Em segundo lugar este índice é um dos poucos índices usualmente utilizados que não é afectado pela existência de rendimentos nulos com que nos deparamos quando trabalhamos com o rendimento desagregado por fontes de rendimento.

Se o índice escolhido for $E\,(2)$ demonstra-se ainda que a contribuição absoluta do factor k é equivalente a:

$$S_k = \frac{C_k^A + C_k^B}{2}.$$
(2.51)

Tal como se procedeu para a decomposição por grupos socioeconómicos, é igualmente possível proceder à decomposição intertemporal da variação da desigualdade por fontes de rendimento. Jenkins (1992) propõe a seguinte decomposição, utilizando o índice $E\,(2)$:

$$\Delta E(2) = E(2)_{t+1} - E(2)_t$$
$$= \sum_{k=1}^{K} \Delta S_k = \sum_{k=1}^{K} \Delta \left[\rho_k \left(\mu_k / \mu \right) \sqrt{E(2) E_k(2)} \right]$$
(2.52)

A alteração no nível de desigualdade é desagregada na soma exacta das alterações nas contribuições dos vários tipos de rendimento, os quais por sua vez dependem das modificações ocorridas nas correlações, no peso relativo de cada factor e na desigualdade associada a cada factor.

Se considerarmos alterações proporcionais na desigualdade temos que

$$\%\Delta E(2) = \frac{E(2)_{t+1} - E(2)_t}{E(2)_t} = \sum_{k=1}^{K} s_k \, \%\Delta S_k \qquad (2.53)$$

Se $s_k \, \%\Delta S_k$ for relativamente grande podemos afirmar que o factor k tem uma forte influência na alteração da desigualdade na distribuição do rendimento total. Saliente-se por fim que não existe uma necessária associação entre os tipos de rendimento com maior contribuição para a desigualdade num determinado ano e os tipos de rendimento com uma maior contribuição para as alterações ocorridas na desigualdade ao longo de todo o período em análise.

2.4.3. *Decomposição dos índices de pobreza por grupos socioeconómicos*

Os índices FGT analisados na secção 2.3.3 possuem igualmente propriedades que possibilitam a decomposição das alterações do nível de pobreza por grupos socioeconómicos. Se considerarmos novamente a população particionada em G grupos, a classe de índices FGT, apresentados na expressão (2.35) pode ser reescrita como:

$$F(z;\alpha) = \sum_{g=1}^{G} \phi_g \, F_g(z;\alpha) \qquad (2.54)$$

onde ϕ_g é novamente a proporção da população no grupo g e $F_g(z;\alpha)$ é o nível de pobreza no grupo g calculado de forma idêntica ao índice obtido para o conjunto da população.

Descrito de acordo com a expressão (2.54) o índice de pobreza associado ao conjunto da população mais não é do que uma média ponderada da pobreza existente em cada grupo.

A propriedade de decomposição do índice FGT assegura que o indicador de pobreza do conjunto da população pode ser obtido de uma forma "descentralizada", a partir dos diferentes índices de pobreza de cada um dos grupos.

A propriedade da decomposição assegura, igualmente, que a diminuição do nível de pobreza num dos grupos que constitui a sociedade se repercute numa redução do nível de pobreza global, se os restantes grupos mantiverem o seu nível de pobreza inalterado. Esta característica dos índices decomponíveis é particularmente relevante na elaboração de políticas sociais visando grupos específicos da população ("*targeting*"). Uma política social que vise reduzir o nível da pobreza de um grupo específico da população, se for bem-sucedida, traduzir-se-á igualmente numa redução do nível de pobreza do conjunto da população.

Uma das principais objecções à utilização deste tipo de índices para decompor o nível de pobreza entre grupos socioeconómicos é a de que, ao contrário do verificado na desigualdade com a utilização do índice $E(\theta)$, não se tem em conta a desigualdade intergrupos no cálculo do índice de pobreza[31]. Como salienta Ravallion (1994), ao construir-se a medida agregada de pobreza como a soma ponderada dos índices de pobreza dos vários grupos é irrelevante se os rendimentos dos vários grupos são semelhantes ou muito díspares, o que constitui, do ponto de vista ético, uma clara insuficiência.

De forma semelhante ao verificado na decomposição da desigualdade por grupos socioeconómicos, também neste caso é possível proceder à decomposição intertemporal das alterações no nível de pobreza.

A expressão (2.54) indica-nos que o nível de pobreza de uma dada população pode ser obtido como a soma ponderada dos índices de pobreza em cada um dos grupos. Cada grupo contribui para

---

[31] Se a determinação da linha de pobreza for exógena à distribuição do rendimento, então o rendimento médio de cada um dos grupos não influencia directamente o nível de pobreza. Assim, não existe na decomposição da pobreza um efeito associado às alterações no rendimento médio dos vários grupos.

o índice de pobreza do conjunto da população de acordo com o seu nível específico de pobreza e do seu peso demográfico na população total.

É, assim, possível proceder à análise de variações temporais do nível de pobreza de uma população associando as alterações ocorridas com duas componentes:

    i) A alteração verificada no nível de pobreza de cada grupo;

    ii) As alterações ocorridas na estrutura da população, com a subsequente variação da importância de cada grupo no índice de pobreza total.

De forma mais precisa, diferenças do nível de pobreza entre duas distribuições do rendimento podem ser atribuídas a diferenças demográficas ou a diferenças no nível de pobreza em cada um dos grupos que compõem a sociedade.

Consideremos duas distribuições de rendimento, A e B, correspondentes a duas populações distintas[32] ou à mesma população em períodos de tempo diferentes.

A diferença no nível de pobreza entre a distribuição A e a distribuição B pode ser expressa como a soma do efeito associado a uma alteração do índice de pobreza nos vários grupos mais o efeito de alterações demográficas

$$\Delta F(z;\alpha) = F^B(z;\alpha) - F^A(z;\alpha)$$
$$= \sum_{g=1}^{G} \phi_g^A \left[F_g^B(z;\alpha) - F_g^A(z;\alpha) \right]$$
$$+ \sum_{g=1}^{G} F_g^A(z;\alpha) \left[\phi_g^B - \phi_g^A \right]$$
$$+ \sum_{g=1}^{G} \left(F_g^B(z;\alpha) - F_g^A(z;\alpha) \right) \left(\phi_g^B - \phi_g^A \right) \quad (2.55)$$

---

[32] Se considerarmos duas populações diferentes é necessário que em ambas as distribuições seja possível encontrar partições idênticas da população.

Na expressão anterior a primeira parcela corresponde ao efeito de alterações ocorridas na pobreza intra-grupos, a segunda ao efeito de alterações demográficas e a terceira constitui um termo de interacção entre as duas anteriores.

A existência dum termo de interacção entre os dois efeitos que pretendemos analisar resulta de termos "ancorado" os dois primeiros efeitos na distribuição A: o ponderador considerado para medir os efeitos das alterações na pobreza intra-grupos foi ϕ_g^A e para medir o efeito das alterações demográficas utilizou-se $F_g^A(z; \alpha)$.

Se em vez de "ancorarmos" a análise na distribuição A o fizéssemos em B os resultados seriam semelhantes, isto é, não obteríamos uma decomposição exacta nos dois efeitos pretendidos.

Uma forma possível de ultrapassar esta limitação, e remover o efeito de interacção, consiste em considerar a situação intermédia entre as duas abordagens como ponto de "ancoragem", isto é:

$$\Delta F(z; \alpha) = F^B(z; \alpha) - F^A(z; \alpha)$$
$$= \sum_{g=1}^{G} \left(\frac{\phi_g^A + \phi_g^B}{2} \right) \left[F_g^B(z; \alpha) - F_g^A(z; \alpha) \right]$$
$$+ \sum_{g=1}^{G} \left(\frac{F_g^A(z; \alpha) + F_g^B(z; \alpha)}{2} \right) \left[\phi_g^B - \phi_g^A \right] \quad (2.56)$$

Obtém-se, assim, uma decomposição exacta dos dois efeitos.

2.5. Ordenação das distribuições

As diferentes medidas de desigualdade, de bem-estar ou de pobreza analisadas na secção anterior possibilitam uma ordenação completa de qualquer par de distribuições do rendimento de acordo com o critério que for escolhido. A opção por uma abordagem de natureza cardinal que lhes está subjacente tem óbvias vantagens, sendo talvez a principal a de possibilitar sintetizar num indicador, ou num conjunto limitado de indicadores, todo um conjunto de avaliações sobre a desigualdade e a pobreza.

No entanto, a sua utilização pode conduzir a resultados contraditórios. Por exemplo, ao compararmos duas distribuições de rendimento na óptica da desigualdade, os índices de Gini e o índice de Atkinson com um determinado valor de aversão à desigualdade podem apresentar ordenações diferentes quanto à identificação da distribuição mais desigual. Esta aparente conflitualidade resulta, como vimos, de cada um dos índices referidos apresentar uma sensibilidade distinta aos rendimentos situados em diferentes partes da distribuição.

De igual forma, os resultados obtidos quanto aos níveis de pobreza de uma dada população estão dependentes quer da escolha da medida de pobreza seleccionada quer ainda do valor escolhido para representar a linha de pobreza.

A possibilidade de a avaliação do nível de bem-estar social, de desigualdade ou de pobreza poder estar dependente da adopção de um determinado índice ou classe de índices está na base do desenvolvimento de uma abordagem alternativa para a comparação de distribuições do rendimento assente na concordância de veredictos de várias medidas.

Tomemos novamente como exemplo os índices de desigualdade. Se a ordenação da desigualdade entre duas distribuições de rendimento se mantiver, independentemente do índice utilizado, é possível afirmar que existe uma relação de ordem inequívoca que satisfaz diferentes atitudes quanto à desigualdade, entre essas distribuições. Se, porém, diferentes índices conduzem a resultados não consonantes quanto à distribuição mais desigual então aquela relação de ordem não é possível de estabelecer. A relação de ordem assim estabelecida é portanto parcial, em oposição à ordenação obtida através da utilização de um determinado índice a qual é completa.

O conceito de dominância estocástica, importado da teoria do risco[33], foi assim introduzido na análise da ordenação das distribuições do rendimento de forma a possibilitar uma formalização mais rigorosa das relações de ordem parcial que assegurasse a comparação entre distribuições quando a concordância entre os vários índices não se verifica.

O ponto de partida para a utilização das técnicas de dominância estocástica na comparação de distribuições do rendimento fundamenta-se na sugestão de Dalton (1920) de utilizar funções de bem-estar social de forma a ordenar diferentes distribuições de rendimento.

A principal vantagem associada às técnicas de dominância estocástica reside no facto de ela possibilitar a comparação entre diferentes distribuições sem necessidade de uma completa especificação prévia de uma qualquer função de bem-estar social. Se se admitir simplesmente que a função de bem-estar social W é uma função simétrica e aditivamente separável nos rendimentos individuais e que apresenta determinadas propriedades então isso é suficiente para se considerar que a função de distribuição do rendimento contém suficiente informação para se proceder à ordenação de qualquer par de distribuições.

Um dos aspectos mais atraentes desta abordagem resulta de ela constituir um quadro conceptual unificado para a análise das medidas de bem-estar social, da desigualdade e da pobreza. Às condições de dominância estocástica correspondem critérios de ordenação específicos da teoria do bem-estar.

A ordenação de distribuições de acordo com as técnicas de dominância estocástica tem como base um conjunto mais ou menos

---

[33] De acordo com a teoria do risco uma distribuição A domina estocasticamente uma distribuição B se possibilita obter uma utilidade esperada superior para qualquer função de utilidade contida dentro de uma certa classe de funções. Veja-se, por exemplo, Rothschild e Stiglitz (1970). Para um "survey" recente acerca dos diferentes tipos de aplicações da dominância estocástica, consulte-se Levi (1992,1998).

exigente de princípios éticos. Podemos assim estabelecer uma hierarquia, uma ordem, quanto ao nível de exigência dos princípios éticos a que uma determinada ordenação deve obedecer.

Seguindo a abordagem proposta por Duclos e Abdelkrim (2005) representemos essa ordem por $s = 1, 2, \ldots$. Os múltiplos índices redistributivos anteriormente analisados podem assim ser hierarquizados, e os diferentes postulados éticos definidos sobre classes de índices.

Quando duas curvas de dominância de ordem s não se interceptam, todos os índices que obedecem aos princípios éticos associados a essa ordem ordenam de forma idêntica as duas distribuições. Um teste de dominância de ordem s permite, consequentemente, verificar se a ordenação de duas distribuições de acordo com o critério da pobreza, do bem-estar social ou da desigualdade é válido para todos os índices que obedecem aos princípios normativos associados a essa mesma classe.

Se as preferências sociais quanto à distribuição do rendimento assentam exclusivamente no critério de Pareto e nos princípios do anonimato e da população então as diferentes distribuições podem ser ordenadas de acordo com o critério de dominância estocástica de 1.ª ordem.

O critério de Pareto estabelece que se se verificar um incremento no rendimento de algum indivíduo na sociedade, mantendo-se o rendimento dos restantes indivíduos inalterado, o nível de bem-estar do conjunto da sociedade deverá aumentar.

Se, no que concerne à ordenação do bem-estar social este princípio não se afigura particularmente restritivo, a sua consideração para ordenar distribuições de acordo com o critério da pobreza levanta alguns problemas adicionais.

Admitindo que a linha de pobreza é estabelecida de forma exógena, a aplicação do princípio de Pareto pode ser aceite numa versão menos restritiva: se o rendimento de algum elemento da sociedade aumentar mantendo-se o rendimento dos outros indivíduos constante então os índices de pobreza que obedeçam a este critério não podem registar um acréscimo de pobreza. Esta versão (fraca) do princípio de Pareto assegura que o acréscimo do rendimento de um indivíduo situado acima da Linha de Pobreza não tem impacto sobre os índices de pobreza e, simultaneamente, possibilita que o aumento do rendimento de um indivíduo pobre possa ter um impacto positivo sobre o nível de pobreza[34].

O princípio de *anonimato* ou de *simetria* assegura que não é relevante se um determinado rendimento é auferido pelo indivíduo *a* ou *b*. A consequência imediata da aceitação deste princípio é a de que se trocarmos os rendimentos de qualquer par de indivíduos na distribuição os índices de desigualdade, de pobreza ou de bem--estar social se mantêm inalterados.

O princípio da população assegura, como vimos anteriormente, que se concatenarmos duas ou mais populações idênticas os diferentes indicadores associados à distribuição do rendimento não se alteram.

Se adicionalmente se considerarem preocupações de equidade, consubstanciadas na imposição do princípio das transferências, então a ordenação torna-se possível recorrendo ao critério de dominância estocástica de 2.ª ordem.

A aceitação do princípio de Pigou-Dalton o qual estabelece que qualquer transferência progressiva entre dois indivíduos, desde que preserve o rendimento médio e não altere a ordem desses dois indivíduos na escala do rendimento, deve traduzir-se numa melhoria dos índices de desigualdade, de pobreza ou de bem-estar social. Esta propriedade traduz uma clara preferência pela equidade e os índices que respeitam este princípio são designados como "*sensíveis à distribuição*". Por exemplo, se um índice de pobreza respeita o princípio de Pigou-Dalton, quanto mais equitativa for a distribuição do rendimento entre a população pobre menor será o nível de pobreza evidenciado por esse índice.

---

[34] No caso de linhas de pobreza definida de forma relativa, por exemplo como uma percentagem do rendimento médio, o acréscimo do rendimento de um indivíduo pode-se traduzir num incremento da própria linha de pobreza e num subsequente aumento dos índices de pobreza.

Uma exigência normativa adicional é a de que os diferentes índices sejam mais sensíveis às alterações na distribuição do rendimento ocorridas na parte inferior da distribuição do que na sua parte superior. Por exemplo, se se verificar simultaneamente uma transferência progressiva de tipo Pigou-Dalton na parte inferior da escala de rendimentos e uma transferência regressiva de igual montante na parte superior da distribuição então os índices de desigualdade, de pobreza ou de bem-estar social deveriam registar uma clara melhoria[35]. A aceitação deste princípio implica que os índices sejam *"sensíveis às transferências"*. A consideração adicional deste princípio possibilita a comparação de distribuições através do critério de dominância estocástica de 3.ª ordem.

2.5.1. *Critérios de ordenação e bem-estar social*

A principal justificação para a utilização de técnicas de dominância estocástica para ordenar duas distribuições de rendimento de acordo com o critério do bem-estar social é o de verificar se uma determinada ordenação é robusta face à escolha de um determinado índice de bem-estar social.

Pretende-se assim investigar em que condições se pode afirmar inequivocamente que o nível de bem-estar social de uma dada população A, medida pelo índice W_A, é maior do que o bem-estar numa população B, expressa em W_B, para todos os índices W pertencentes a uma dada classe.

O método de verificação da condição anterior consiste em confrontar as curvas de dominância estocástica de ordem s de cada uma das distribuições de forma a aferir se elas se interceptam. Se a curva de dominância estocástica de ordem s da distribuição A for sempre superior à correspondente curva da distri-

---

[35] A conjugação de uma transferência progressiva na parte inferior da distribuição do rendimento com uma transferência de sinal contrário mas de igual montante na parte superior da escala de rendimentos é designada na literatura anglo-saxónica por *"favourable composite transfer"*.

buição B podemos afirmar que existe dominância estocástica de ordem s de B sobre A, isto é:

$$\Delta W(y) = W_B(y) - W_A(y) > 0 \quad \forall W \in W^s$$
$$\text{sse} \quad D_A^s(y) > D_B^s(y) \tag{2.57}$$

A implementação da condição anterior pressupõe, assim, a da identificação das curvas de dominância estocástica $D^s(y)$.

Consideremos a classe de índices de bem-estar social de tipo aditivo analisados na secção 2.3.2.

$$W = \int U(y) f(y) \, dy \tag{2.58}$$

Uma primeira classe desta família de índices é composta pelos índices que obedecem ao princípio de anonimato e da população e que são crescentes nos rendimentos individuais. Designemos por W^1 esse subconjunto. A condição para que um índice de bem-estar social pertença a W^1 é:

$$W \in W^1 \quad \text{sse} \quad \frac{\partial U(y)}{\partial y} \geq 0 \tag{2.59}$$

Uma segunda classe, W^2, reúne os índices da classe anterior que respeitam o princípio das transferências, ou seja:

$$W \in W^2 \quad \text{sse} \quad \begin{cases} W \in W^1 \\ \dfrac{\partial^2 U(y)}{\partial (y)^2} \leq 0 \end{cases} \tag{2.60}$$

Classes de ordem superior podem ser definidas de forma análoga (Shorrocks e Foster, 1987). Por exemplo, a terceira classe engloba os índices pertencentes à classe anterior que respeitem o princípio de sensibilidade às transferências.

Dominância estocástica de 1.ª ordem

No caso da dominância de 1.ª ordem a curva relevante para a análise não é mais do que a própria função de distribuição $F(y)$. Admite-se que temos duas distribuições de rendimento com funções de distribuição $F_A(y)$ e $F_B(y)$, respectivamente. A função de distribuição $F_B(y)$ apresenta dominância estocástica de 1.ª ordem sobre $F_A(y)$ se se verificar a seguinte condição:

$$D_A^1(y) = F_A(y) \geq F_B(y) = D_B^1(y) \qquad \forall y \qquad (2.61)$$

É condição necessária e suficiente para que se verifique dominância estocástica de 1.ª ordem de $F_B(y)$ sobre $F_A(y)$ que a função de distribuição B nunca se situe acima e que em pelo menos um ponto se situe abaixo da distribuição A. Como se pode observar na figura seguinte a distribuição $F_A(y)$ encontra-se sempre acima de $F_B(y)$. A interpretação económica da dominância de 1.ª ordem é imediata: a probabilidade de se auferir um rendimento inferior a y^* é maior na distribuição representada por $F_A(y)$ do que na distribuição $F_B(y)$, qualquer que seja y^*.

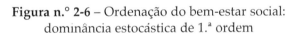

Figura n.º 2-6 – Ordenação do bem-estar social: dominância estocástica de 1.ª ordem

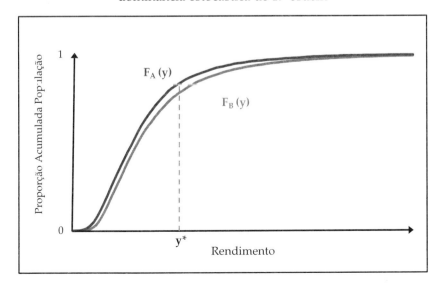

A ligação entre o critério de dominância estocástica de primeira ordem e a ordenação de distribuições de rendimento de acordo com o critério do nível de bem-estar foi estabelecida por Saposnick (1981,1983). Este autor demonstrou que se a distribuição $F_B(y)$ apresenta dominância estocástica de primeira ordem sobre a distribuição $F_A(y)$ então qualquer função de bem-estar social que seja crescente no rendimento y atribuirá à distribuição $F_B(y)$ um maior nível de bem-estar social.

$$W_B \geq W_A \quad \forall W \in W^1 \quad sse \quad F_A(y) \geq F_B(y) \quad \forall y \quad (2.62)$$

Uma forma alternativa de expressar a condição de dominância estocástica de 1.ª ordem na ordenação de distribuições do rendimento de acordo com o critério de bem-estar social utiliza a função dos quantis de cada uma das distribuições[36].

Como vimos anteriormente, a função quantil corresponde à função de distribuição inversa, $Q(p) = F^{-1}(p)$.

Então, a expressão (2.62) pode ser reescrita como:

$$W_B \geq W_A \quad \forall W \in W^1 \quad sse \quad Q_A(p) \leq Q_B(p) \quad \forall p \quad (2.63)$$

O resultado anterior evidencia, uma vez mais, que os quantis da distribuição contêm informação relevante acerca do bem-estar social. Se cada quantil na distribuição B é não inferior ao correspondente quantil na distribuição A, e que pelo menos um quantil é estritamente superior, então a distribuição B tem associado a si um maior nível de bem-estar social.

A representação gráfica da função inversa é conhecida na literatura como *Parada de Pen* (Pen, 1974)[37]. A aplicação do critério de dominância de 1.ª ordem para ordenar distribuições do rendimento

---

[36] Alguns autores designam esta segunda abordagem da dominância como "abordagem *p* da dominância".
[37] Para uma ilustração da utilização empírica da Parada de Pen, consulte-se Jenkins e Cowell (1994).

segundo o critério de bem-estar social aparece referenciada na literatura como critério de *"rank"*.

Figura n.º 2-7 – Ordenação do bem-estar social: Parada de Pen

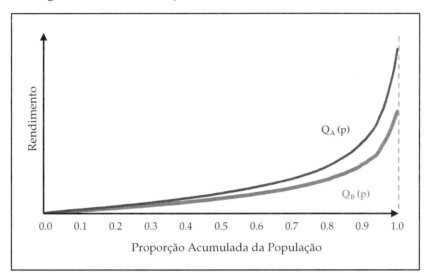

A distribuição $F_B(y)$ apresenta dominância de "rank" sobre a distribuição $F_A(y)$ se a sua *Parada de Pen* se situar em algum ponto acima e nunca abaixo da parada correspondente à distribuição $F_A(y)$.

Dominância estocástica de 2.ª ordem

A condição genérica para a verificação da dominância estocástica de 2.ª ordem é idêntica à explicitada na condição (2.61), mas impondo a restrição adicional da concavidade sobre U. Uma forma equivalente de expressar a dominância estocástica de 2.ª ordem da distribuição B sobre A é a seguinte:

$$D_A^2(y) = \int F_A(y)\,dy \geq \int F_B(y)\,dy = D_B^2(y) \qquad \forall y \tag{2.64}$$

A verificação do critério de dominância de 2.ª ordem implica a comparação não das curvas correspondentes às funções de distribuição mas sim do integral abaixo de cada uma dessas curvas. A curva correspondente ao integral da função de distribuição é usualmente designada por Curva de Défice.

Este segundo critério de dominância estocástica encontra igualmente equivalência em critérios específicos da teoria de bem-estar. Atkinson e Bourguignon (1989) e Howes (1993) demonstram que o critério de dominância de segunda ordem obtido pela comparação das curvas de défice é equivalente ao critério de dominância de Lorenz Generalizada proposto por Shorrocks (1983).

A Curva de Lorenz Generalizada LG (p) mais não é que o inverso da função de défice anteriormente apresentada, isto é:

$$LG(p) = \left[D^2(y)\right]^{-1} \qquad (2.65)$$

Como vimos na secção 2.3.2 a ordenada da Curva de Lorenz Generalizada indica-nos qual seria o rendimento médio de uma dada sociedade se esta somente pudesse contar com o rendimento da proporção da população p com rendimento mais baixo.

Shorrocks (1983) demonstra que se a distribuição B apresenta dominância de Lorenz Generalizada sobre a distribuição A, então qualquer função de bem-estar social que seja crescente e côncava nos rendimentos individuais atribuirá um maior nível de bem-estar social à distribuição B do que a A[38].

$$W_B \geq W_A \quad \forall W \in W^2 \quad sse \quad LG_A(p) \leq LG_B(p) \qquad (2.66)$$

Note-se que a especificação imposta sobre a função de bem-estar social é agora mais exigente do que a correspondente à ordenação de "rank" explicitada na equação (2.63). Em particular,

---

[38] Sobre o critério de dominância de Lorenz generalizada consulte-se, igualmente, Kolm (1969), Kakwani (1984) e Thistle (1989a,1989b).

a dominância de Lorenz Generalizada contem uma clara preferência pela equidade na medida em que qualquer transferência progressiva de um indivíduo mais rico para um mais pobre se traduz num aumento do bem-estar social. Este critério de dominância incorpora assim claramente o princípio das transferências.

Consequência directa do carácter mais restritivo da função de avaliação associado ao critério de dominância de 2.º grau é o facto de este ser implicado pelo critério de dominância de 1.º grau mas o inverso não se verificar[39].

A figura seguinte ilustra a aplicação do critério de Lorenz Generalizada.

Figura n.º 2-8 – Ordenação do bem-estar social:
Dominância de Lorenz Generalizada

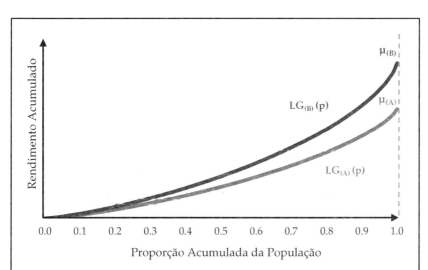

---

[39] Consequentemente a verificação do critério de dominância de rank implica a automática verificação do critério de dominância de Lorenz Generalizada.

2.5.2. Critérios de ordenação e desigualdade

A utilização das técnicas de dominância estocástica para comparar distribuições de rendimento de acordo com o critério da desigualdade é bastante similar à seguida na ordenação do bem-estar social. Em ambos os casos a comparabilidade de duas distribuições tem em conta o rendimento de todos os indivíduos na população. No entanto, a ordenação de acordo com o critério da desigualdade exige que não se tenha em conta as diferenças no nível de rendimento e se concentre a análise na sua dispersão.

É igualmente possível definir, de forma análoga à efectuada com os índices de bem-estar social, classes de índices de desigualdade correspondentes a princípios normativos que essas classes de índices devem respeitar.

Uma propriedade adicional que os índices de desigualdade devem respeitar é o de serem homogéneos de grau 0 no rendimento. Esta propriedade assegura que os índices de desigualdade são invariantes face a alterações equi-proporcionais de todos os rendimentos numa distribuição.

Dado o papel central que ao longo das últimas décadas o princípio de Pigou-Dalton tem desempenhado na análise da desigualdade, a primeira classe de índices de desigualdade, I^1, não é usualmente considerada na literatura. Um exemplo das insuficiências desta classe de índices de desigualdade pode ser ilustrado pela variância dos logaritmos representado na equação (2.10). Dado que a transformação logarítmica comprime as diferenças de rendimento na parte superior da distribuição, é possível demonstrar (Creedy, 1977) que uma transferência progressiva entre dois indivíduos com um rendimento superior a 2.72 vezes o rendimento médio se traduz num acréscimo da desigualdade, o que viola claramente o princípio das transferências.

A segunda classe de índices de desigualdade, I^2, engloba todos os índices que respeitam o princípio de anonimato e da população, são homogéneos de grau 0 no rendimento e que respeitam o princípio das transferências[40]. Esta classe engloba grande parte dos índices de desigualdade propostos na literatura como o índice de Gini, a família de índices de Atkinson e uma parte significativa dos índices de entropia generalizada.

Classes de índices de ordem superior podem ser definidas de forma similar à efectuada com os índices de bem-estar social. Por exemplo, a terceira classe de índices de desigualdade engloba os índices da classe 2 que são igualmente sensíveis às transferências.

Dominância de Lorenz

O critério de dominância mais utilizado na ordenação da desigualdade de distribuições de rendimento é indubitavelmente o critério de dominância Lorenz. Este é válido para todos os índices da classe 2 ou superior e corresponde ao critério de dominância estocástica de 2.ª ordem quando os rendimentos são normalizados pela respectiva média.

O critério de ordenação de Lorenz estabelece que:

$$I_A \geq I_B \quad \forall\, I \in I^2 \quad sse \quad L_A(p) \leq L_B(p) \quad \forall p \qquad (2.67)$$

Este resultado, demonstrado por Atkinson (1970), evidencia que se a curva de Lorenz da distribuição de B nunca se situa abaixo da curva de Lorenz da distribuição A, e em algum ponto se situa acima desta, então qualquer índice de desigualdade que respeite os princípios de anonimato, que seja homogéneo de grau 0 nos rendimentos e que satisfaça o princípio das transferências, registará um nível de desigualdade superior na distribuição A.

O gráfico seguinte ilustra a aplicação do critério de dominância de Lorenz.

---

[40] Os índices desta classe são usualmente designados como Schur-Convex.

Figura n.º 2-9 – Ordenação da desigualdade: Dominância de Lorenz

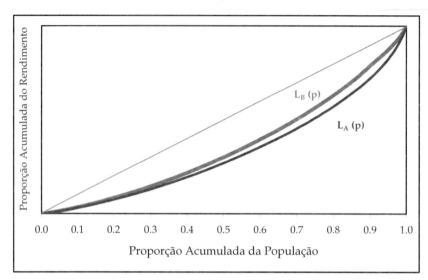

Apesar de usualmente a aplicação das técnicas de dominância estocástica à ordenação da desigualdade entre distribuições de rendimento se restrinja à dominância de 2.ª ordem normalizada pela média é possível a sua generalização para qualquer classe de índices.

Para tal basta considerarmos a relação entre a ordenação do bem-estar social e a ordenação da desigualdade. Atkinson (1970) demonstrou que, se a média das duas distribuições for idêntica, a ordenação pelos dois critérios é necessariamente coincidente. Nesse caso, podemos utilizar as técnicas de dominância estocástica associadas à ordenação da desigualdade para testar a dominância da desigualdade.

Caso a igualdade entre o rendimento médio não se verifique, como acontece na maioria dos casos, é sempre possível normalizar cada uma das distribuições pela respectiva média e, de seguida, aplicar os critérios de dominância do bem-estar social[41].

---

[41] Saliente-se que a normalização das duas distribuições pela respectiva média não altera o seu nível de desigualdade se ambas forem homogéneas de grau

2.5.3. *Critérios de ordenação e pobreza*

A utilização de técnicas de dominância estocástica para ordenar distribuições de acordo com o critério de pobreza económica, ainda que mais recente na literatura (Atkinson, 1987, Foster e Shorrocks, 1988a,1988b), aplica uma metodologia similar à seguida na comparação de distribuições de acordo com os critérios de nível de bem-estar social ou de desigualdade.

Também neste caso podemos começar por definir classes de índices de pobreza associadas a diferentes valores normativos implícitos nos vários índices.

Consideremos a expressão genérica dos índices de pobreza de tipo aditivo dados pela expressão:

$$P(z) = \int \rho(y;z) f(y) dy \tag{2.68}$$

Como vimos anteriormente a expressão $\rho(y; z)$ pode ser interpretada como a contribuição do indivíduo com o rendimento y para o nível de pobreza $P(z)$. De forma a assegurar o princípio de *Focus*, que estipula que alterações no rendimento de indivíduos não pobres não devem afectar o índice de pobreza, assuma-se que $\rho(y; z) = 0$ se $y > z$.

Admita-se que ignoramos o verdadeiro valor da linha de Pobreza, z mas sabemos que ela não excede um determinado valor z^{max}.

Podemos definir uma primeira classe de índices de pobreza, P^1, composta por todos os índices que são decrescentes no rendimento da população pobre para qualquer valor da linha de pobreza inferior a z^{max}, isto é:

---

0 nos rendimentos. A própria curva de Lorenz pode ser interpretada como uma normalização pela média da curva de Lorenz generalizada, evidenciando assim claramente a relação entre a dominância associada ao critério de bem-estar social e ao da desigualdade.

$$P(z) \in P^1 \quad se \quad \frac{\partial \rho(y;z)}{\partial y} \leq 0 \quad \forall\, y \leq z^{max} \tag{2.69}$$

Esta classe engloba o indicador de pobreza mais conhecido e utilizado: a taxa de incidência da pobreza.

A segunda classe de índices agrupa os índices da classe 1 que evidenciem uma preferência ética pelos indivíduos mais pobres. Esta classe pode ser definida por:

$$P(z) \in P^2 \quad se \quad \begin{cases} \dfrac{\partial \rho(y;z)}{\partial y} \leq 0 & \forall\, y \leq z^{max} \\ \dfrac{\partial^2 \rho(y;z)}{\partial y^2} \geq 0 & \forall\, y \leq z^{max} \end{cases} \tag{2.70}$$

A expressão anterior assegura que os índices são convexos no rendimento. A consequência desta propriedade é a de que aumentar o rendimento de um indivíduo mais pobre tem um efeito sobre a redução do nível de pobreza maior do que aumentar no mesmo montante o rendimento de um indivíduo menos pobre. Desta classe faz parte o défice de recursos médio da população que, como vimos, pode ser interpretado como um indicador da intensidade da pobreza.

A classe 3 dos índices de pobreza, P^3, é constituída pelos índices da classe 2 que são *"sensíveis às transferências"*. Para que um índice pertença a esta classe é necessário que:

$$P(z) \in P^3 \quad se \quad \begin{cases} P(z) \in P^2 \\ \dfrac{\partial^3 \rho(y;z)}{\partial y^3} \leq 0 & \forall\, y \leq z^{max} \end{cases} \tag{2.71}$$

Se considerarmos a família de índices de pobreza propostos por Foster-Greer-Thorbecke é fácil verificar que $F(z;0) \in P^1$, $F(z;1) \in P^2$ e $F(z;2) \in P^3$ [42].

Dominância estocástica de 1.ª ordem

No caso da dominância de 1.ª ordem da pobreza a curva relevante para a análise é, uma vez mais, a função de distribuição $F(y)$. Consideremos novamente a Figura n.º 2-6, associado às funções de distribuição $F_A(y)$ e $F_B(y)$. Cada ponto do gráfico representa a proporção da população com um rendimento inferior ou igual ao nível de rendimento representado no eixo horizontal. Mas os diferentes pontos da função de distribuição podem igualmente ser interpretados como diferentes taxas de incidência correspondentes a diferentes valores da Linha de Pobreza para valores de z compreendidos entre 0 e z^{max}. Neste contexto as curvas da função de distribuição representam igualmente "Curvas de Incidência da Pobreza".

Foster e Shorrocks (1988a,1988b) demonstram que se a curva de incidência da pobreza $F_B(y)$ nunca for superior à curva $F_A(y)$ até ao ponto z^{max} então a distribuição $F_B(y)$ apresenta dominância de primeira ordem em termos de incidência da pobreza sobre $F_A(y)$, isto é:

$$P_A(z) > P_B(z) \quad \forall P(z) \in P^1$$
$$sse \quad F_A(y) > F_B(y) \quad \forall y \in \left[0, z^{max}\right] \quad (2.72)$$

A expressão anterior implica que a incidência da pobreza será sempre maior na distribuição $F_A(y)$ do que na $F_B(y)$ se $F_B(y)$ apresenta dominância estocástica de 1.ª ordem sobre $F_A(y)$. Implica igualmente que a ordenação das duas distribuições de acordo com o critério da taxa de pobreza é robusto face à escolha de qualquer linha de pobreza z^* inferior a z^{max}.

---

[42] Generalizando, podemos afirmar que qualquer índice *FGT* pertence à classe de princípios normativos s com $s = \alpha + 1$.

A figura seguinte ilustra precisamente a ordenação de duas distribuições de acordo com este critério de dominância.

Figura n.º 2-10 – Ordenação da incidência da pobreza: dominância estocástica de 1.ª ordem

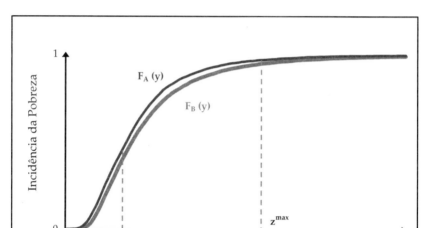

A condição de dominância anterior é relativamente restritiva na medida em que exige que a taxa de prevalência da pobreza na distribuição A nunca seja inferior à da distribuição B para qualquer linha de pobreza admissível entre 0 e z^{max}.

No entanto, se esta condição for satisfeita, obtém-se uma ordenação de pobreza extremamente robusta, em que podemos afirmar inequivocamente que o nível de pobreza é maior em A do que em B para todos os índices de pobreza pertencentes à classe P^1.

Na condição de dominância de 1.ª ordem da pobreza atrás enunciada, as linhas de pobreza são definidas para a escala de rendimentos da população truncadas em z^{max}. É igualmente possível estabelecer uma condição equivalente admitindo que as linhas de pobreza são definidas para os diferentes valores p da população ordenada pelo seu nível de rendimento.

Demonstra-se (Foster e Shorrocks, 1988a) que a expressão (2.72) é equivalente a:

$$P_A(z) > P_B(z) \qquad \forall\, P(z) \in P^1$$
$$sse \quad g_A\left(p; z^{\max}\right) > g_B\left(p; z^{\max}\right) \qquad \forall p \in [0,1] \quad (2.73)$$

onde $g\,(p; z^{\max})$ é, como vimos na secção 2.3.3, o défice de recursos da população pobre. A condição anterior exige que o défice de recursos da distribuição A nunca seja inferior ao da distribuição B qualquer que seja o valor de p seleccionado.

Dominância estocástica de 2.ª ordem

Como examinámos anteriormente no caso da dominância de pobreza de 1.ª ordem, a curva relevante para a análise é a curva de incidência da pobreza. No caso da dominância de 2.ª ordem usamos a curva do défice de recursos, isto é, a área abaixo da função de distribuição entre 0 e $z^{\max}$. A condição de dominância estocástica de 2.ª ordem exige assim que o défice de recursos médio da distribuição A seja sempre maior do que o de B para qualquer linha de pobreza entre 0 e $z^{\max}$, isto é:

$$P_A(z) > P_B(z) \qquad \forall\, P(z) \in P^2$$
$$sse \quad \int F_A(y)\,dy > \int F_B(y)\,dy \qquad \forall y \in \left[0, z^{\max}\right] \quad (2.74)$$

Note-se que esta condição é mais restritiva do que a anterior. Se se verificar dominância de 1.ª ordem automaticamente se verifica a de 2.ª ordem, mas o inverso não é verdadeiro. No entanto, se a condição de 2.ª ordem se verificar podemos afirmar inequivocamente que o nível da pobreza é maior em A do que em B para todos os índices que respeitam os princípios de focus, de anonimato e que exibem uma preferência pela equidade.

A maioria dos índices de pobreza respeita esta condição, sendo a taxa de incidência da pobreza uma das excepções relevantes.

Uma outra forma de expressar a dominância de 2.ª ordem é utilizando a curva de défice de recursos acumulada TIP (p, z^{max}), igualmente apresentada na secção 2.3.3. Se a curva de A for sempre superior à de B então podemos afirmar que (Jenkins e Lambert, 1997):

$$P_A(z) > P_B(z) \qquad \forall\, P(z) \in P^2$$
$$sse \quad TIP_A\left(p; z^{max}\right) > TIP_B\left(p; z^{max}\right) \qquad \forall p \in [0,1] \quad (2.75)$$

A Figura n.º 2-11 evidencia a aplicação do critério de dominância de 2.ª ordem utilizando a curva TIP de duas distribuições:

Figura n.º 2-11 – Ordenação da incidência da pobreza: dominância estocástica de 2.ª ordem

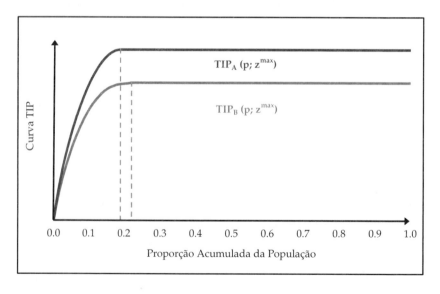

Capítulo 2. Distribuição do Rendimento: Aspectos Conceptuais | 113

A figura anterior possibilita igualmente ilustrar que a dominância de 2.ª ordem é menos exigente do que a de primeira ordem. Note-se que apesar da curva do défice de recursos acumulado da distribuição *A* ser sempre superior à de *B*, a incidência da pobreza é superior na distribuição B[43].

Critérios de ordenação superior poderiam ser obtidos de forma semelhante à seguida para a de 2.ª ordem. Por exemplo, a consideração adicional do princípio de sensibilidade às transferências possibilitaria estabelecer condições de dominância estocástica de 3.ª ordem.

Existe, porém, um processo mais simples de estabelecer as condições de dominância estocástica de ordem *s* para a ordenação da pobreza. Este processo baseia-se na relação entre as curvas de dominância da pobreza e os índices de pobreza do tipo FGT.

As condições de dominância estocástica anteriormente analisada podem ser expressas de forma equivalente através da condição:

$$P_A(z) > P_B(z) \qquad \forall P(z) \in P^s$$
$$sse \quad F_A(z; \alpha = s-1) > F_B(z; \alpha = s-1) \qquad \forall z \in \left[0, z^{\max}\right] \quad (2.76)$$

2.6. Da teoria à prática: problemas de implementação empírica

As secções anteriores tornam claro que existe um conjunto considerável de métodos e de técnicas para analisar a distribuição do rendimento. A implementação empírica dessas técnicas é usualmente feita a partir de dados microeconómicos de inquéritos directos às famílias, considerados representativos de uma dada população. Dado que esses inquéritos são frequentemente constituídos por grandes amostras da população, a abordagem tradicional consiste

---

[43] Como analisamos anteriormente a incidência da pobreza é dada pelo valor de *p* para o qual a curva de défice de recursos acumulada se torna horizontal.

em utilizar as estatísticas amostrais dos diferentes indicadores calculados a partir desses inquéritos como se fossem os verdadeiros valores da população.

Este procedimento coloca, contudo, diversos problemas. Em primeiro lugar, as diferenças ocorridas num determinado indicador ao compararmos dois inquéritos podem ser derivados quer de diferenças efectivas entre as respectivas populações quer da variabilidade amostral. Em segundo lugar, a generalidade dos inquéritos às famílias não são construídos a partir de amostras aleatórias extraídas do conjunto da população mas sim através de processos de desenho de amostras mais complexos que têm em conta a estratificação prévia da população e processos de selecção multi-etápica das unidades estatísticas que o compõem. Esses métodos de desenho da amostra induzem um aumento significativo da variabilidade amostral dos indicadores obtidos[44]. Por último, a consideração de princípios normativos da teoria de bem-estar social introduz igualmente problemas adicionais na estimação dos diferentes indicadores. Como vimos anteriormente, os diversos indicadores sobre a distribuição do rendimento são definidos ao nível do indivíduo mas os dados microeconómicos dos inquéritos familiares são usualmente recolhidos ao nível do agregado. Torna-se, portanto, necessário encontrar um processo que possibilite passar da dimensão familiar para a do indivíduo, igualmente com consequências ao nível da estimação e da variabilidade dos diversos indicadores[45].

A correcta estimação dos indicadores sobre a distribuição do rendimento a partir dos micro-dados dos inquéritos às famílias tem que ter em conta quer o desenho da amostra quer a necessidade de

---

[44] Para uma análise detalhada dos vários métodos de construção dos inquéritos às famílias e das suas implicações sobre os resultados obtidos veja-se Deaton (1997). Para uma descrição dos métodos seguidos na selecção da amostra dos IOFs em Portugal consulte-se Instituto Nacional de Estatística (1990, 1997, 2002b).

[45] Por exemplo, a hipótese tradicionalmente aceite de igual partilha de recursos entre os vários membros de um agregado familiar, implica que o rendimento de uma dado agregado seja considerado tantas vezes quanto o número de indivíduos que o compõem.

transformar os dados recolhidos a nível do agregado para valores definidos a nível individual. O método habitualmente seguido consiste em definir um ponderador associado a cada observação que corrija o enviesamento provocado pelo desenho da amostra e pela transformação dos dados familiares em dados individuais[46]. A não consideração destes ponderadores não só enviesaria a estimação dos diferentes indicadores sobre a distribuição do rendimento mas igualmente a sua variância amostral.

O cálculo da variância amostral e, subsequentemente, dos erros padrão das estimativas é fundamental para uma correcta apreciação dos resultados obtidos quando analisamos e comparamos distribuições do rendimento. Dois exemplos simples permitem ilustrar a importância da consideração dos erros padrão na interpretação dos resultados.

Consideremos duas distribuições de rendimento representadas por y_A e y_B. Admita-se que o cálculo dos respectivos índices de Gini nos permitiu chegar aos seguintes valores:

	y_A	y_B
Índice de Gini	0.347	0.348
Erro Padrão	0.0049	0.0050
Intervalo de Confiança a 95%	[0.3376; 0.3569]	[0.3383; 0.3579]

A simples consideração dos valores estimados dos índices de Gini poder-nos-ia conduzir à conclusão de que a desigualdade é superior na distribuição B do que em A. No entanto, a consideração da variação amostral permite-nos constatar que a diferença entre os

---

[46] Na generalidade dos casos, o ponderador associado a cada observação é o produto de vários ponderadores. Considere-se um exemplo simples em que a amostra é estratificada. O ponderador final não só traduz a correcção necessária para agregar as diferentes sub-amostras correspondentes a cada estrato, mas igualmente tem em conta o número de indivíduos em cada agregado familiar.

dois valores não é estatisticamente diferente de zero, pelo que a conclusão anterior carece de validade estatística[47].

Também na comparação das curvas que permitem verificar os critérios da dominância estocástica a consideração da variação amostral se revela fundamental. Tomemos como exemplo a curva de Lorenz. Admitamos que a estimação dos pontos das curvas de Lorenz das distribuições A e B nos permitia verificar que elas se cruzavam no ponto $p = 0.3$, sendo a partir daí as ordenadas da distribuição B sempre superiores às de A. Como vimos anteriormente, dado que as duas curvas de Lorenz se interceptam, então a ordenação dessas distribuições pelo critério da desigualdade seria inconclusivo. No entanto, se a diferença entre os valores das duas curvas de Lorenz para valores de p inferiores ou iguais a 0.3 for sempre estatisticamente não significativa e para algum p superior a 0.3 for estatisticamente significativo, podemos inequivocamente afirmar que a distribuição B apresenta dominância de Lorenz sobre a distribuição A[48].

Apesar de, como referimos, a generalidade dos estudos empíricos não contemplar este tipo de preocupação assistiu-se nos anos recentes a um profundo desenvolvimento da literatura sobre a estimação empírica e a inferência estatística dos principais indicadores sobre a distribuição do rendimento. Duas grandes áreas têm merecido a atenção dos investigadores: a primeira, visa derivar a distribuição amostral dos diferentes índices redistributivos; a segunda, centra a sua atenção na distribuição amostral dos indicadores associados às técnicas de ordenação das distribuições.

---

[47] De facto, no exemplo considerado, a diferença entre os dois índices é de 0.001 com um erro padrão de 0.0077.

[48] A consideração dos erros padrão das ordenadas das curvas que servem de base aos critérios de ordenação possibilita superar muitas das situações inconclusivas associadas à intercepção das curvas.

Capítulo 2. Distribuição do Rendimento: Aspectos Conceptuais | 117

2.6.1. *Inferência estatística dos índices redistributivos*

Cowell (1989,1999a) desenvolve um procedimento para calcular as diferentes medidas de desigualdade e a sua variabilidade amostral e que tem em conta as preocupações atrás enunciadas quanto ao desenho da amostra e a passagem do rendimento familiar observado para a distribuição individual do rendimento.

O ponto de partida é a consideração de que os diferentes índices devem ser estimados admitindo que eles provêm de uma distribuição bivariada dos rendimentos e dos ponderadores que lhe estão associados. Cada membro da população *i* seria assim caracterizado pelo par (ω_i, y_i) em que y_i seria um indicador de recursos (rendimento) e ω o ponderador que lhe está associado.

Cowell (1989) demonstra que a generalidade das medidas de desigualdade pode ser expressa a partir dos momentos da distribuição em torno de zero. Por exemplo, a família de índices de entropia generalizada pode ser expressa como:

$$E(\theta) = \frac{1}{\theta^2 - \theta} \left[\mu_{1\theta} \left[\mu_{11} \right]^{-\theta} \left[\mu_{10} \right]^{\theta-1} \right] \qquad \theta \neq 0,1 \tag{2.77}$$

onde $\mu_{v\theta}$, com $v = \{0,1,2\}$ são os momentos da distribuição em torno de zero, definidos como:

$$\mu_{v\theta} = \int \varpi^v \, y^\theta d\, F(\varpi, y) \tag{2.78}$$

Note-se que os momentos μ_{10} e μ_{11} representam, respectivamente, a dimensão da população e o rendimento total da população.

Os momentos amostrais podem ser definidos como:

$$m_{v\theta} = \frac{1}{n} \sum_{i=1}^{n} \varpi_i^v \, y_i^\theta \tag{2.79}$$

Cowell demonstra que um estimador não enviesado de $E(\theta)$ pode ser estimado como:

$$\hat{E}(\theta) = \frac{1}{\theta^2 - \theta}\left[\frac{m_{1\theta} - m_{10}^{\theta-1}}{m_{11}^{\theta}} - 1\right] \quad \theta \neq 0,1 \tag{2.80}$$

Os estimadores para os casos particulares desta família de índices e para outros índices de desigualdade são igualmente apresentados por Cowell, o qual deriva igualmente as respectivas variâncias.

No caso das medidas de pobreza de tipo aditivo a referência tradicional para o cálculo da inferência estatística é Kakwani (1990, 1993). Este autor derivou a variância assimptótica dos indicadores de pobreza mais utilizados.

Cowell e Jenkins (2003) aprofundam a análise de Cowell (1989, 1999a) no estudo da inferência associada às medidas de desigualdade, procedendo à sua generalização para qualquer índice redistributivo e analisando o impacto de diferentes tipos de ponderadores sobre a variabilidade dos índices[49].

2.6.2. Inferência estatística e ordenação das distribuições de rendimento

Como vimos anteriormente uma das principais preocupações associadas à análise empírica das diferentes curvas de dominância estocástica é a de saber se a intercepção dessas curvas se deve a diferenças efectivas nos rendimentos ou a erros resultantes das amostras com que são estimadas[50]. Para tal, é necessário proceder à inferência estatística das ordenadas das diferentes curvas utilizadas, de forma a poderem ser efectuados testes de significância estatística.

---

[49] Veja-se igualmente Biewen e Jenkins (2003).
[50] Gouveia e Tavares (1995) constitui um exemplo pioneiro da aplicação destas metodologias à distribuição do rendimento em Portugal.

A inferência estatística da curva de Lorenz foi desenvolvida por Beach e Davidson (1983), Beach e Kaliski (1986) e Beach e Richmond (1985). Os dois primeiros autores derivaram a matriz de variâncias e co-variâncias das ordenadas da curva de Lorenz (V_L). Estes autores demonstraram que o vector de ordenadas da curva de Lorenz estimado $\hat{L} = (\hat{L}_1, \hat{L}_2, ..., \hat{L}_k)$ é assimptoticamente normal. O erro padrão das ordenadas da curva de Lorenz estimada é dado por $\sqrt{\hat{v}_{ii}^L/n}$, onde $\hat{v}_{ii}^L$ é o elemento da matriz $\hat{V}_L$ e n a dimensão da amostra.

Bishop, Formby e Thistle (1989) utilizam os resultados anteriores e propõem o seguinte teste para comparar a igualdade das ordenadas das curvas de Lorenz de duas distribuições A e B.

$$T_{Li} = \frac{\hat{L}_i^A - \hat{L}_i^B}{\sqrt{\left(\frac{\hat{v}_{ii}^A}{n_A}\right) + \left(\frac{\hat{v}_{ii}^B}{n_B}\right)}} \qquad i = 1, 2, ..., k$$

(2.81)

Os valores críticos para este teste são determinados a partir da distribuição SMM (Studentized Maximum Módulus)[51], a qual tem em conta a correlação entre as variáveis.

O procedimento atrás descrito pode ser generalizado às demais curvas utilizadas na ordenação das distribuições. Beach et al. (1994) analisaram a curva de "rank", Bishop, Chakraborti e Thistle (1989) a curva de Lorenz Generalizada, Beach e Davidson (1983) analisaram a proporção de rendimento (*income shares*) recebido por cada decil da população, Davidson e Duclos (2000) analisam a inferência estatística para vários tipos de curvas associadas à dominância estocástica.

---

[51] Os valores críticos desta distribuição podem ser obtidos em Stoline e Ury (1979).

As secções anteriores tornam claro que existe um conjunto considerável de métodos e de técnicas para analisar a distribuição do rendimento. Quer a óptica de análise se centre no nível de bem-estar social, na desigualdade ou na pobreza a distribuição do rendimento pode ser analisada através da utilização de índices redistributivos mais ou menos complexos, por intermédio de famílias de índices cuja parametrização possibilita a consideração de um largo espectro de opções normativas ou ainda recorrendo a processos de ordenação assentes em princípios éticos considerados desejáveis. A consideração da inferência estatística, aplicada aos vários indicadores sobre a distribuição do rendimento, reforça a capacidade de interpretação desses mesmos indicadores e permite realçar as diferenças entre distribuições que são estatisticamente significativas.

Não se pretendeu, neste capítulo, proceder a um *"survey"* exaustivo sobre as metodologias de análise da distribuição do rendimento existentes[52]. O objectivo que presidiu à sua elaboração foi antes o de enunciar, e discutir, as diferentes metodologias que serão utilizadas nos capítulos seguintes, para estudar as alterações na distribuição do rendimento em Portugal ao longo da década de 90.

---

[52] Para uma discussão exaustiva da multiplicidade de aspectos relacionados com o estudo da distribuição de rendimento, veja-se Atkinson e Bourguignon (1999b).

Capítulo 3:
Principais alterações na distribuição do rendimento e seu impacto na Desigualdade e na Pobreza em Portugal (1989-2000)

3.1. Introdução

O presente capítulo tem por objectivo apresentar as principais alterações ocorridas na distribuição do rendimento em Portugal ao longo da década de 90. No decorrer desse período, a economia portuguesa registou um crescimento económico significativo, com o PIB *per capita* a crescer 2.8% ao ano.

Este crescimento não foi, contudo, homogéneo ao longo de toda a década. No período 1989 a 1995, o PIB por habitante cresceu em termos reais a uma taxa anual de 2.6%. Na segunda metade dos anos 90 (1995-2000), o ritmo de crescimento do rendimento real *per capita* acentuou-se, atingindo um valor médio superior a 3.7% ao ano.

O crescimento económico não pode, porém, ser avaliado independentemente da forma como este se reparte e repercute no bemestar do conjunto da população. Como evoluiu o bem-estar dos portugueses? Ter-se-á a sociedade tornado mais igualitária ou, pelo contrário, ter-se-ão agravado as desigualdades socioeconómicas? Que grupos sociais mais beneficiaram do crescimento económico registado? Os grupos mais desfavorecidos da sociedade viram a sua situação melhorada? Estas são algumas das questões a que pretendemos responder através da análise das alterações ocorridas na repartição pessoal do rendimento em Portugal e, em particular, no nível de desigualdade e de pobreza económica.

3.2. Informação estatística de base – os Inquéritos aos Orçamentos Familiares

A análise empírica da distribuição do rendimento que se segue tem por base os dados microeconómicos dos três últimos Inquéritos aos Orçamentos Familiares (IOFs), realizados em Portugal pelo Instituto Nacional de Estatística (INE), respectivamente em 1989//90, 1994/95 e 2000. Constituindo estes os inquéritos às condições de vida dos agregados portugueses mais detalhados disponíveis, a sua utilização possibilita balizar as principais transformações ocorridas na distribuição do rendimento. Justifica-se, portanto, uma descrição sintética das características fundamentais destes inquéritos e da informação neles disponível de forma a evidenciar as suas potencialidades e limitações para o estudo da distribuição do rendimento.

3.2.1. *Objectivos e principais características dos IOFs*

A realização pelo INE dos Inquéritos aos Orçamentos Familiares em Portugal iniciou-se no período 1967-68 tendo, até ao presente, sido efectuados 6 inquéritos deste tipo[53]. Historicamente, o

---

[53] O 'Inquérito às Receitas e Despesas Familiares 1967/68' decorreu entre Abril de 1967 e Março de 1968 tendo abrangido cerca de 10500 agregados familiares do Continente. O 'Inquérito às Despesas Familiares 1973/74' realizou-se entre Julho de 1973 e Junho de 1974 tendo sido entrevistados cerca de 17000 agregados familiares no território do Continente e em algumas cidades dos Açores e da Madeira. O 'Inquérito às Receitas e Despesas Familiares 1980/81' decorreu entre Março de 1980 e Fevereiro de 1981 abrangendo já todo o território nacional e tendo

objectivo inicial dos IOFs era o de recolher informação acerca da estrutura das despesas de consumo dos agregados familiares de forma a permitir a actualização dos ponderadores utilizados no Índice de Preços no Consumidor. Com o decorrer dos anos, o âmbito dos objectivos deste instrumento estatístico alargou-se e os IOFs passaram igualmente a recolher informação que possibilitasse uma análise detalhada das condições de vida da população. Como refere o Eurostat (2003a), os Inquéritos aos Orçamentos Familiares presentemente realizados na União Europeia *constituem uma fonte estatística imprescindível acerca das condições económicas e de vida dos agregados e dos indivíduos'*.

Tomando como exemplo o IOF 2000, é possível ilustrar a diversidade de objectivos a que presentemente os IOFs pretendem dar resposta: i) actualizar a estrutura das despesas de consumo dos agregados, de forma a permitir a actualização dos ponderadores do Índice de Preços no Consumidor; ii) viabilizar a estimação das despesas de consumo dos particulares de modo a apurar a componente principal do consumo privado que integra o Sistema de Contas Nacionais; iii) analisar as condições de vida dos agregados; iv) tornar possível a realização de estudos/análises em áreas como a pobreza, a desigualdade, a exclusão social, etc.

A amostra abrange o conjunto da população residente, com excepção das pessoas habitando em unidades de alojamento colectivas (hotéis, instituições de assistência, prisões, etc.) e a população sem-abrigo ou itinerante. Ao restringir o âmbito populacional do inquérito aos indivíduos que habitam em alojamentos não colectivos, os IOFs deixam de fora da análise estatística um segmento da população situado na parte inferior da distribuição do rendimento, onde as situações de precariedade económica e de exclusão social

---

sido entrevistados 10000 agregados familiares. Os três últimos inquéritos, realizados com a designação comum de 'Inquéritos aos Orçamentos Familiares', foram efectuados no conjunto do território nacional (Continente, Região Autónoma dos Açores e Região Autónoma da Madeira) nos períodos Março de 1989/Março de 1990, Outubro de 1994/Outubro de 1995 e Janeiro de 2000/Janeiro de 2001.

são dominantes[54]. Apesar de estes agregados representarem uma percentagem ínfima da população total (menos de 1% de acordo com os censos de 1991 e de 2001), a sua não consideração implica necessariamente algum enviesamento no perfil da distribuição do rendimento e alguma subestimação dos indicadores de desigualdade e de pobreza.

A unidade base de observação dos Orçamentos Familiares é o Agregado Doméstico Privado (ADP), definido como o conjunto de pessoas que vivem conjuntamente e partilham de um orçamento comum. Porém, a consideração do ADP como referencial para o estudo da repartição do rendimento e da desigualdade tem implícita a aceitação de uma partilha equitativa de recursos no seio do agregado, o que eventualmente pode não acontecer. Omite-se assim o que pode ser uma dimensão importante da desigualdade: a desigualdade intrafamiliar. Woolley e Marshall (1994) mostram como a não consideração desta componente conduz a uma subestimação importante da desigualdade global. Os dados disponíveis não nos permitem, porém, uma investigação mais detalhada de como se geram e distribuem os recursos dentro de cada agregado.

3.2.2. *Plano de amostragem e representatividade*

A amostra dos Inquéritos aos Orçamentos Familiares é seleccionada a partir de uma "Amostra-Mãe", que é uma amostra de alojamentos construída pelo INE a partir do último censo à população disponível e destinada a servir de base de sondagem para os inquéritos a realizar junto das famílias.

A "Amostra-Mãe" que serviu de base ao desenho da amostra do IOF de 1989/90 é assim baseada no Censo da População de 1981, actualizada regularmente com uma periodicidade de dois anos a partir de informação inter-censitária.

---

[54] Para estes sectores da população à exclusão social junta-se, assim, a "exclusão estatística".

No caso dos IOFs de 1994/95 e de 2000, a "Amostra-Mãe" é baseada no Censo da População de 1991, igualmente actualizada de forma regular no período que decorre entre os dois censos.

Tomando como referência o último Inquérito aos Orçamentos Familiares, é possível ilustrar o processo multietápico seguido no desenho da amostra dos IOFs.

Numa primeira etapa foram seleccionadas, sistematicamente, freguesias (a menor divisão administrativa portuguesa com limites bem definidos e que, em geral, se mantêm inalterados durante um longo período de tempo) com uma probabilidade de selecção proporcional ao número de eleitores aí residentes.

Na segunda etapa e nas freguesias previamente escolhidas, foram seleccionadas sistematicamente as secções estatísticas componentes da amostra, com base na informação do número de alojamentos por secção (área geográfica contígua bem definida cartograficamente e, em média, com cerca de 300 alojamentos), dada pela BGRE (Base Geográfica de Referenciação Espacial). A "Amostra-Mãe" é constituída por todos os alojamentos incluídos nas 1143 secções estatísticas assim seleccionadas.

Finalmente na terceira etapa foram seleccionados os alojamentos, dividindo o número de alojamentos a inquirir no IOF em cada uma das regiões NUTS II por todas as secções estatísticas da "Amostra-Mãe" da região. Nos alojamentos seleccionados para a amostra foram inquiridos todos os agregados e todos os indivíduos considerados membros do agregado.

Uma limitação evidente do processo de selecção da amostra acima descrito radica no facto de os IOFs de 1989/90 e 2000 se terem realizado no período imediatamente anterior à efectivação dos censos gerais da população de 1991 e de 2001. Isso implica que a "Amostra-Mãe" que serviu de base às respectivas amostras apresentava já um desfasamento temporal razoável (dez anos) que pode ter limitado significativamente a sua representatividade.

De forma a tentar minorar os efeitos resultantes desse desfasamento, foi ainda seleccionada, por secção, uma amostra de unidades de alojamento suplentes que garantisse o número de respostas efectivas inicialmente previsto.

Nos três inquéritos a região é o único critério de estratificação considerado, sendo a amostra considerada representativa a nível NUTS II.

A dimensão da amostra nestes inquéritos é bastante alargada, constituindo o mais vasto repositório de informação sobre as famílias e os indivíduos em Portugal. O quadro seguinte ilustra a dimensão dos três inquéritos no que concerne ao número de alojamentos, de agregados e de indivíduos inquiridos por NUTS II.

Quadro n.º 3-1
Inquérito aos Orçamentos Familiares – Dimensão da Amostra por NUTS II

	Alojamentos			Agregados			Indivíduos		
	1989/90	1994/95	2000	1989/90	1994/95	2000	1989/90	1994/95	2000
Norte	2640	1777	1748	3193	1789	1758	10650	5919	5312
Centro	1567	1717	1316	1863	1725	1319	5673	4972	3410
Lisboa e V.Tejo	2668	1238	1119	3220	1246	1121	9591	3541	2800
Alentejo	588	1732	1350	727	1735	1351	1971	4708	3225
Algarve	486	1610	1533	637	1635	1534	1737	4437	3876
Continente	7949	8074	7066	9640	8130	7083	29622	23577	18623
Açores	1494	1251	1514	1530	1267	1521	5729	4446	5206
Madeira	1205	1152	1400	1233	1157	1416	4696	4101	4482
Total	10648	10477	9980	12403	10554	10020	40047	32124	28311

Fonte: IOF 89/90, 94/95 e 2000. Cálculos efectuados pelo autor a partir dos micro-dados

Embora a taxa de não resposta neste tipo de inquéritos seja tradicionalmente elevada, os Inquéritos aos Orçamentos Familiares conduzidos pelo INE têm apresentado taxas de resposta significativamente superiores às obtidas em inquéritos similares efectuados em outros países da União Europeia. A taxa de resposta dos agregados inquiridos nos IOFs de 1989/90, 1994/95 e 2000 foram, respectivamente de 74, 77 e 73%.[55]

---

[55] Tomando como referência os IOFs realizados na generalidade dos países da União Europeia no período 1994/95, somente a Itália e a Holanda apresentam taxas de resposta superiores a Portugal. Veja-se Eurostat (2003a).

O cálculo de uma taxa de resposta dos orçamentos familiares é um processo complexo, na medida em que, embora a unidade estatística de amostragem seja o alojamento, a unidade base de análise é o agregado, e é sobre estes que importa inferir a não resposta. De acordo com as recomendações do Eurostat a forma de cálculo da taxa de resposta dos agregados é obtida da seguinte forma:

    i) Cálculo da "taxa de alojamentos contactados", que é obtida através do rácio entre o número de alojamentos efectivamente contactados e o número de alojamentos seleccionados que se revelaram válidos;

    ii) Cálculo da "proporção de agregados inquiridos completamente", construído como a proporção dos agregados que responderam ao inquérito relativamente ao número total de agregados detectado nos alojamentos efectivamente contactados (note-se que em relação aos alojamentos não contactados é impossível determinar o número de agregados neles existentes);

    iii) Finalmente a "taxa de resposta dos agregados inquiridos" é obtida como o produto das duas anteriores.

De forma a minimizar os enviesamentos da amostra resultantes da sua desactualização, o INE procedeu à substituição dos alojamentos previamente seleccionados e que se revelaram não válidos ou impossíveis de localizar. As substituições são efectuadas a partir de uma amostra suplementar correspondente a 25% dos alojamentos, especialmente seleccionada para o efeito. O Quadro n.º 3-2 ilustra o processo acima descrito. Em 1994/95 a taxa de resposta dos agregados previamente seleccionados é de 79.4%. Quando se considera o conjunto dos alojamentos (efectivos mais suplentes) esta taxa reduz-se ligeiramente (77.4%). No caso do IOF de 2000, a taxa de resposta dos agregados reduz-se ligeiramente, sendo de 73.2% quer se considere os agregados previamente seleccionados, quer o total dos agregados inquiridos.

Quadro n.º 3-2
Taxa de Resposta dos Inquérito aos Orçamentos Familiares 1994/95 – 2000

1994/95	Efectivos	Suplentes	Total
1. Alojamentos Seleccionados	11851	3026	14877
2. Alojamentos Vagos/Demolidos/Residência Secundária	1058	268	1326
3. Alojamentos Válidos	10793	2758	13551
4. Alojamentos não localizados	301	145	446
5. Alojamentos localizados	10492	2613	13105
Taxa de Alojamentos Contactados Ra = [5] / [3]	97.2	94.7	96.7
6. Total dos Alojamentos Inquiridos	8559	1918	10477
7. Total de Agregados Contactados	10561	2621	13182
8. Agregados Temporariamente ausentes	741	302	1043
9. Outras razões de não resposta	500	153	653
10. Recusas	692	240	932
11. Agregados Inquiridos Completamente	8628	1926	10554
12. Proporção de Agregados Inquiridos Completamente Rh = [11] / [7]	81.7	73.5	80.1
Taxa de Resposta "Agregados Inquiridos" Ra * Rh	79.4	69.6	77.4

2000	Efectivos	Suplentes	Total
1. Alojamentos Seleccionados	11958	3223	15181
2. Alojamentos Vagos/Demolidos/Residência Secundária	1181	351	1532
3. Alojamentos Válidos	10777	2872	13649
4. Alojamentos não localizados	125	24	149
5. Alojamentos localizados	10652	2848	13500
Taxa de Alojamentos Contactados Ra = [5] / [3]	98.8	99.2	98.9
6. Total Alojamentos Inquiridos	7880	2100	9980
7. Total de Agregados Contactados	10648	2856	13540
8. Agregados Temporariamente ausentes	1394	351	1745
9. Outras razões de não resposta	501	176	677
10. Recusas	877	221	1098
11. Agregados Inquiridos Completamente	7912	2108	10020
12. Proporção de Agregados Inquiridos Completamente Rh = [11] / [7]	74.1	73.8	74.0
Taxa de Resposta "Agregados Inquiridos" Ra * Rh	73.2	73.2	73.2

Fonte: IOF 94/95 e 2000. Cálculos efectuados pelo autor a partir dos micro-dados

Apesar do processo de amostragem seguido e das taxas de resposta alcançadas, o confronto entre a estrutura regional da população revelada pelos Censos e outras estatísticas demográficas, comparativamente aos valores apuradas no caso dos IOFs, evidencia desvios significativos. O quadro seguinte ilustra as discrepâncias entre a partição dos indivíduos, a nível de NUTS II, obtida pelos IOFs e pelas estatísticas demográficas existentes no período mais próximo da realização do inquérito.

Quadro n.º 3-3
Distribuição da População (Indivíduos) por NUTS II (%)

	Est.Dem. 30-6-89	IOF89/90	Est.Dem. 31-12-89	Est.Dem. 31-12-94	IOF94/95	Est.Dem. 30-6-95	IOF2000	Est.Dem. 2000
Norte	35.17	26.65	35.17	35.50	18.43	35.55	18.76	35.54
Centro	17.55	14.20	17.52	17.29	15.48	17.27	12.04	17.33
Lisboa V.T.	33.28	24.00	33.31	33.38	11.02	33.38	9.89	33.55
Alentejo	5.59	4.93	5.57	5.33	14.66	5.31	11.39	5.13
Algarve	3.39	4.35	3.42	3.48	13.81	3.48	13.69	3.72
Açores	2.44	14.34	2.43	2.43	13.84	2.43	18.39	2.34
Madeira	2.58	11.53	2.57	2.59	12.77	2.59	15.83	2.39
Portugal	100.00	100.00	100.00	100.00	100.00	100.00	100.00	100.00

Fonte: Rodrigues, C.F. (1997) e INE (2002a) – Estatísticas Demográficas 2000

A origem dos desvios observados resulta de na definição da amostra se ter pretendido assegurar uma margem de erro máxima para certas variáveis do rendimento e da despesa, o que implicou uma sobre-representação das regiões de menor dimensão populacional.

De forma a corrigir estes desvios, desde 1998 o INE passou a utilizar na apresentação dos dados dos orçamentos familiares de 1989/90 e de 1994/95 um conjunto de ponderadores de correcção da amostra e de extrapolação para o conjunto da população[56]. Embora uma análise mais exaustiva implicasse a observação dos desvios relativamente a outras varáveis socioeconómicas, a indisponibilidade de informação relevante conduziu a que as correcções efectuadas pelo INE se limitassem à consideração da variável "número de indivíduos" segmentada por NUTS II. Os ponderadores foram assim calculados confrontando a distribuição regional de

---

[56] Para uma descrição mais detalhada da metodologia de ponderação dos IOFs adoptada pelo INE nestes dois inquéritos veja-se Rodrigues (1997).

indivíduos em cada um dos orçamentos familiares com a distribuição regional da população constante nas estatísticas demográficas.

Note-se, porém, que a utilização deste factor correctivo não elimina, embora atenue, os eventuais desvios que se possam registar quando se passa da unidade de observação indivíduo para variáveis em que a unidade de observação é o alojamento ou o agregado.

No Inquérito aos Orçamentos Familiares de 2000, o INE aprofundou as metodologias de ponderação/extrapolação dos dados da amostra considerando, na construção dos ponderadores, não só a distribuição dos agregados e indivíduos a nível de NUTS II mas igualmente a distribuição dos indivíduos por sexo e escalão de idade, e a distribuição dos agregados por dimensão[57].

A impossibilidade de reproduzir no imediato para os dois inquéritos anteriores a 2000 a nova metodologia, e de forma a garantir a comparabilidade entre as três amostras, optou-se por aplicar a todos os IOFs a metodologia anterior ao de 2000, assegurando assim uma coerência na utilização dos ponderadores de extrapolação e correcção da amostra.

Os valores obtidos para cada IOF, e para cada uma das sete regiões, estão representados no quadro seguinte:

Quadro n.º 3-4
Ponderadores de Extrapolação e Correcção da Amostra

	IOF89/90	30-06-89 31-12-89	Pond.	IOF94/95	31-12-94 30-6-95	Pond.	IOF2000	2000	Pond.
Norte	10650	3492160	327.90	5919	3521915	595.02	5312	3628600	683.09
Centro	5673	1741145	306.92	4972	1713120	344.55	3410	1769400	518.89
Lisboa V.T.	9591	3305820	344.68	3541	3309225	934.55	2800	3425200	1223.29
Alentejo	1971	553940	281.05	4708	527545	112.05	3225	523800	162.42
Algarve	1737	338050	194.62	4437	344950	77.74	3876	380000	98.04
Continente	29622	9431115	318.38	23577	9416755	399.41	18623	9227000	522.31
Açores	5729	241850	42.22	4446	240760	54.15	5206	239000	45.91
Madeira	4606	255565	55.49	4101	256780	62.61	4482	244500	54.55
Portugal	39957	9928530	248.48	32124	9914295	308.63	28311	10210500	360.65

Fonte: Rodrigues (1997) e INE (2002a) – Estatísticas Demográficas 2000

---

[57] Sobre a metodologia de ponderação da amostra no IOF de 2000 veja-se INE (2002b).

O aumento progressivo do valor dos ponderadores ao longo do período considerado traduz não somente o efeito conjugado da redução da dimensão da amostra e do aumento da população ao longo da década mas igualmente do desvio crescente entre a repartição da população por NUTS II na amostra e no universo[58].

3.2.3. *Informação disponível sobre o rendimento*

A recolha de informação relativa aos rendimentos dos agregados constitui um dos pontos mais delicados do Inquérito aos Orçamentos Familiares, dada a frequente resistência que os inquiridos oferecem em revelar elementos sobre uma matéria considerada do exclusivo foro pessoal.

Nos três inquéritos em análise, o rendimento dos agregados é definido como a soma dos fluxos monetários e/ou em géneros recebidos pelos membros do agregado nos 12 meses anteriores ao período de observação e corresponde ao somatório de três grandes componentes:

i) Receita Monetária Ordinária, definida como a soma dos recursos de carácter regular ou periódico recebidos pelos membros do agregado, qualquer que seja a sua origem;

ii) Receita Monetária Extraordinária correspondente à soma dos recursos de carácter não periódico ou acidentais recebidos pelos membros do agregado, qualquer que seja a sua origem,

iii) Receita em Géneros abrangendo a valorização monetária dos recursos relativos ao Autoconsumo, Autoabasteci-

---

[58] Se se considerar exclusivamente o factor de correcção da amostra, omitindo-se a extrapolação para o universo, os ponderadores no IOF 89/90 variavam entre 0.170 na região mais sobre-representada (Açores) e 1.387 na região mais sub-representada (Lisboa e Vale do Tejo). Em 2000 os valores para essas mesmas regiões eram de 0.127 e de 3.392, respectivamente.

mento, Autolocação, Transferências não Monetárias e Salário em Natureza.

Apesar desta definição genérica comum, o conceito de rendimento, as componentes do rendimento inquirido e o cuidado colocado na obtenção e no tratamento da informação sofreram alterações significativas entre os três inquéritos.

De forma a construir uma distribuição do "Rendimento Disponível dos Agregados" que fosse utilizável de forma comparativa nos três inquéritos e que permitisse evidenciar a estrutura dos rendimentos, foi necessário proceder à "reconstrução" das diferentes categorias do rendimento líquido tendo-se considerado as seguintes onze componentes (sete correspondentes ao rendimento monetário e quatro às receitas em géneros):

Rendimento Monetário
1. Salários e Ordenados
2. Rendimentos do Trabalho por Conta Própria
3. Rendimentos de Capital
4. Rendimentos de Propriedade
5. Transferências Privadas
6. Pensões
7. Outras Transferências Sociais

Rendimento Não Monetário
8. Salários em Géneros
9. Autoconsumo/Autoabastecimento
10. Autolocação
11. Outras Transferências não monetárias

Rendimento Disponível

O Quadro n.º 3-5 apresenta os montantes e a estrutura do Rendimento Disponível dos Agregados em 1989, 1995 e 2000. A consideração de um conceito de rendimento suficientemente abrangente quanto às diferentes rubricas que o constituem possibilita uma aproximação mais fidedigna dos recursos globais do agregado doméstico.

Os "salários e ordenados" e "pensões" constituem as categorias de rendimentos mais importantes ao longo de toda a década em análise. A evolução destas duas rubricas é, porém significativamente diferente. Enquanto que os salários e ordenados mantêm o seu peso relativo ao longo da década, representando cerca de 46-48% do total do rendimento, as pensões sofrem um incremento de 13 para 21% do rendimento total, traduzindo um crescente envelhecimento da população portuguesa ao longo do período em análise.

Particularmente relevante é a consideração dos rendimentos não monetários do ADP. Como se pode observar no Quadro n.º 3-5, o rendimento não monetário representa uma parcela muito significativa do total dos recursos dos agregados: 17% em 1980, 18% em 1995 e 14% em 2000.

De forma a assegurar a comparabilidade entre os três inquéritos utilizou-se o Índice de Preços no Consumidor para converter todas as variáveis monetárias para um ano comum (2000), pelo que todos os valores apresentados estão valorizados a preços de 2000. A consideração de um único deflactor para os preços implica uma certa aquiescência com a hipótese de inexistência de inflação diferenciada a qual é de difícil aceitação. Procedeu-se igualmente à conversão dos valores monetários de escudos para euros[59].

---

[59] Sobre a utilização de um método alternativo de compatibilização das variáveis monetárias, baseado nos "índices de custo de vida regionais", veja-se Parente e Bago d'Uva (2001,2002)

Quadro n.º 3-5
Rendimento Líquido dos Agregados

	1989		1995		2000	
	Valor	%	Valor	%	Valor	%
Salários e Ordenados	6109	47.1	6958	45.8	7632	47.8
Rendimentos Trabalho Conta Própria	1784	13.8	1875	12.3	1548	9.7
Rendimentos de Capital	312	2.4	153	1.0	156	1.0
Rendimentos de Propriedade	131	1.0	210	1.4	251	1.6
Transferências Privadas	603	4.7	421	2.8	415	2.6
Pensões	1636	12.6	2426	16.0	3329	20.9
Outras Transferências Sociais	176	1.4	414	2.7	424	2.7
Rendimento Monetário	10751	82.8	12457	82.0	13755	86.2
Salários em Géneros	156	1.2	125	0.8	103	0.7
Autoconsumo / Autoabastecimento	608	4.7	420	2.8	188	1.2
Autolocação	741	5.7	1630	10.7	1485	9.3
Outras Transferências não monetárias	725	5.6	560	3.7	428	2.7
Rendimento não monetário	2230	17.2	2735	18.0	2204	13.8
Rendimento Disponível	12981	100.0	15192	100.0	15959	100.0

Notas: Valores do rendimento em Euros a preços de 2000.
Fonte: IOF 89/90, 94/95 e 2000. Cálculos efectuados pelo autor a partir dos micro-dados

Apesar da preocupação em considerar todas as fontes de rendimento declaradas pelos agregados, mantém-se pertinente a crítica de que as distribuições de rendimento com base nos orçamentos familiares são incompletas na cobertura do rendimento, quer por erros associados à execução dos inquéritos quer, primordialmente, por subestimação dos rendimentos declarados. Esta subestimação, repercutindo-se de forma diferenciada ao longo da escala de rendimentos, pode influenciar, de forma decisiva, o perfil da distribuição. Em estudo anterior, Pereirinha (1988) apurou que, no inquérito de 1980/81, se registava uma subestimação média de cerca de 33%, diferenciada de acordo com as várias fontes do rendimento declaradas.

Uma forma possível de identificar e limitar esta deficiência dos dados é através do confronto entre a informação dos inquéritos e os dados constantes em outras fontes, em particular, os das Contas Nacionais.

Uma das principais dificuldades na comparação entre estas duas fontes estatísticas reside na forma de valorização dos principais fluxos do rendimento das famílias. Enquanto que no Inquérito aos Orçamentos Familiares as diferentes componentes da receita são inquiridas em termos líquidos, as Contas Nacionais apresentam a generalidade das componentes do rendimento em termos brutos.

De forma a possibilitar o confronto com os agregados das Contas Nacionais construiu-se para cada um dos indivíduos e agregados constante dos IOFs a respectiva estrutura de rendimentos brutos a partir da informação sobre os principais encargos apurados pelo inquérito.

Quadro n.º 3-6
Rendimento Bruto dos Agregados

	1989 Valor	1989 %	1995 Valor	1995 %	2000 Valor	2000 %
Salários e Ordenados	7272	50.5	8884	49.5	9321	51.2
Rendimentos Trabalho Conta Própria	1944	13.5	2149	12.5	1876	10.3
Rendimentos de Capital	340	2.4	171	1.0	169	0.9
Rendimentos de Propriedade	143	1.0	230	1.3	281	1.5
Transferências Privadas	608	4.2	425	2.5	418	2.3
Pensões	1661	11.5	2505	14.6	3463	19.0
Outras Transferências Sociais	176	1.2	414	2.4	424	2.3
Rendimento Monetário	12143	84.4	14379	83.9	15951	87.7
Salários em Géneros	156	1.1	125	0.7	103	0.6
Autoconsumo / Autoabastecimento	608	4.2	419	2.4	100	1.0
Autolocação	754	5.2	1651	9.6	1528	8.4
Outras Transferências não monetárias	725	5.0	560	3.3	428	2.3
Rendimento não monetário	2243	15.6	2756	16.1	2246	12.3
Rendimento Bruto Total	14386	100.0	17135	100.0	19198	100.0

Notas: Valores do rendimento em Euros a preços de 2000.
Fonte: IOF 89/90, 94/95 e 2000. Cálculos efectuados pelo autor a partir dos micro-dados

Construída a estrutura de rendimentos brutos dos agregados, procedeu-se então à sua agregação de forma a possibilitar a sua comparação com os agregados macroeconómicos das Contas Nacionais. O quadro seguinte apresenta os rendimentos brutos e os encargos dos IOFs confrontando-os com os produzidos pelas Contas Nacionais[60].

Quadro n.º 3-7
Confronto entre os valores do Rendimento Disponível das Contas Nacionais (CN) e dos Inquérito aos Orçamentos Familiares (IOF)

	1989			1995			2000		
	CN	IOF	CN/IOF	CN	IOF	CN/IOF	CN	IOF	CN/IOF
Remunerações	14396	12822	89.1	30447	27137	89.1	45073	38083	84.5
Rends.Propriedade	12207	6540	53.6	21132	11658	55.2	25085	13621	54.3
Transferências	7902	5473	69.3	15339	9848	64.2	22082	15948	72.2
Rendimento Pessoal	34505	24835	72.0	66917	48643	72.7	92240	67652	73.3
Impostos	2452	1187	48.4	4934	2517	51.0	7172	4025	56.1
Cont.Seg.Social	1304	1239	95.0	3490	2384	68.3	5533	3521	63.6
Rend. Disponível	30749	22410	72.9	58493	43742	74.8	79535	60106	75.6

Notas: Valores do rendimento em 10⁶ Euros a preços correntes do ano.
Fonte: IOF 89/90, 94/95 e 2000. Cálculos efectuados pelo autor a partir dos micro-dados
DGEP/M.Finanças(2003) 'A Economia Portuguesa – Reformas e Ajustamento'

O Quadro n.º 3-7 permite uma apreciação preliminar quanto à fiabilidade dos rendimentos dos agregados familiares registados pelos IOFs. Uma primeira constatação é a de que o rendimento disponível das famílias nos IOFs apresenta uma subestimação de cerca de 25% relativamente ao das Contas Nacionais. Uma segunda observação é a de que essa subestimação é claramente diferenciada de acordo com os vários tipos de rendimento: cerca de 10-15% no caso dos rendimentos salariais, aproximadamente 45% nos rendimentos de propriedade e valores perto dos 30% nas transferências. Uma última observação refere-se à permanência temporal do padrão de subestimação dos rendimentos. Apesar do quadro anterior apresentar uma ligeira melhoria da cobertura do rendi-

---

[60] De forma a evitar problemas adicionais resultantes da aplicação do IPC a todas as categorias do rendimento e dos encargos, optou-se por apresentar o Quadro n.º 3-7 a preços do ano de referência dos vários IOFs. De forma a possibilitar a comparação com os dados dos IOFs foram deduzidas as contribuições patronais para a segurança social às remunerações das Contas Nacionais.

mento líquido das famílias, pode-se afirmar que o modelo de sub-declaração dos rendimentos permanece praticamente inalterado ao longo da década.

O quadro anterior, e os resultados que dele se podem extrair, devem ser interpretados com muito cuidado. Em primeiro lugar, os valores apresentados dependem fortemente do processo de construção e de agregação dos rendimentos brutos dos IOFs atrás descrito. Em segundo lugar, a correspondência entre as categorias do rendimento nas Contas Nacionais e nos IOFs está longe de ser perfeita, bem como a tipologia da população que aufere esses mesmos rendimentos. Por último, o próprio processo de avaliação da qualidade dos dados dos IOFs a partir das Contas Nacionais não está isento de críticas. Por um lado, os dados das Contas Nacionais podem não ser uniformemente superiores aos dos IOFs. Os agregados macroeconómicos das Contas Nacionais são estimativas cuja fiabilidade tem igualmente sido sujeita a grande discussão[61]. Por outro lado, entre 1990 e 2000, o Sistema de Contas Nacionais portuguesas sofreu alterações metodológicas com a passagem do SEC79 para o SEC95, o que introduz complicações adicionais à utilização desta metodologia.

A constatação de que o padrão de subestimação de rendimentos se mantém praticamente inalterada ao longo do período em análise afigura-se-nos, porém, suficientemente robusta, pelo que optámos por não introduzir nenhuma alteração nos dados declarados. Admite-se assim que a subestimação dos rendimentos existente não alterará de forma significativa os principais resultados quanto à apreciação das alterações na sua distribuição ao longo dos anos 90 em Portugal.

---

[61] Por exemplo, o Relatório Anual de 1999 do Banco de Portugal salientava *"o carácter precário das estimativas do rendimento disponível das famílias"* nomeadamente como consequência dos atrasos na publicação das contas do sector institucional das famílias em SEC95.

3.2.4. Construção da distribuição individual do rendimento disponível por adulto equivalente

Como se viu no Capítulo 2, a distribuição do rendimento que melhor traduz o bem-estar dos indivíduos e, consequentemente, a que melhor se ajusta ao estudo da distribuição do rendimento é a *distribuição individual do rendimento disponível por adulto equivalente*. Para construir esta distribuição torna-se necessário proceder a duas transformações do rendimento total líquido dos agregados:

i) Em primeiro lugar, transformar o rendimento em rendimento equivalente através da consideração de uma escala de equivalência considerada adequada;

ii) Posteriormente, ponderar o rendimento equivalente pelo número de indivíduos existente em cada agregado de forma a obtermos a distribuição individual do rendimento equivalente[62].

A escala de equivalência utilizada de forma a considerar as diferentes necessidades de agregados com desigual dimensão e composição foi a "escala de equivalência da OCDE modificada"[63]. Esta escala, amplamente utilizada em estudos sobre desigualdade e pobreza a nível da União Europeia, atribui a ponderação de 1 ao primeiro indivíduo adulto no agregado, de 0.5 a cada um dos restantes adultos e de 0.3 a cada indivíduo com idade inferior a 14 anos.

O Quadro n.º 3-8 ilustra a passagem do "rendimento disponível dos agregados" para o "rendimento por adulto equivalente" de acordo com a metodologia e a escala de equivalência acima descrita.

---

[62] Note-se que os ponderadores efectivamente considerados na análise da distribuição individual do rendimento não só traduzem a dimensão de cada agregado, mas igualmente os factores de correcção e expansão da amostra discutidos na secção 3.2.2.

[63] Para uma abordagem alternativa, assente na estimação empírica de escalas de equivalência específicas para a população portuguesa, consulte-se Santos (1984) e Ferreira (1997).

Como se pode observar, a dimensão média dos ADPs reduziu-se de forma sustentada ao longo da última década, o que se traduz igualmente numa diminuição, ainda que menos acentuada, do número médio de adultos equivalente existente em cada agregado familiar.

O rendimento médio por adulto equivalente passa de 6709 euros em 1989 para 8937 euros em 2000, registando assim um crescimento real de cerca de 33% ao longo do período em análise.

Quadro n.º 3-8
Construção da Distribuição Individual do Rendimento Disponível por Adulto Equivalente

	1989	1995	2000
Rendimento Disponível dos Agregados	12981	15192	15959
	(89.4)	(125.1)	(136.4)
Número de indivíduos	3.114	3.017	2.711
	(0.014)	(0.020)	(0.019)
Número de adultos equivalente (escala OCDE modificada)	1.940	1.935	1.787
	(0.006)	(0.009)	(0.008)
Rendimento Disponível por Adulto Equivalente	6709	7860	8937
	(41.1)	(58.3)	(68.1)

Notas: Valores do rendimento em Euros a preços de 2000. Erros padrão entre parêntesis.
Fonte: IOF 89/90, 94/95 e 2000. Cálculos efectuados pelo autor a partir dos micro-dados.

Poder-se-á questionar se a escala de equivalência da OCDE modificada é a que melhor corresponde ao perfil das famílias portuguesas e, principalmente, quais as consequências da sua opção na análise da desigualdade. Coulter et al. (1992b) e Jenkins e Cowell (1994) analisaram detalhadamente o impacto da escolha de uma determinada escala de equivalência na construção da distribuição do rendimento por adulto equivalente. Estes autores concluem que existe uma nítida relação entre a escala de equivalência seleccionada e os níveis de desigualdade obtidos, relação essa que está dependente do índice de desigualdade utilizado. Os resultados obtidos por estes autores, e confirmados por vários estudos nacionais, sugerem que a utilização de uma escala de equivalência mais sensível à dimensão do agregado tem, geralmente, um efeito redutor da desigualdade para os índices mais sensíveis à parte superior da distribuição do rendimento e um efeito agravante da desigualdade para os índices mais sensíveis ao segmento da distribuição com menores rendimentos. Decorre da análise anterior que, mais do que a selecção de uma escala 'ideal', importa é discutir em que medida os resultados obtidos estão dependentes da escala adoptada. É o que faremos na secção 3.4.

3.3. Evolução da distribuição do Rendimento

No início deste capítulo foi possível observar que, ao longo da década de 90, a economia portuguesa registou um crescimento económico significativo que se traduziu num aumento real do PIB *per capita* superior a 2.8% ao ano.

O objectivo desta secção é o de analisar como esse crescimento se repercutiu no bem-estar económico e se distribuiu entre a população, verificando se ele contribuiu ou não para a construção de uma sociedade mais inclusiva e coesa do ponto de vista económico e social.

3.3.1. *A distribuição do rendimento em Portugal: uma análise gráfica*

Uma primeira aproximação às alterações ocorridas na distribuição individual do rendimento por adulto equivalente passa por tentar identificar graficamente a configuração da distribuição do rendimento em Portugal e observar a sua eventual transformação ao longo da década. A observação directa dos dados, em particular a obtenção da respectiva função de densidade, possibilita verificar se a distribuição do rendimento está mais ou menos concentrada ou se, pelo contrário, existem vários pontos de acumulação, se a distribuição do rendimento tende ou não a concentrar a maior parte da população na sua parte central.

Capítulo 3. Principais alterações na distribuição do rendimento... | 141

Esta observação directa da distribuição do rendimento, prévia à estimação de qualquer índice de desigualdade, de pobreza ou bem-estar social, corresponde, como referem Cowell, Jenkins e Litchfield (1996) a deixar que *"os dados falem por si"*, que sejam eles próprios a revelar a sua parte da história das mutações ocorridas na distribuição do rendimento.

Note-se, no entanto, que não dispomos de verdadeira informação sobre a população em análise, mas tão-somente de amostras representativas. Neste contexto, a utilização de funções de densidade empíricas obtidas directamente a partir dos micro-dados não é aconselhável, já que apresenta uma variabilidade excessiva, sendo difícil discernir que parte dessa variabilidade se deve à própria distribuição do rendimento e que proporção é atribuível ao "ruído" resultante do processo de amostragem.

Torna-se, pois, necessário proceder à estimação das funções de densidade mediante a utilização de um processo estatístico. O método escolhido foi a estimação não paramétrica através do método designado por 'kernel'[64]. Este método não necessita de impor *a priori* uma dada forma funcional à distribuição do rendimento, pelo que a distribuição resultante pode apresentar diversas modas, possuir abas mais ou menos largas, ser mais ou menos simétrica, etc.[65]

A Figura n.º 3-1 ilustra os principais traços da configuração da distribuição do rendimento em Portugal, evidenciando as funções de densidade construídas a partir de cada um dos IOFs.[66]

---

[64] Para uma descrição e discussão da estimação não paramétrica da função densidade através do método de "Kernel" veja-se Silverman (1986) e Deaton (1997).

[65] Uma alternativa possível consiste na estimação paramétrica da função de densidade. Esse método pressupõe, no entanto, a imposição prévia de hipóteses acerca da configuração da distribuição, restringindo a sua forma funcional para, a partir daí, estimar um conjunto de parâmetros caracterizadores da forma funcional previamente escolhida. Sobre a aplicação desta metodologia à distribuição do rendimento em Portugal, veja-se Santos (1983).

[66] De forma a simplificar a representação gráfica e a interpretação das alterações ocorridas na distribuição do rendimento, a Figura n.º 3-1 apresenta os ren-

Figura n.º 3-1
Distribuição Individual do Rendimento por Adulto Equivalente
Função Densidade (I)

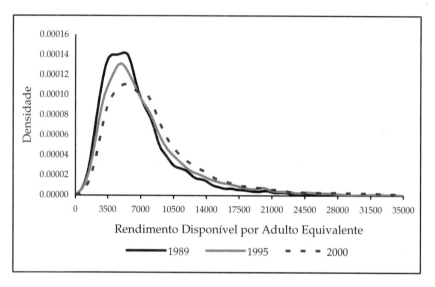

Fonte: IOF 89/90, 94/95 e 2000. Cálculos efectuados pelo autor a partir dos micro-dados

Uma primeira constatação é a de que a representação gráfica da distribuição do rendimento, em qualquer um dos anos observados e no espaço dos rendimentos considerado, é muito próxima de uma distribuição do tipo log-normal.

Note-se, no entanto, que quer a curva de 1989 quer a de 2000 sugerem a existência de uma dupla moda. A existência de duas modas representa um certo afastamento em relação à distribuição do tipo log-normal e geralmente sugere que a distribuição do rendimento para o conjunto da população é de facto a agrega-

---

dimentos para os vários anos truncados para valores superiores a 35000 euros/ /ano. Evita-se, assim, a representação gráfica de toda a extensiva aba direita da distribuição. Esta truncagem deixa de fora da representação gráfica menos de 1% dos agregados em cada um dos anos.

ção das distribuições de duas subpopulações distintas, cada uma dos quais reage de forma diferenciada às alterações ocorridas ao longo do período.

O confronto entre as 3 curvas estimadas evidencia, claramente, uma forte deslocação para a direita entre 1989 e 2000, traduzindo uma maior proporção da população com rendimentos mais elevados e uma menor percentagem da população nos escalões inferiores de rendimento. Mas a Figura n.º 3-1 exibe, igualmente, uma progressiva maior dispersão dos rendimentos ao longo do período em análise.

Também aqui se poderia empregar a imagem utilizada por Cowell, Jenkins e Litchfield (1996) para caracterizar as modificações ocorridas no Reino Unido ao longo dos anos 80: "a função de densidade da distribuição dos rendimentos é como uma montanha que sofreu uma forte erosão numa dada direcção, deslocando-se grande parte das suas pedras mais elevadas ao longo da vertente direita".

O fenómeno de "erosão" acima descrito, com a consequente deslocação para a direita das funções de densidade, é fortemente induzido pelo crescimento económico ocorrido ao longo dos anos 90 em Portugal e que se propagou, ainda que com ritmos diferenciados, por toda a escala de rendimentos.

Uma forma de nos abstrairmos das alterações associadas ao crescimento económico e de centrarmos a análise das alterações ocorridas nos aspectos redistributivos, consiste em construir o mesmo tipo de gráfico mas agora para o 'rendimento relativo', isto é, para o rendimento normalizado pelo rendimento médio em cada um dos anos.

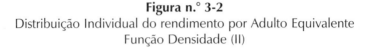

Figura n.º 3-2
Distribuição Individual do rendimento por Adulto Equivalente
Função Densidade (II)

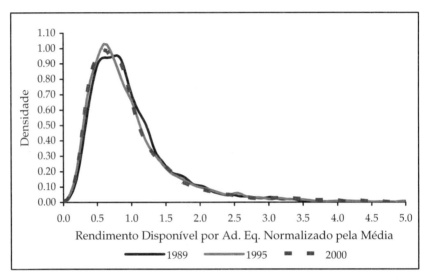

Fonte: IOF 89/90, 94/95 e 2000. Cálculos efectuados pelo autor a partir dos micro-dados

A Figura n.º 3-2 apresenta uma imagem bastante diferente das alterações ocorridas na distribuição do rendimento. Se eliminarmos o efeito do crescimento económico e da consequente melhoria das condições de vida da população que lhe está associada, a imagem que emerge é a de um forte agravamento da desigualdade entre 1989 e 1995, mantendo-se depois praticamente inalterada na segunda metade da década.

O essencial do processo de 'erosão' da montanha processa-se agora no sentido oposto. A deslocação das curvas para a esquerda ao longo dos anos 90 traduz uma maior proporção da população com rendimentos relativos mais baixos.[67] Esta situação somente se inverte na parte superior da escala de rendimentos (rendimentos superiores a cerca de 3.25 do rendimento médio).

---

[67] Note-se que o valor 1 no eixo horizontal corresponde ao rendimento médio em cada um dos anos.

A análise efectuada a partir das duas figuras anteriores possibilita uma primeira caracterização de duas das principais alterações ocorridas na distribuição do rendimento por adulto equivalente em Portugal ao longo dos anos 90: um acréscimo do rendimento real, cujos efeitos se propagam ao longo de toda a distribuição do rendimento, e um forte acréscimo da desigualdade económica ocorrido fundamentalmente na primeira metade da década.

Mas as duas figuras anteriores permitem igualmente antecipar as transformações ocorridas na prevalência da pobreza económica. Dado que a área abaixo da função de densidade entre zero e qualquer nível de rendimento y^k nos dá a proporção da população com um nível de rendimento inferior a y^k, podemos utilizar as figuras 3-1 e 3-2 para retirar ilações quanto às alterações ocorridas na taxa de pobreza.[68]

Também aqui as conclusões que se podem retirar das duas figuras vão em sentido oposto. A Figura n.º 3-1 permite constatar que, para qualquer linha de pobreza absoluta inferior a 6500 euros/ /ano, ocorre uma diminuição da taxa de pobreza. A Figura n.º 3-2 parece sugerir que, para qualquer linha de pobreza relativa definida até cerca de 60% do rendimento médio, se verifica um acentuar da prevalência da pobreza ao longo da década de 90.

3.3.2. *A distribuição do rendimento em Portugal: uma análise por decis do rendimento por adulto equivalente*

A observação do crescimento económico efectuada através da Figura n.º 3-1, dada a sua natureza gráfica, não nos permite quantificar os impactos desse mesmo crescimento sobre os diferentes segmentos da população. Nesta secção, procederemos à avaliação das alterações ocorridas na distribuição individual do rendimento

---

[68] O cálculo da prevalência da pobreza é usualmente obtido de forma gráfica através da análise da função de distribuição, a qual pode ser obtida por integração da função densidade.

disponível por adulto equivalente para os diferentes decis da distribuição. A análise por decis possibilita uma avaliação mais fina de como evoluiu a posição relativa dos diferentes grupos de rendimento.

O Quadro n.º 3-9 apresenta o rendimento médio por adulto equivalente de cada um dos decis da distribuição.

Quadro n.º 3-9
Distribuição Individual do Rendimento Disponível por Adulto Equivalente

Decil	1989	1995	2000	t – ratio t 95-89	t 00-95	t 00-89
1	2149.6	2338.6	2726.3	5.56	10.23	16.24
	(22.1)	(25.8)	(27.7)			
2	3189.1	3473.3	3943.1	7.69	10.66	18.77
	(22.8)	(29.1)	(33.1)			
3	3908.2	4335.2	4887.2	10.31	11.04	20.98
	(26.4)	(31.9)	(38.5)			
4	4622.0	5074.0	5784.0	10.34	13.90	23.78
	(29.1)	(32.6)	(39.3)			
5	5330.3	5862.3	6720.6	10.72	13.46	24.02
	(29.6)	(39.9)	(49.8)			
6	6031.9	6770.8	7692.1	12.68	14.26	29.90
	(33.9)	(47.4)	(44.0)			
7	6932.0	7868.1	8798.9	14.05	11.82	25.75
	(41.8)	(51.9)	(59.3)			
8	8096.2	9346.7	10488.2	13.40	9.49	22.90
	(50.8)	(78.3)	(91.3)			
9	10123.2	12037.5	13452.7	12.98	7.77	20.51
	(86.5)	(119.5)	(137.4)			
10	16718.6	21524.7	24902.7	11.56	6.41	17.60
	(235.9)	(342.4)	(400.6)			
Total	6708.8	7860.4	8937.4	16.14	12.01	28.01
	(41.1)	(58.3)	(68.1)			

Notas: Valores em Euros a preços de 2000. Erros Padrão das estimativas entre parênteses
Fonte: IOF 89/90, 94/95 e 2000. Cálculos efectuados pelo autor a partir dos micro-dados

A primeira constatação é a de que os rendimentos por adulto equivalente registaram um crescimento real, quer para o conjunto da população quer para cada um dos decis da distribuição. O rendimento equivalente cresceu entre 1989 e 2000 a uma taxa de 2.64% ao ano. Este crescimento traduz, inequivocamente, uma melhoria do nível de vida da população portuguesa ao longo do período em observação. Acresce que este aumento dos rendimentos reais se verificou para todos os níveis da distribuição como o demonstra a análise dos "t-ratio" apresentados. Estes testes estatísticos indicam se as diferenças entre os valores obtidos para as várias amostras são significativas. A observação dos resultados obtidos permite-nos concluir que o crescimento real do rendimento por adulto equivalente é estatisticamente significativo para todos os decis da distribuição[69]. O mesmo se pode observar pelo gráfico seguinte.

Figura n.º 3-3
Distribuição Individual do Rendimento Médio por Adulto Equivalente por Decis

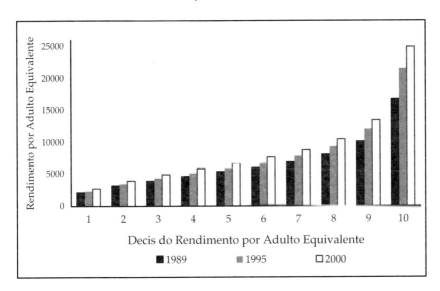

Fonte: Quadro anterior

[69] A realização da comparação simultânea dos 10 decis impede-nos de utilizar as distribuições estatísticas habituais para determinar os valores críticos para a estatística t. Bishop et al. (1992) demonstram que esses valores críticos podem

Os resultados do Quadro n.º 3-9 possibilitam ainda retirar ilações quanto à evolução do bem-estar social entre 1989 e 2000, na medida em que eles traduzem a existência de dominância de *"rank"* entre qualquer par de distribuições analisadas. Saposnik (1981) e Bishop *et al.* (1992) demonstraram que a ocorrência de dominância de *"rank"* é suficiente para assegurar que qualquer medida de bem-estar social que aceite o critério de Pareto e o princípio de anonimato ordene inequivocamente duas distribuições de acordo com o critério de bem-estar social. Os resultados anteriores traduzem assim, inequivocamente, um aumento do bem-estar social ao longo dos anos 90 em Portugal.

A segunda constatação é a de que esse crescimento não beneficiou de igual forma todos os segmentos da distribuição, isto é, nem todos os indivíduos beneficiaram de igual forma da melhoria do bem-estar proporcionado pelo crescimento real do rendimento. Por exemplo, enquanto que o crescimento do rendimento real da parte inferior da distribuição (1.º decil) foi de 2.18% ao ano, no mesmo período a parte superior (10.º decil) registou um aumento de 3.69%. O crescimento ocorrido ao longo do período 1989-2000 foi claramente assimétrico, apresentando um padrão marcadamente diferente na primeira e na segunda parte da década, como se pode confirmar no quadro seguinte.

---

ser obtidos na distribuição SMM – Studentized Maximum Modulus a qual, para infinitos graus de liberdade e para decis, apresenta os valores críticos de 3.29 (a 1%) e de 2.80 (a 5%).

Quadro n.º 3-10
Distribuição Individual do Rendimento Disponível
por Adulto Equivalente
Taxas Anuais de Crescimento Real por Decis

Decil	Taxa de Crescimento		
	95-89	00-95	00-89
1	1.41	3.12	2.18
2	1.43	2.57	1.95
3	1.74	2.43	2.05
4	1.57	2.65	2.06
5	1.60	2.77	2.13
6	1.94	2.58	2.23
7	2.13	2.26	2.19
8	2.42	2.33	2.38
9	2.93	2.25	2.62
10	4.30	2.96	3.69
Total	2.68	2.60	2.64

Fonte: IOF 89/90, 94/95 e 2000. Cálculos efectuados pelo autor a partir dos micro-dados

Na primeira metade dos anos 90 (1989-95) registou-se uma taxa de crescimento média anual de 2.68%, mas esse crescimento é mais acentuado nas famílias que se situam na parte superior da distribuição. São predominantemente os agregados de rendimentos mais elevados os que mais beneficiam desse crescimento. Em particular, o acréscimo do rendimento é tanto maior quanto mais elevado for o decil a que pertencem os agregados. O último decil tem um acréscimo de rendimento três vezes superior ao do primeiro decil, o qual é inferior a 55% do crescimento médio. A distribuição do rendimento tornou-se, assim, mais assimétrica neste período.

No decorrer do período 1995/2000 mantém-se a tendência, ainda que menos acentuada, para um crescimento superior do rendimento dos decis mais elevados. Mas agora ocorre um facto novo: o primeiro decil da distribuição é aquele que regista um maior crescimento (3.12% ao ano), a que certamente não será alheio a implementação de novas políticas sociais dirigidas aos sectores da população mais carenciados, como a do Rendimento Mínimo Garantido, implementada a partir de 1997.

Se considerarmos o conjunto do período 1989-2000, verificamos que somente o último decil beneficiou de um crescimento superior ao crescimento médio. No entanto, os ganhos auferidos pelo primeiro decil na segunda metade dos anos 90 possibilita-lhe ter, no conjunto do período, um crescimento superior ao dos quatro decis seguintes.

A análise anterior quanto ao impacto do crescimento económico na repartição do rendimento pelos vários decis da distribuição pode ser aprofundada através da análise do Quadro n.º 3-11.

Quadro n.º 3-11
Distribuição Individual do Rendimento Disponível por Adulto Equivalente
Rendimento Médio de cada Decil
como percentagem da Média e da Mediana

Decil	% da Média			% da Mediana		
	1989	1995	2000	1989	1995	2000
1	32.0	29.8	30.5	38.0	37.2	37.6
2	47.5	44.2	44.1	56.4	55.2	54.3
3	58.3	55.2	54.7	69.1	68.9	67.3
4	68.9	64.6	64.7	81.7	80.6	79.7
5	79.5	74.6	75.2	94.3	93.1	92.6
6	89.9	86.1	86.1	106.7	107.6	106.0
7	103.3	100.1	98.5	122.6	125.0	121.2
8	120.7	118.9	117.4	143.2	148.5	144.5
9	150.9	153.1	150.5	179.0	191.2	185.3
10	249.2	273.8	278.6	295.7	342.0	343.0
Total	(-)	(-)	(-)	118.6	124.9	123.1

Fonte: IOF 89/90, 94/95 e 2000. Cálculos efectuados pelo autor a partir dos micro-dados

O quadro anterior apresenta o rendimento médio de cada decil como percentagem do rendimento médio e do rendimento mediano. A sua observação reafirma e aprofunda a leitura anteriormente realizada.

Na primeira metade dos anos 90 são os agregados situados acima do rendimento mediano que vêem a sua posição relativa melhorada, em particular os situados no último decil da distribuição. O rendimento médio do 10.º decil que em 1990 era cerca de 3.0 vezes o rendimento mediano passa a representar, em 1995, 3.4 desse mesmo rendimento.

Na segunda metade da década de 90, e tomando como referência o rendimento de cada decil comparativamente ao rendimento mediano, constatamos que somente o primeiro e o último decil da distribuição vêem a sua posição relativa melhorada.

O quadro seguinte sintetiza os ganhos e perdas auferidos por cada decil, ao longo do período em análise, através da observação da proporção do rendimento auferido por cada decil. A análise dos "t-ratio" associados às alterações ocorridas em cada período permite-nos uma apreciação estatística mais pormenorizada sobre as alterações verificadas.

Entre 1989 e 1995, o modelo de crescimento do rendimento disponível por adulto equivalente traduziu-se claramente num acréscimo da concentração do rendimento nas famílias e nos agregados mais 'ricos'. A proporção do rendimento auferida pelos agregados familiares dos sete primeiros decis sofre uma diminuição que é estatisticamente significativa. Somente o último decil beneficia de um incremento significativo, passando de 24.9 para 27.3%.

No segundo período em análise nenhuma das alterações registadas é estatisticamente significativa, embora se confirme uma vez mais o carácter 'bipolar' do processo de crescimento ocorrido, com o primeiro e o último decil a terem ganhos em termos das respectivas 'quotas' de rendimento.

Quadro n.° 3-12
Distribuição Individual do Rendimento Disponível por Adulto Equivalente
Proporções do Rendimento auferidas por cada Decil

Decil	1989	1995	2000	T - ratio t 95-89	T 00-95	t 00-89
1	0.0321	0.0298	0.0305	-4.79	1.55	-3.27
	(0.0003)	(0.0003)	(0.0003)			
2	0.0475	0.0442	0.0441	-6.45	-0.14	-6.54
	(0.0003)	(0.0004)	(0.0004)			
3	0.0583	0.0552	0.0547	-5.58	-0.75	-6.25
	(0.0004)	(0.0004)	(0.0004)			
4	0.0689	0.0647	0.0647	-7.06	0.02	-6.89
	(0.0004)	(0.0004)	(0.0004)			
5	0.0794	0.0744	0.0752	-8.01	1.15	-6.49
	(0.0004)	(0.0005)	(0.0005)			
6	0.0900	0.0863	0.0861	-5.62	-0.26	-6.00
	(0.0004)	(0.0005)	(0.0005)			
7	0.1033	0.1001	0.0989	-4.33	-1.62	-6.04
	(0.0005)	(0.0005)	(0.0005)			
8	0.1208	0.1189	0.1170	-2.25	-2.01	-4.44
	(0.005)	(0.0007)	(0.0007)			
9	0.1508	0.1531	0.1503	1.87	-2.21	-0.44
	(0.0008)	(0.0009)	(0.0009)			
10	0.2490	0.2734	0.2785	6.43	1.24	7.74
	(0.0025)	(0.0029)	(0.0029)			

Nota: Erros Padrão das estimativas entre parêntesis
Fonte: IOF 89/90, 94/95 e 2000. Cálculos efectuados pelo autor a partir dos micro-dados

A análise conjunta do Quadro n.° 3-9 e do Quadro n.° 3-12 permite-nos uma apreciação bastante rigorosa das principais alterações na distribuição do rendimento disponível por adulto equivalente entre 1989 e 2000. O crescimento real do rendimento verificado não beneficiou de igual forma todos os segmentos da distribuição, tendo-se revelado claramente assimétrico e alterando a parcela do rendimento auferida pelos vários grupos sociais. Essa alteração beneficiou os agregados de maiores rendimentos. Esta "imagem" da evolução ocorrida é particularmente nítida na primeira metade dos anos 90, quando o agravamento da assimetria da distribuição se acentuou de forma muito significativa. A melhoria relativa da posição dos agregados e dos indivíduos de menores recursos económicos entre 1995 e 2000 não se revelou suficiente para contrariar esta tendência, embora a atenuasse.

Os resultados a que chegamos acerca do padrão de crescimento do rendimento por adulto equivalente verificado ao longo na década de 90 em Portugal assumem uma importância acrescida na medida que representam uma completa inversão da tendência registada na década anterior. Rodrigues (1996), ao proceder à análise das alterações registadas nos anos 80, constatou que, naquele período, se assistiu a um aumento do rendimento real de todos os decis da distribuição, mas que esse aumento foi muito mais acentuado nas famílias que se situavam na parte inferior da distribuição.[70]

3.3.3. *A distribuição do rendimento em Portugal: alterações na desigualdade*

A análise efectuada nas duas secções anteriores evidenciou que ao longo dos anos 90 a distribuição do rendimento se tornou mais assimétrica, que o crescimento verificado se distribuiu de forma desigual entre os vários sectores da população. Nesta secção iremos quantificar as alterações ocorridas na desigualdade económica e identificar, de forma mais precisa, as zonas da distribuição do rendimento onde essas modificações ocorreram.

---

[70] Rodrigues (1996) demonstra, utilizando os Inquéritos aos Orçamentos Familiares de 1980/81 e de 1990, que nos anos 80 o rendimento disponível médio aumentou 14.6%, enquanto que o crescimento registado no primeiro decil da distribuição foi de 24.3%. Resultados semelhantes encontram-se em Gouveia (1998).

154 | Distribuição do Rendimento, Desigualdade e Pobreza

O Quadro n.º 3-13 e a Figura n.º 3-4 apresentam as ordenadas das curvas de Lorenz para os anos de 1989, 1995 e 2000 tomando como base os diferentes decis da distribuição.

Quadro n.º 3-13
Distribuição Individual do Rendimento Disponível por Adulto Equivalente
Curvas de Lorenz

Decil	1989	1995	2000	t 95-89	t – ratio t 00-95	t 00-89
1	0.0321	0.0297	0.0305	-4.79	1.55	-3.27
	(0.0003)	(0.0003)	(0.0003)			
2	0.0796	0.0739	0.0746	-6.16	0.71	-5.41
	(0.0006)	(0.0007)	(0.0007)			
3	0.1379	0.1291	0.1293	-6.36	0.15	-6.14
	(0.0009)	(0.0010)	(0.0010)			
4	0.2067	0.1938	0.1941	-6.98	0.12	-6.75
	(0.0012)	(0.0014)	(0.0014)			
5	0.2862	0.2682	0.2693	-7.68	0.41	-7.10
	(0.0015)	(0.0018)	(0.0018)			
6	0.3762	0.3545	0.3553	-7.70	0.28	-7.26
	(0.0018)	(0.0021)	(0.0022)			
7	0.4794	0.4546	0.4542	-7.54	-0.11	-7.53
	(0.0021)	(0.0025)	(0.0026)			
8	0.6002	0.5735	0.5712	-7.26	-0.57	-7.77
	(0.0024)	(0.0028)	(0.0029)			
9	0.7510	0.7266	0.7215	-6.43	-1.24	-7.74
	(0.0025)	(0.0029)	(0.0029)			
10	1.0000	1.0000	1.0000			

Notas: Valores em Euros a preços de 2000. Erros Padrão das estimativas entre parêntesis
Fonte: IOF 89/90, 94/95 e 2000. Cálculos efectuados pelo autor a partir dos micro-dados

Confrontando os valores da Curva de Lorenz para os anos de 1989 e de 2000 podemos confirmar um agravamento da desigualdade, na medida em que a curva referente ao último ano apresenta, para todos os decis, valores inferiores aos do período inicial. Assim, tem-se uma curva de Lorenz mais afastada da "linha de igual distribuição" e, consequentemente, uma distribuição mais desigual.

Entre 1989 e 1995 verifica-se, inequivocamente, a existência de dominância de Lorenz. A distribuição de 1989 domina à Lorenz a de 1995, correspondendo assim (Atkinson, 1970) a uma distribuição menos desigual. A existência de dominância de Lorenz significa que quaisquer medidas de desigualdade que respeitem as propriedades enunciadas no capítulo anterior serão coincidentes na ordenação da curva de 1995 como mais desigual do que a de 1989.

O mesmo se verifica quando confrontamos a curva de Lorenz de 1989 com a de 2000. A curva de 1989 domina à Lorenz a de 2000, traduzindo um explícito agravamento da desigualdade ao longo do conjunto da década.[71]

A comparação entre as curvas de Lorenz de 1995 e de 2000 revela que, apesar das curvas de Lorenz se interceptarem, a diferença entre as respectivas ordenadas nunca são estatisticamente significativas. Como se pode observar na Figura n.º 3-4, as duas curvas são praticamente coincidentes. Apesar da ausência de significância estatística, não deixa de ser relevante o facto de a curva de 2000 apresentar um menor nível de desigualdade que a de 1995 para o segmento inferior da distribuição, invertendo-se essa situação para os rendimentos mais elevados.

---

[71] De acordo com Bishop *et al.* (1992) o único valor da estatística t que não é significativo a 1%, quando confrontamos as distribuições de 1989 e 2000, é o valor correspondente ao 1.º decil, o que resulta do ligeiro ganho que a parte mais inferior da distribuição obteve entre 1995 e 2000. No entanto, o valor da estatística para esse decil é significativo a 5%.

156 | Distribuição do Rendimento, Desigualdade e Pobreza

Figura n.º 3-4
Distribuição Individual do Rendimento por Adulto Equivalente
Curvas de Lorenz

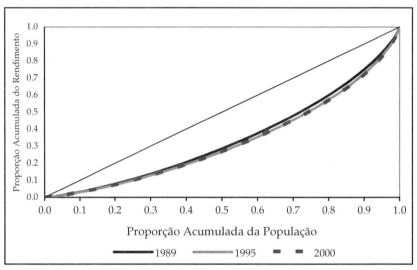

Fonte: Quadro anterior

A imagem que resulta das curvas de Lorenz é bastante nítida. Entre 1990 e 1995 assistiu-se a um agravamento da desigualdade, mantendo-se a assimetria da distribuição praticamente inalterada na segunda metade dos anos 90.

De forma a aprofundar o sentido e as áreas de particular incidência das alterações ocorridas na desigualdade ao longo do período em estudo, construiu-se a partir dos micro-dados a Figura n.º 3-5, onde estão representadas as diferenças entre as ordenadas de cada par de curvas de Lorenz.

A curva a negro corresponde à diferença nas ordenadas entre as curvas de Lorenz de 1995 e 1989. Como seria de esperar, dada a existência de dominância de Lorenz, toda a curva se situa abaixo de zero (a curva de 1995 é sempre inferior à de 1990). O aspecto mais saliente da observação desta curva radica, no entanto, na constatação de que o afastamento entre as duas curvas se revela progressivamente mais acentuado à medida que subimos na escala de rendimento. A conclusão que se pode retirar é a de que, embora o agravamento da desigualdade percorra toda a distribuição, ela é fortemente determinada pelo aumento da desigualdade na sua parte superior.

Figura n.º 3-5
Distribuição Individual do Rendimento por Adulto Equivalente
Diferenças entre as Ordenadas das Curvas de Lorenz

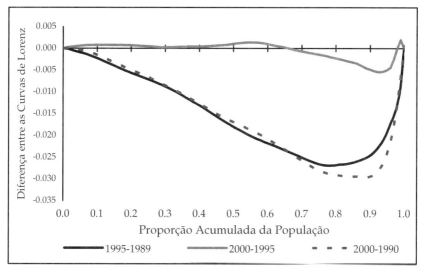

Fonte: IOF 89/90, 94/95 e 2000. Cálculos efectuados pelo autor a partir dos micro-dados

A comparação entre as curvas de 2000 e 1995 (linha a cinzento) revela uma imagem substancialmente diferente. Em primeiro lugar, a diferença entre as duas curvas é de magnitude reduzida, situando-se muito próxima do eixo horizontal correspondente ao valor 0. Em segundo lugar, as curvas cruzam-se no ponto correspondente a 67% da população, passando a diferença entre as respectivas ordenadas de positiva para negativa e acentuando-se a distância que as separa.

Ainda que, como vimos através do Quadro n.º 3-13, a magnitude das diferenças entre as duas curvas não seja estatisticamente significativa, o respectivo sinal permite algumas ilações quanto ao sentido das alterações registadas entre 1995 e 2000. Nos primeiros dois terços da distribuição regista-se uma ligeira melhoria da assimetria na distribuição do rendimento que é acompanhada de um agravamento mais acentuado da desigualdade no último terço da distribuição.

Por último, a comparação entre as curvas de 2000 e de 1989 (linha tracejada) dá-nos a imagem global das modificações ocorridas na desigualdade ao longo da década.

O agravamento da desigualdade ao longo de toda a distribuição é fortemente determinado pelas alterações ocorridas na primeira metade dos anos 90, em particular pelo acentuar da desigualdade na parte superior da distribuição. O período 1995-2000 atenua de alguma forma o acréscimo das desigualdades na parte inferior e média da distribuição, mas acentua de forma clara a assimetria ocorrida nos rendimentos mais elevados.

Podemos assim afirmar que o cunho distintivo do padrão do aumento da desigualdade económica em Portugal se deve essencialmente ao acréscimo da desigualdade ocorrido na parte superior da distribuição do rendimento.

O quadro seguinte, referente aos indicadores de desigualdade, confirma e consolida as principais conclusões já enunciadas.

Entre 1989 e 2000 todos os índices de desigualdade utilizados revelam um agravamento da desigualdade estatisticamente significativo. Os índices mais sensíveis à parte superior da distribuição são aqueles que revelam um maior crescimento. O índice de Atkinson com $\varepsilon = 0.5$ sobe 20.4% e o índice de entropia generalizada com $\theta = 2$ cresce 24.8%. O crescimento mais acentuado destes índices não pode deixar de ser associado aos fortes ganhos obtidos pelos agregados de maior rendimento em termos da proporção do rendimento total por estes auferido. O índice de Gini, apesar de um crescimento mais modesto, sofre um aumento superior a 3 pontos percentuais, passando de 31.7% em 1989 para 34.8% em 2000.

Quadro n.º 3-14
Distribuição Individual do Rendimento Disponível por Adulto Equivalente
Medidas de Desigualdade

	1989	1995	2000	t - ratio		
				t 95-89	t 00-95	t 00-89
Índice de Gini	0.3169	0.3473	0.3481	5.28	0.12	5.38
	(0.0030)	*(0.0049)*	*(0.0050)*			
Índice de Atkinson ($\varepsilon=0.5$)	0.0818	0.0979	0.0985	4.79	0.15	5.09
	(0.0018)	*(0.0029)*	*(0.0028)*			
Índice de Atkinson ($\varepsilon=1.0$)	0.1545	0.1810	0.1814	4.97	0.07	5.12
	(0.0027)	*(0.0046)*	*(0.0045)*			
Índice de Atkinson ($\varepsilon=2.0$)	0.2886	0.3205	0.3140	3.80	-0.71	3.13
	(0.0050)	*(0.0067)*	*(0.0063)*			
Índice de Entropia Generalizada ($\theta=-1.0$)	0.2028	0.2358	0.2288	3.74	-0.70	3.11
	(0.0050)	*(0.0073)*	*(0.0067)*			
Índice de Entropia Generalizada ($\theta=0$)	0.1678	0.1997	0.2002	4.94	0.06	5.07
	(0.0032)	*(0.0056)*	*(0.0055)*			
Índice de Entropia Generalizada ($\theta=1.0$)	0.1751	0.2136	0.2152	4.31	0.16	4.72
	(0.0049)	*(0.0074)*	*(0.0069)*			
Índice de Entropia Generalizada ($\theta=2.0$)	0.2332	0.2904	0.2910	2.57	0.03	2.83
	(0.0156)	*(0.0158)*	*(0.0131)*			

Notas: Erros Padrão das estimativas entre parêntesis
Fonte: IOF 89/90, 94/95 2000. Cálculos efectuados pelo autor a partir dos micro-dados

A análise da evolução dos índices de desigualdade nos dois sub-períodos (1989/1995 e 1995/2000) confirma, integralmente, as conclusões retiradas através da análise das curvas de Lorenz. Há um forte acentuar da desigualdade entre 1989 e 1995, com todos os índices de desigualdade a crescerem de forma significativa. Os índices mais sensíveis às transformações ocorridas entre os altos rendimentos apresentam maiores incrementos.

Entre 1995 e 2000 nenhum dos índices apresenta diferenças significativas, traduzindo uma vez mais uma certa manutenção dos níveis de desigualdade neste período. A intercepção das curvas de Lorenz de 1995 e 2000, ainda que também esta não seja estatisticamente significativa, conduz a que não exista concordância na ordenação entre os diversos índices. Os índices mais sensíveis aos rendimentos inferiores entre a população (Atkinson com $\varepsilon=2$ e índice de entropia generalizada com θ = -1) sugerem uma ténue redução da desigualdade enquanto todos os demais índices indiciam o seu agravamento.

A análise anterior quanto à avaliação diferenciada dada pelos vários índices, ou por diferentes valores dos parâmetros normativos de um mesmo índice, às alterações ocorridas na desigualdade pode ser observada de forma mais pormenorizada na Figura n.º 3-6.

Figura n.º 3-6
Distribuição Individual do Rendimento por Adulto Equivalente
Índice de Atkinson com diferentes Valores de Aversão à Desigualdade

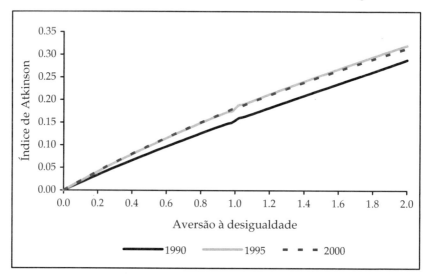

Fonte: IOF 89/90, 94/95 e 2000. Cálculos efectuados pelo autor a partir dos micro-dados

Na figura anterior procedeu-se à parametrização da aversão à desigualdade do índice de Atkinson para valores de ε compreendidos entre 0 e 2, estimando-se os correspondentes valores da desigualdade. Como vimos no Capítulo 2, a escolha de uma gama suficientemente alargada de valores para o parâmetro ε permite contemplar diferentes posturas normativas quanto à desigualdade económica e quanto ao peso relativo atribuído aos diferentes sectores da distribuição do rendimento.

A imagem obtida confirma uma vez mais a existência de dominância de Lorenz sobre a distribuição de 1989. Possibilita, igualmente, verificar como à medida que aumentamos o valor da aversão à desigualdade a distribuição em 2000 se torna menos desigual do que a sua congénere em 1995, traduzindo uma melhoria relativa da desigualdade na parte inferior da distribuição.

Um outro tipo de indicador que nos permite avaliar as principais alterações ocorridas na desigualdade é o "rácio de percentis". Embora este tipo de indicador seja menos robusto que os índices de desigualdade anteriormente apresentados, na medida em que não tem em conta todos os valores da distribuição, possui a vantagem de confrontar, de forma quase directa, as diferenças entre diferentes pontos da distribuição.

O Quadro n.º 3-15 apresenta diversos rácios de percentis para os três períodos em análise.

Quadro n.º 3-15
Rácios dos Percentis

	1989	1995	2000
P90 / P50	2.084	2.256	2.195
P75 / P50	1.430	1.473	1.438
P25 / P50	0.689	0.688	0.674
P10 / P50	0.493	0.480	0.474
P75 / P25	2.076	2.140	2.134
P90 / P10	4.228	4.697	4.628
P95 / P05	6.619	7.553	7.513

Fonte: IOF 89/90, 94/95 e 2000.
Cálculos efectuados pelo autor a partir dos micro-dados

A principal ilação que se pode retirar do quadro anterior é, uma vez mais, que as grandes alterações registadas na distribuição do rendimento e, consequentemente, na desigualdade resultam do aprofundar do fosso entre "os mais ricos" e "os mais pobres", traduzido no acréscimo dos rácios *P90/P10* e *P95/P05* ao longo do conjunto da década de 90. Note-se, no entanto, que esta tendência se deve, predominantemente, ao forte crescimento da desigualdade entre 1989 e 1995, sendo mesmo ligeiramente atenuada no período seguinte.

Um comportamento semelhante é verificável quando se analisa a distância entre os agregados de maior rendimento e os que se situam no centro da distribuição do rendimento (rácio *P90/P50*).

Situação inversa ocorre entre os agregados de menores rendimentos e os agregados da parte central da distribuição (rácios *P10/ /P50* e *P25/P50*). A distância que separa estes dois segmentos da distribuição de rendimento encurta-se, de forma sustentada, ao longo da década.

A análise dos diversos rácios de percentis corrobora, assim, a apreciação já anteriormente efectuada de que o agravamento da desigualdade em Portugal ao longo dos anos 90 se encontra profundamente associada ao aumento das disparidades na parte superior da distribuição.

Os resultados obtidos nesta secção e que patenteiam um expressivo incremento da desigualdade económica em Portugal entre 1989 e 2000, assumem uma importância acrescida na medida em que atenuam, ou mesmo anulam, a tendência registada nas décadas anteriores para um desagravamento da desigualdade.

Em estudo anterior, Rodrigues (1996) demonstra que se assistiu, ao longo da década de 80, *'a uma pequena mas inequívoca redução da desigualdade associada à distribuição individual do rendimento disponível por adulto equivalente'*. Também Pereirinha (1988), ao comparar o inquérito aos orçamentos familiares de 1980/81 com o precedente (realizado em 1973/74) detecta uma diminuição de cerca de 6 pontos percentuais no índice de Gini.

Mas não é exclusivamente na intensidade da desigualdade que é possível detectar alterações significativas. O próprio padrão da evolução da desigualdade sofreu mutações profundas ao longo das últimas décadas. No período 1973/74 a 1980/81, a redução da desigualdade beneficiou, fundamentalmente, os agregados situados na parte intermédia da escala de rendimento, penalizando as famílias de maiores rendimentos e, em menor escala, as de mais baixos rendimentos. Ao longo da década de 80, são preferencialmente os agregados com menores rendimentos que parecem "ganhar" com as alterações ocorridas na desigualdade. Nos anos 90, são os agregados situados na parte superior da distribuição aqueles que mais parecem beneficiarem do crescimento económico e das transformações ocorridas na desigualdade.

3.3.4. *A distribuição do rendimento em Portugal: pobreza económica*

Nas secções anteriores observámos as alterações ocorridas na distribuição do rendimento em Portugal ao longo dos anos 90, centrando a nossa atenção no padrão de crescimento verificado, na forma desigual como esse crescimento se propagou ao longo da escala dos rendimentos e na quantificação do seu impacto sobre a desigualdade económica.

O objectivo desta secção é o de analisar os efeitos das transformações ocorridas na distribuição do rendimento entre 1989 e 2000 sobre a pobreza económica. Vamos centrar a nossa atenção sobre as famílias e indivíduos que ocupam a parte inferior da distribuição do rendimento e cujos recursos económicos são insuficientes para que possam aceder a um conjunto de bens e serviços indispensáveis para usufruírem de um nível de vida mínimo satisfatório.[72]

O estudo da pobreza económica pressupõe o reconhecimento prévio de um limiar de rendimento que possibilite a identificação da população pobre, isto é, a determinação de uma dada linha de pobreza. Duas abordagens distintas são usualmente seguidas na

---

[72] Como referimos no Capítulo 2, a pobreza é um fenómeno multidimensional pelo que existem diferentes formas de pobreza: cultural, económica, social, etc. A abordagem seguida neste capítulo centra-se no estudo da distribuição dos recursos. O nosso objectivo é o de analisar um tipo específico de pobreza, centrado na carência de meios económicos, que podemos definir como pobreza económica ou financeira (Atkinson, 1998).

determinação das linhas de pobreza. A primeira consiste na determinação de uma linha de pobreza absoluta, definida como o custo de um cabaz mínimo de bens e serviços. O cabaz de bens que serve de base à construção da linha de pobreza mantém-se inalterado ainda que o nível médio de rendimento da população possa variar. Exemplo deste tipo de linha de pobreza é a linha de pobreza oficial construída nos E.U.A.[73] A segunda abordagem consiste na determinação de uma linha de pobreza estritamente relativa, na medida em que esta é definida como uma certa proporção do rendimento médio, ou mediano, do conjunto da população. A metodologia de construção da linha de pobreza que actualmente serve de referência aos estudos oficiais sobre a pobreza na União Europeia é deste segundo tipo, sendo definida como 60% do rendimento mediano por adulto equivalente.

Em Portugal não está definida nenhuma linha de pobreza de tipo absoluto que possa ser considerada como 'oficial', ou que traduza um certo consenso entre os diferentes investigadores do fenómeno da pobreza económica. No entanto, diversos estudos têm sido efectuados tentando aplicar esta metodologia à realidade portuguesa.

O primeiro estudo onde se procedeu ao apuramento de linhas de pobreza absolutas foi realizado por Costa et al. (1985) e posteriormente aprofundado e actualizado por Costa (1993)[74]. Ferreira (1997) procedeu a um rigoroso aprofundamento das metodologias de cálculo da linha de pobreza absoluta, utilizando a informação disponível no Inquérito aos Orçamentos Familiares

---

[73] As linhas de pobreza absoluta raramente são absolutas no sentido de se manterem inalteradas ao longo do tempo. A generalidade dos países que utilizam linhas de pobreza absoluta na tipificação da sua população pobre procede regularmente à sua actualização, de forma a ter em conta alterações no nível de vida médio e as expectativas da sociedade.

[74] O primeiro destes estudos foi efectuado com base no Inquérito às Receitas e Despesas Familiares de 1980/81, enquanto que o segundo se baseou no Inquérito aos Orçamentos Familiares de 1989/90.

de 1989/90. Também em Albuquerque *et al.* (2002) é possível encontrar uma tentativa de proceder à construção de uma linha de pobreza absoluta para Portugal, tomando como referência o ano de 2000.

A abordagem seguida ao longo desta secção é substantivamente diferente da seguida por estes autores. Em alternativa à metodologia de construção de uma linha de pobreza absoluta e a partir dela extrair ilações quanto à evolução da pobreza económica ao longo da década de 90, proceder-se-á aqui a uma análise de dominância de pobreza. Esta análise possibilitará uma ordenação das diferentes distribuições que não é influenciada pela escolha de uma linha de pobreza específica.

A Figura n.º 3-7 apresenta a função de distribuição do rendimento disponível por adulto equivalente para os três anos em análise. O eixo horizontal apresenta o rendimento por adulto equivalente, enquanto que o eixo vertical representa a proporção da população com um rendimento inferior ou igual a cada nível de rendimento considerado. Como discutimos no Capítulo 2, a função de distribuição pode ser interpretada como uma linha de incidência da pobreza, expressando para cada valor do rendimento a respectiva taxa de pobreza.

Uma análise preliminar da figura sugere a existência de dominância estocástica de primeira ordem entre cada um dos pares de distribuições consideradas, e para um intervalo suficientemente largo da escala de rendimento, o que permitiria sustentar a hipótese de uma redução gradual e sustentada da incidência da pobreza ao longo da década.

166 | Distribuição do Rendimento, Desigualdade e Pobreza

Figura n.° 3-7
Distribuição Individual do Rendimento por Adulto Equivalente
Função Distribuição – Curva de Incidência da Pobreza

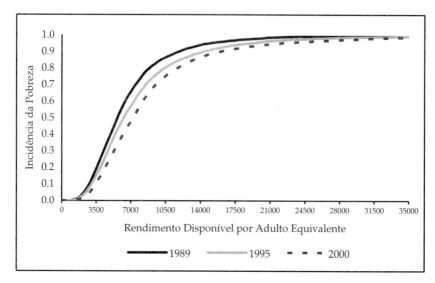

Fonte: IOF 89/90, 94/95 e 2000. Cálculos efectuados pelo autor a partir dos micro-dados

A análise anterior pode ser aprofundada restringindo o intervalo de rendimento onde se deve situar, com alguma razoabilidade, a linha de pobreza absoluta.

A opção seguida consistiu em considerar como limite inferior do espaço de variabilidade da linha de pobreza absoluta um valor correspondente a 40% do rendimento mediano por adulto equivalente em 1989 e como limite superior o montante de rendimento correspondente a 70% desse rendimento em 2000. Chegamos assim a um intervalo compreendido entre 2200 e 6500 euros/ano. De forma a abranger igualmente o valor correspondente ao valor anual da Pensão Social em 2000 decidiu-se diminuir o limite inferior para 1750 euros/ano.

A análise da dominância da pobreza que se segue admite pois que qualquer linha de pobreza absoluta "razoável" se situará no intervalo 1750-6500 euros/ano, ou seja, entre 145 e 542 euros por

Capítulo 3. Principais alterações na distribuição do rendimento... | 167

mês e por adulto equivalente. A escolha deste intervalo apresenta ainda a vantagem adicional de incluir todos os valores da linha de pobreza absoluta estimados nos estudos atrás enunciados.

A Figura n.º 3-8 apresenta as curvas de incidência da pobreza para diferentes valores da Linha de Pobreza absoluta contidos no intervalo seleccionado.

Figura n.º 3-8
Distribuição Individual do Rendimento por Adulto Equivalente
Incidência da Pobreza para várias valores da Linha de Pobreza Absoluta

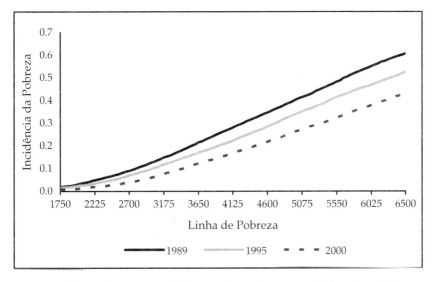

Fonte: IOF 89/90, 94/95 e 2000. Cálculos efectuados pelo autor a partir dos micro-dados

A observação da figura anterior confirma graficamente a existência de dominância estocástica de primeira ordem, com a curva de 1989 a evidenciar uma maior prevalência da pobreza do que a de 1995 e esta uma maior taxa de pobreza absoluta do que a de 2000.

O Quadro n.º 3-16 apresenta a estimação da taxa de pobreza para várias linhas de pobreza absoluta compreendidas entre 1750 e 6500 euros/ano por adulto equivalente. Apresenta igualmente o valor dos testes estatísticos que nos permitem analisar se a diferença entre os valores estimados são estatisticamente significativos (Kakwani, 1990,1993).

Quadro n.º 3-16
Distribuição Individual do Rendimento Disponível por Adulto Equivalente
Incidência da Pobreza para vários valores da Linha de Pobreza

Linha de Pobreza	1989	1995	2000	t – ratio t 95-89	t 00-95	t 00-89
1750	0.0189	0.0154	0.0078	-1.49	-3.09	-6.05
2000	0.0324	0.0245	0.0113	-2.65	-4.55	-9.37
2250	0.0511	0.0363	0.0199	-4.22	-4.76	-10.82
2500	0.0718	0.0518	0.0295	-4.96	-5.56	-12.23
2750	0.0954	0.0740	0.0419	-4.54	-6.77	-12.99
3000	0.1258	0.0975	0.0595	-5.28	-7.00	-13.90
3250	0.1562	0.1248	0.0829	-5.24	-6.67	-13.18
3500	0.1917	0.1527	0.1053	-5.97	-6.93	-14.15
3750	0.2275	0.1792	0.1314	-6.90	-6.47	-14.44
4000	0.2625	0.2087	0.1540	-7.21	-6.91	-15.29
4250	0.2984	0.2393	0.1801	-7.50	-7.03	-15.74
4500	0.3329	0.2702	0.2060	-7.68	-7.29	-16.17
4750	0.3673	0.3061	0.2342	-7.21	-7.78	-16.26
5000	0.4048	0.3424	0.2640	-7.13	-8.13	-16.54
5250	0.4380	0.3727	0.2897	-7.34	-8.36	-16.95
5500	0.4740	0.4081	0.3166	-7.28	-8.99	-17.62
5750	0.5125	0.4378	0.3468	-8.20	-8.76	-18.20
6000	0.5465	0.4648	0.3753	-8.94	-8.49	-18.57
6250	0.5793	0.4959	0.4044	-9.13	-8.58	-18.80
6500	0.6064	0.5259	0.4286	-8.84	-9.09	-19.07

Fonte: IOF 89/90, 94/95 e 2000. Cálculos efectuados pelo autor a partir dos micro-dados

O quadro anterior confirma que a distribuição de 1989 apresenta dominância estocástica de primeira ordem sobre a de 1995, a qual apresenta dominância estocástica sobre a de 2000 no intervalo de localização da linha de pobreza considerada. Todos os testes estatísticos são significativos a 1% com excepção do confronto entre as distribuições de 1990 e 1995 para valores do rendimento inferiores a 2250 que se revelam significativos a 5%[75].

Os resultados anteriores são particularmente relevantes na medida em que comprovam uma descida sustentada da pobreza absoluta ao longo da década, seja qual for a linha de pobreza estabelecida, dentro do intervalo considerado. Este resultado pode ser explicado pelo crescimento do rendimento médio por adulto equivalente entre 1989 e 1995 que, como vimos, se repartiu ainda que de forma desigual por todos os escalões de rendimento. Este crescimento conduziu a uma melhoria dos níveis de rendimento de toda a população, incluindo os de menores recursos, e provocou uma natural "erosão" de qualquer linha de pobreza que se mantivesse inalterada ao longo da década.

Apesar da robustez estatística das principais ilações retiradas do Quadro n.º 3-16 podemo-nos questionar se elas se manterão válidas para os mais pobres dos pobres, isto é, para as famílias e indivíduos com um rendimento por adulto equivalente inferior a 1750 euros/ano. Em primeiro lugar, saliente-se que abaixo do limiar mínimo para a linha de pobreza absoluta considerado encontram-se menos de 2% da população total, qualquer que seja o ano considerado[76]. Em segundo lugar, apesar de o rendimento destas famílias situadas no limite extremo da parte inferior da distribuição apresentar uma maior variabilidade amostral que torna não significativas as comparações das respectivas taxas de pobreza, os resultados anteriores não são invertidos pelo que podemos afirmar que se verifica dominância estocástica de primeira ordem para qualquer linha de pobreza compreendida entre zero e 6500 euros/ano.

---

[75] De acordo com Bishop *et al.* (1991) isso significa que a dominância de primeira ordem é estatisticamente significativa. Os valores críticos do teste estatístico para a diferença entre os parâmetros estimados são de 2.575 para um nível de confiança de 99% e de 1.96 para um nível de confiança de 95%.

[76] Com um rendimento inferior a 1750 euros/ano por adulto equivalente encontramos 1.9% da população em 1989, 1.5% em 1995 e 0.8% da população em 2000.

A verificação de dominância estocástica de primeira ordem na medição da pobreza absoluta, para qualquer linha de pobreza comum aos três anos e inferior ao valor tomado como limite superior, significa ainda que qualquer medida de pobreza pertencente à classe P^1 definida no Capítulo 2 ordenará a distribuição de 1990 como a que apresenta maiores níveis de pobreza e a de 2000 como a que exibe menor pobreza absoluta.

Toda análise da pobreza absoluta feita até agora é, como vimos, fortemente condicionada pelos efeitos do crescimento económico ocorrido ao longo da década. A consideração de linhas de pobreza relativas, endogeneizando na sua construção parte do crescimento económico, permitirá uma nova e complementar leitura das transformações ocorridas na pobreza económica em Portugal ao longo dos anos 90.

De forma a replicar a análise anteriormente realizada para as linhas de pobreza absoluta, construiu-se a distribuição dos rendimentos por adulto equivalente normalizados, dividindo-se o rendimento disponível de cada família, em cada um dos anos em estudo, pela respectiva mediana. A opção pela mediana, em detrimento da média, visa não somente obter resultados comparáveis com a generalidade dos estudos actualmente desenvolvidos na União Europeia mas também limitar o impacto sobre a linha de pobreza da existência de rendimentos extremamente elevados e de eventuais 'outliers'.

O Quadro n.º 3-17 apresenta a incidência da pobreza para diferentes valores da Linha de Pobreza, definidos como uma percentagem de rendimento mediano por adulto equivalente em cada ano.

A imagem que resulta da análise da incidência da pobreza relativa é agora substancialmente diferente. Em primeiro lugar, a generalidade dos testes estatísticos quanto às diferenças entre as taxas de pobreza para cada par de anos é não significativo, traduzindo uma estabilidade da prevalência da pobreza ao longo da década para a maioria das linhas de pobreza relativas definidas. Em segundo lugar, e aplicando o critério de dominância de primeira ordem definido por Bishop *et al.* (1991) para a incidência da pobreza, é possível identificar que a distribuição de 1989 domina quer a distribuição de 1995 quer a de 2000[77].

Quadro n.º 3-17
Distribuição Individual do Rendimento Disponível por Adulto Equivalente
Incidência da Pobreza para vários valores da Linha de Pobreza Relativa

Percentagem Da Mediana	1989	1995	2000	t – ratio t 95-89	t 00-95	t 00-89
20	0.0043	0.0044	0.0030	0.07	-1.00	-1.23
25	0.0095	0.0109	0.0092	0.71	-0.78	-0.22
30	0.0178	0.0193	0.0186	0.58	-0.22	0.35
35	0.0297	0.0346	0.0302	1.52	-1.19	0.15
40	0.0521	0.0530	0.0525	0.25	-0.13	0.09
45	0.0753	0.0822	0.0844	1.50	0.38	1.87
50	0.1043	0.1153	0.1198	2.00	0.68	2.72
55	0.1394	0.1489	0.1535	1.54	0.62	2.20
60	0.1764	0.1829	0.1910	0.99	1.05	2.17
65	0.2178	0.2178	0.2317	0.01	1.60	1.81
70	0.2584	0.2596	0.2750	0.15	1.65	2.02
75	0.2959	0.3010	0.3087	0.62	0.79	1.49
80	0.3359	0.3459	0.3539	1.16	0.78	2.01

Fonte: IOF 89/90, 94/95 e 2000. Cálculos efectuados pelo autor a partir dos micro-dados

Os dados do quadro anterior e o teste de dominância de primeira ordem que lhe está associado, sugerem um agravamento da incidência da pobreza relativa entre 1989 e 1995 e para o conjunto da década.

As distribuições de 1995 e de 2000 são equivalentes em termos de incidência da pobreza, na medida em que nenhuma das diferen-

---

[77] O critério de dominância de primeira ordem definido por Bishop *et al.* (1991) implica que, ao confrontarmos as ordenadas das curvas de incidência da pobreza entre duas distribuições, se existir pelo menos uma diferença positiva significativa e nenhuma diferença negativa significativa, então podemos afirmar a existência de dominância de primeiro grau. Se nenhuma das diferenças for estatisticamente significativa, então as duas distribuições são equivalentes em termos de incidência da pobreza.

ças entre as ordenadas das respectivas curvas de incidência da pobreza são significativas. Apesar da ausência de significância estatística, o confronto entre as curvas de 1995 e 2000 parece apontar para uma ligeira diminuição da incidência da pobreza para as linhas de pobreza mais baixas (para linhas de pobreza definidas abaixo dos 40% do valor do rendimento mediano) o que, mais uma vez, indicia uma pequena melhoria das condições de vida dos agregados e famílias mais desprotegidos na segunda metade dos anos 90.

A Figura n.º 3-9 permite uma visualização gráfica das curvas da incidência da pobreza apresentadas no quadro anterior.

Figura n.º 3-9
Distribuição Individual do Rendimento por Adulto Equivalente
Incidência da Pobreza para várias valores da Linha de Pobreza Relativa

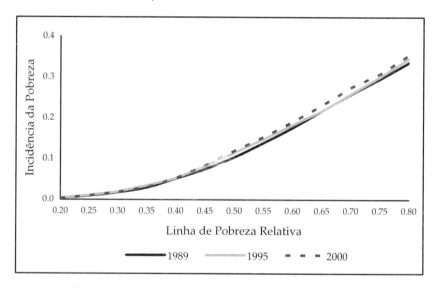

Fonte: IOF 89/90, 94/95 e 2000. Cálculos efectuados pelo autor a partir dos micro-dados

Um aspecto interessante da análise da incidência da pobreza e do teste de dominância de primeira ordem efectuado radica no facto de as linhas de pobreza relativa usualmente utilizadas na avaliação da pobreza económica (50-60% da mediana) serem precisamente aquelas onde as diferenças entre as taxas de pobreza são mais significativas ao longo do conjunto da década.

Se considerarmos como valor de referência a linha de pobreza 'oficial' utilizada pelo Eurostat (60% do rendimento mediano por adulto equivalente) então a taxa de pobreza cresce ao longo da década de 17.6% em 1989 para 19.1% em 2000, sendo esse acréscimo estatisticamente significativo a um nível de significância de 95%.

O Quadro n.º 3-18 apresenta os valores da linha de pobreza correspondente a 60% do rendimento mediano em cada um dos anos em estudo bem como as principais medidas de pobreza que lhe estão associadas.

Quadro n.º 3-18
Distribuição Individual do Rendimento Disponível por Adulto Equivalente
Medidas de Pobreza

	1989	1995	2000	t – ratio t 95-89	t 00-95	t 00-89
Linha de Pobreza (Euros)	3392.7	3776.5	4355.8			
(60% do Rendimento Mediano)	(23.2)	(40.3)	(46.1)			
Incidência da Pobreza – F(0)	0.1764	0.1829	0.1910	0.99	1.05	2.17
	(0.0038)	(0.0054)	(0.0056)			
Intensidade da Pobreza – F(1)	0.0433	0.0465	0.0470	1.13	0.19	1.67
	(0.0012)	(0.0019)	(0.0019)			
Severidade da Pobreza – F(2)	0.0163	0.0176	0.0170	0.99	-0.41	1.67
	(0.0006)	(0.0011)	(0.0010)			
Défice de Recursos Médio	146.7	175.5	204.6	3.07	2.36	5.56
	(4.6)	(8.1)	(9.3)			

Notas: Erros Padrão das estimativas entre parêntesis
Fonte: IOF 89/90, 94/95 2000. Cálculos efectuados pelo autor a partir dos micro-dados

A imagem que resulta desta linha de pobreza relativa de referência é a do agravamento das várias dimensões da pobreza económica ao longo da década. Quer a taxa de pobreza quer o défice de recursos médio sofrem um incremento significativo entre 1989 e 2000. Os restantes indicadores de pobreza, ainda que não sejam estatisticamente significativos, corroboram o sentido do agravamento das condições de pobreza.

Uma forma alternativa de visualizar a concordância dos vários indicadores de pobreza relativa é através da utilização das curvas TIP normalizadas, desenvolvidas por Jenkins e Lambert (1997). As curvas TIP permitem uma análise gráfica das diferentes dimensões da pobreza relativa, possibilitando a observação simultânea da incidência, da intensidade e da severidade da pobreza.

A incidência da pobreza é dada pelo valor da proporção acumulada da população na qual a linha TIP se torna horizontal. A intensidade é sumarizada pela altura da curva e a severidade pelo nível de concavidade da secção não horizontal da curva.

Figura n.º 3-10
Distribuição Individual do Rendimento por Adulto Equivalente
Incidência da Pobreza para várias valores da Linha de Pobreza Relativa

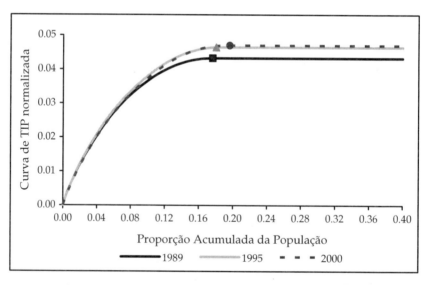

Fonte: IOF 89/90, 94/95 e 2000. Cálculos efectuados pelo autor a partir dos micro-dados

A Figura n.º 3-10 permite visualizar facilmente o crescimento da taxa de pobreza ao longo do período[78]. É igualmente claro o acréscimo da intensidade da pobreza de 1995 e de 2000 comparativamente ao período inicial. A análise da concavidade da parte não horizontal das curvas não sendo tão óbvia como as anteriores permite, no entanto, sustentar a hipótese de um acréscimo da severidade da pobreza entre 1989 e 1995, e também para o conjunto da década, mas aponta igualmente para um ligeiro declínio entre 1995 e 2000.

As curvas TIP normalizadas apresentadas na Figura n.º 3-10 confirmam assim que a distribuição do rendimento por adulto equivalente de 1989 domina, em termos das várias dimensões da pobreza, as distribuições dos anos posteriores sendo, consequentemente, a que apresenta menores índices de pobreza económica.

Os indicadores anteriores adquirem uma dimensão acrescida quando observamos a incidência real da pobreza económica em Portugal. O quadro seguinte ilustra a dimensão do fenómeno da pobreza económica, apresentando o número de agregados e de indivíduos em situação de pobreza.

Quadro n.º 3-19
Incidência da Pobreza (Linha de Pobreza = 60% do Rendimento Mediano por Ad.Eq.)

	1989		1995		2000	
	n.º	%	n.º	%	n.º	%
Agregados	666363	20.9	699100	21.3	849137	22.5
Indivíduos	1715709	17.6	1812995	18.3	1950376	19.1

Fonte: IOF 89/90, 94/95 e 2000. Cálculos efectuados pelo autor a partir dos micro-dados

O número de agregados em situação de pobreza sobe, ao longo da década, cerca de 2.7%, representando em 2000 cerca de 22.5% do

---

[78] Os pontos em que as curvas TIP passam a horizontal, correspondentes à taxa de pobreza associada a cada distribuição, surgem devidamente assinalados. Como vimos, a incidência da pobreza é de 17.6% em 1989, de 18.3% em 1995 subindo para 19.1% em 2000.

total dos agregados. Um milhão e novecentos e cinquenta mil portugueses apresentam, no mesmo período, uma situação de carência de recursos económicos que permite classificá-los como pobres.

A análise da pobreza económica realizada nesta secção permite uma visão suficientemente ampla das várias dimensões da pobreza económica em Portugal ao longo dos anos 90. A imagem, aparentemente contraditória, associada à análise da pobreza absoluta e da pobreza relativa realça, uma vez mais, o papel do padrão de crescimento do rendimento por adulto equivalente registado ao longo da década. O seu ritmo de crescimento foi suficientemente elevado para que todos os grupos sociais dele beneficiassem. Assim, verifica-se a redução de qualquer medida de pobreza absoluta sustentada por uma linha de pobreza inalterada ao longo do tempo. Por outro lado, o modelo de crescimento foi suficientemente desigual para que a posição relativa dos indivíduos de menor rendimento se deteriorasse, o que se reflecte no inevitável crescimento das medidas de pobreza relativa.

3.3.5. *A distribuição do rendimento em Portugal: medidas de bem-estar social*

Na secção 3.3.2 tivemos já a oportunidade de analisar o impacto do crescimento económico ocorrido entre 1989 e 2000 sobre o bem-estar social, através da análise da dominância de "rank". A conclusão então retirada foi a de que qualquer medida de bem-estar social que respeitasse o princípio de Pareto registaria um acréscimo de bem-estar social sustentado ao longo da década. O objectivo desta secção é o de aprofundar a análise das transformações ocorridas no bem-estar social, alargando o quadro de hipóteses sobre a própria noção de bem-estar social para que este não dependa exclusivamente do nível de crescimento, mas igualmente da sua distribuição.

A análise das curvas de Lorenz Generalizadas permite integrar na análise do bem-estar social o princípio das transferências e consequentemente introduzir uma preferência pela equidade na avaliação do bem-estar social (Shorrocks, 1983).

Figura n.º 3-11
Distribuição Individual do Rendimento por Adulto Equivalente
Curvas de Lorenz Generalizada

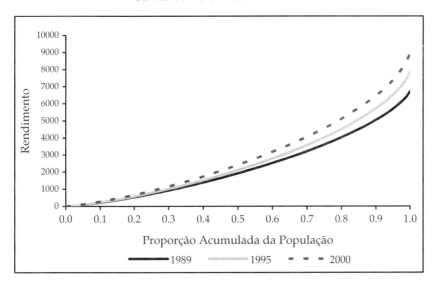

Fonte: IOF 89/90, 94/95 e 2000. Cálculos efectuados pelo autor a partir dos micro-dados

A Figura n.º 3-11 apresenta as Curvas de Lorenz Generalizadas para 1989, 1995 e 2000 sendo as suas ordenadas apresentadas no Quadro n.º 3-20. Como seria de esperar, verifica-se a existência de dominância de Lorenz Generalizada para qualquer par de distribuições consideradas.[79] O aumento do bem-estar social ao longo da década surge mais uma vez realçado, reflectindo agora as alterações registadas quer quanto à evolução dos rendimentos reais quer quanto às alterações ocorridas na sua distribuição.

---

[79] Note-se que a existência de dominância de *"rank"* implica a existência de dominância de Lorenz Generalizada, embora o inverso não seja verdadeiro. O critério de dominância de *"rank"* é equivalente ao critério de dominância estocástica de primeira ordem enquanto que a dominância de Lorenz Generalizada corresponde à dominância estocástica de segunda ordem.

Quadro n.° 3-20
Distribuição Individual do Rendimento Disponível por Adulto Equivalente
Curva de Lorenz Generalizada

Decil	1989	1995	2000	t – ratio t 95-89	t 00-95	t 00-89
1	215.1	233.9	272.7	5.54	10.23	16.23
	(2.2)	(2.6)	(2.8)			
2	533.9	581.3	667.0	7.32	11.48	19.29
	(4.1)	(5.0)	(5.5)			
3	925.0	1014.8	1155.8	9.11	12.17	21.51
	(6.2)	(7.6)	(8.7)			
4	1387.0	1523.5	1734.3	10.22	13.43	23.65
	(8.6)	(10.2)	(11.9)			
5	1919.8	2108.4	2406.5	10.93	14.37	25.26
	(10.9)	(13.4)	(15.9)			
6	2523.8	2786.4	3175.8	12.08	15.14	27.70
	(13.5)	(17.0)	(19.3)			
7	3216.5	3573.4	4059.5	13.34	15.35	29.10
	(16.6)	(21.0)	(23.7)			
8	4026.6	4507.7	5104.8	14.33	14.74	29.48
	(20.3)	(26.7)	(30.4)			
9	5038.6	5711.2	6448.2	15.26	13.75	29.28
	(26.3)	(35.3)	(40.3)			
10	6708.8	7860.4	8937.4	16.14	12.01	28.01
	(41.1)	(58.3)	(68.1)			

Notas: Valores em Euros a preços de 2000. Erros Padrão das estimativas entre parêntesis
Fonte: IOF 89/90, 94/95 e 2000. Cálculos efectuados pelo autor a partir dos micro-dados

A análise anterior é confirmada pelos diferentes índices de bem-estar social propostos por Jenkins (1994) e por Sen (1976), apresentados no Quadro n.° 3-21.[80]

---

[80] A expressão genérica destes índices de bem-estar social é, como vimos no Capítulo 2, dada pela expressão $\mu(1-I)$ onde μ corresponde à média da distribuição e I ao índice de Gini ou ao índice de Atkinson com diferentes valores de aversão à desigualdade. No caso do índice de bem-estar social associado ao índice de Atkinson, o seu valor corresponde precisamente ao do "rendimento igualmente distribuído'.

Quadro n.º 3-21
Distribuição Individual do Rendimento Disponível por Adulto Equivalente
Medidas de Bem-Estar

	1989	1995	2000	t - ratio		
				t 95-89	t 00-95	t 00-89
$W_{0.5}$	6160.2	7090.9	8057.0	11.70	8.91	20.87
	(37.7)	(70.0)	(82.7)			
$W_{1.0}$	5672.3	6437.9	7315.9	11.34	9.71	21.59
	(33.0)	(58.9)	(68.6)			
$W_{2.0}$	4772.4	5340.9	6131.3	8.61	9.87	19.75
	(36.6)	(55.0)	(58.3)			
$\mu (1 - G)$	4582.5	5130.8	5826.3	11.11	10.36	22.27
	(26.5)	(45.0)	(52.4)			

Notas: Valores em Euros a preços de 2000. Erros Padrão das estimativas entre parêntesis
Fonte: IOF 89/90, 94/95 e 2000. Cálculos efectuados pelo autor a partir dos micro-dados

Estes índices têm implícitas funções de bem-estar social que valorizam positivamente quer o nível de rendimento quer a igualdade na sua distribuição. A leitura que se pode efectuar da sua evolução é a de que se assistiu ao longo da década de 90 a uma melhoria contínua do nível de bem-estar dos portugueses, melhoria essa claramente sustentada no crescimento económico, o qual foi suficiente para neutralizar o impacto negativo sobre o bem-estar do acréscimo da desigualdade. A sociedade portuguesa tornou-se mais rica, o nível de vida do conjunto da população subiu mas, simultaneamente, tornou-se mais desigual e a posição relativa dos indivíduos de menores rendimentos deteriorou-se.

3.4. Sensibilidade dos resultados obtidos

Analisadas as principais alterações ocorridas na distribuição do rendimento por adulto equivalente torna-se pertinente verificar em que medida os resultados obtidos são sensíveis face às opções metodológicas assumidas, em particular, às que se referem à definição do rendimento, ao tipo de distribuição utilizada e à escala de equivalência adoptada.

3.4.1. *Sensibilidade dos resultados alcançados ao conceito de rendimento escolhido*

Um primeiro teste à robustez dos resultados alcançados nas secções anteriores concerne o próprio conceito de rendimento. Como vimos no início deste Capítulo, o conceito de rendimento utilizado como indicador dos recursos das famílias e dos indivíduos é extremamente abrangente, compreendendo quer os rendimentos monetários quer os rendimentos em géneros. Porém, muitos dos estudos efectuados sobre a distribuição do rendimento têm exclusivamente em conta os fluxos de rendimento de tipo monetário.

Será que os resultados e as conclusões retirados quanto às alterações na distribuição do rendimento se manteriam se utilizássemos exclusivamente o rendimento monetário? É o que pretendemos averiguar nesta secção.

O Quadro n.º 3-22 permite uma primeira avaliação do ritmo e do padrão de crescimento do rendimento monetário por adulto equivalente entre 1989 e 2000.[81] A comparação entre o Quadro n.º 3-22 e o Quadro n.º 3-10 permite-nos observar que o ritmo e o padrão de crescimento são muito semelhantes. Entre 1989 e 2000, o rendimento monetário por adulto equivalente registou um crescimento real anual de 3%, ligeiramente superior ao verificado no rendimento total (2.6%). A contracção da importância do rendimento não monetário na segunda metade da década (passando de 16 para 12% do rendimento total) afigura-se-nos como o principal determinante do menor ritmo de crescimento real do rendimento disponível.

---

[81] Na medida em que pretendemos analisar a sensibilidade dos resultados alcançados face ao conceito de rendimento utilizado, todas as demais opções metodológicas como o tipo de distribuição e a escolha da escala de equivalência se mantêm.

Quadro n.º 3-22
Distribuição Individual do Rendimento Monetário
por Adulto Equivalente
Taxas Anuais de Crescimento Real por Decis

Decil	Taxa de Crescimento		
	95-89	00-95	00-89
1	1.35	3.92	2.51
2	1.37	3.16	2.18
3	1.37	3.30	2.24
4	1.64	3.24	2.36
5	1.66	3.29	2.40
6	1.72	3.27	2.42
7	1.96	3.21	2.53
8	2.09	3.29	2.63
9	2.61	3.72	3.11
10	4.21	4.26	4.23
Total	2.53	3.63	3.03

Fonte: IOF 89/90, 94/95 e 2000. Cálculos efectuados
Pelo autor a partir dos micro-dados

O perfil do crescimento do rendimento monetário ao longo dos vários decis da distribuição é praticamente idêntico ao registado quando consideramos o rendimento total: um crescimento muito desigual, em benefício dos agregados de maiores rendimentos entre 1989 e 1995 e um ligeiro atenuar dessa tendência entre 1995 e 2000, sem contudo a inverter.

A análise da desigualdade do rendimento monetário apresenta, igualmente, um padrão bastante semelhante. A distribuição do rendimento de 1989 apresenta dominância de Lorenz sobre as distribuições de 1995 e de 2000. O Quadro n.º 3-23 exibe os vários índices de desigualdade para o rendimento monetário por adulto equivalente.

Quadro n.º 3-23
Distribuição Individual do Rendimento Monetário por Adulto Equivalente
Medidas de Desigualdade

	1989	1995	2000	t - ratio t 95-89	t 00-95	t 00-89
Índice de Gini	0.3285	0.3576	0.3658	4.76	1.11	6.22
Índice de Atkinson ($\varepsilon=0.5$)	0.0880	0.1048	0.1088	4.49	0.89	5.85
Índice de Atkinson ($\varepsilon=1.0$)	0.1682	0.1942	0.2005	4.46	0.89	5.70
Índice de Atkinson ($\varepsilon=2.0$)	0.3393	0.3520	0.3490	0.84	-0.26	0.70
Índice de Entropia Generalizada ($\theta=-1.0$)	0.2568	0.2715	0.2681	0.85	-0.25	0.70
Índice de Entropia Generalizada ($\theta=0$)	0.1841	0.2159	0.2237	4.42	0.89	5.64
Índice de Entropia Generalizada ($\theta=1.0$)	0.1865	0.2291	0.2377	4.23	0.74	5.53
Índice de Entropia Generalizada ($\varepsilon=2.0$)	0.2435	0.3208	0.3249	2.90	0.16	3.46

Fonte: IOF 89/90, 94/95 2000. Cálculos efectuados pelo autor a partir dos micro-dados

O facto mais saliente do quadro anterior, quando comparado com o Quadro n.º 3-14, é a não significância estatística do agravamento das desigualdades revelada pelos índices que atribuem uma maior ponderação à parte inferior da distribuição. O 'motor' do agravamento das desigualdades continua a ser o crescimento dos rendimentos mais elevados, o agravamento da assimetria entre os rendimentos mais reduzidos surge de alguma forma acentuado quando se consideram exclusivamente os rendimentos monetários.

A análise dos indicadores de pobreza económica relativa, tomando agora como referência um limiar de pobreza definido como 60% do rendimento monetário mediano por adulto equivalente, apresenta porém diferenças significativas, como se pode observar no Quadro n.º 3-24.

As linhas de pobreza correspondentes a 60% do rendimento monetário mediano são cerca de 14 a 17% mais baixas do que as correspondentes para o rendimento total. No entanto, as diferentes medidas de pobreza apresentam valores mais elevados quando se considera exclusivamente o rendimento monetário, o que sugere que o rendimento não monetário tem um efeito atenuador da pobreza económica.

A evolução dos indicadores de pobreza apresenta agora um comportamento diferenciado ao longo da década. Entre 1989 e 1995, todos os índices apresentam um incremento significativo que traduz um inequívoco acentuar da pobreza. Esta tendência é revertida na segunda metade dos anos 90, com todos os indicares a apresentarem uma redução da pobreza estatisticamente significativa. O balanço global da década é inconclusivo, com as distribuições de 1989 e de 2000 a revelarem-se equivalentes em termos de pobreza económica.

Quadro n.º 3-24
Distribuição Individual do Rendimento Monetário por Adulto Equivalente
Medidas de Pobreza

	1989	1995	2000	t 95-89	t 00-95	t 00-89
Linha de Pobreza (Euros)	2807.8	3229.0	3649.7			
Taxa de Pobreza – F(0)	0.1923	0.2249	0.2053	4.41	-2.34	1.91
Intensidade da Pobreza – F(1)	0.0526	0.0615	0.0541	3.28	-2.40	0.62
Severidade da Pobreza – F(2)	0.0216	0.0257	0.0211	2.37	-2.36	-0.30
Défice de Recursos Médio	147.8	198.7	197.6	5.02	-0.09	5.13

Fonte: IOF 89/90, 94/95 2000. Cálculos efectuados pelo autor a partir dos micro-dados

3.4.2. *Sensibilidade dos resultados alcançados face à distribuição de rendimento seleccionada*

De forma a verificar se as conclusões obtidas são suficientemente robustas face a diferentes definições de rendimento e de unidade de análise, construíram-se as seguintes distribuições:

    i) Distribuição do rendimento disponível dos agregados;

    ii) Distribuição do rendimento disponível *per capita* dos agregados;

    iii) Distribuição do rendimento disponível por adulto equivalente dos agregados;

iv) Distribuição individual do rendimento disponível *per capita*;

v) Distribuição individual do rendimento disponível por adulto equivalente;

O Quadro n.º 3-25 apresenta o rendimento disponível médio dos agregados correspondentes a cada uma das distribuições acima referidas.

Quadro n.º 3-25
Distribuição do Rendimento

	1989	1995	2000
Dist. Rendimento Disponível dos ADP's	12981.1	15192.2	15958.9
	(89.4)	(125.1)	(136.4)
Dist. Rendimento Disponível dos ADP's *per capita*	4432.6	5420.3	6341.6
	(30.6)	(46.3)	(55.4)
Dist. Rendimento Disponível dos ADP's por Ad.Equiv.	6635.0	7822.8	8845.8
	(43.2)	(61.4)	(71.7)
Dist. Individual do Rendimento Disponível *per capita*	4168.6	5035.1	5886.7
	(27.4)	(39.7)	(48.3)
Dist. Individual do Rendimento Disponível por Ad.Eq.	6708.8	7860.4	8937.4
	(41.1)	(58.3)	(68.1)

Notas: Valores em Euros a preços de 2000. Desvios padrão entre parêntesis.
Fonte: IOF 89/90, 94/95 e 2000. Cálculos efectuados pelo autor a partir dos micro-dados.

Como se pode verificar no Anexo I, a leitura dos três critérios de dominância (*"Rank"*, Lorenz e Lorenz Generalizado) para os diferentes decis da distribuição é coincidente para os cinco tipos de distribuição.

Em todas as distribuições analisadas verifica-se que a distribuição de 1995 domina de acordo com o critério de *"rank"* a distribuição de 1989, sendo por sua vez dominada pela de 2000. Ou seja, todas as cinco distribuições evidenciam um crescimento do rendimento real de todos os decis ao longo do período em análise.

Independentemente da distribuição utilizada, verifica-se igualmente que as várias curvas de Lorenz para 1989 se encontram mais próximas da linha de igual repartição do que as curvas de Lorenz de 1995 e de 2000. A verificação de dominância de Lorenz da curva de 1989 permite afirmar que os resultados a que chegámos quanto à evolução da desigualdade na distribuição do rendimento são suficientemente robustos.

Por último, a análise do critério de Lorenz Generalizado confirma igualmente os resultados já obtidos quanto à evolução do nível de bem-estar social. Para todas as distribuições verifica-se um contínuo acréscimo de bem-estar social ao longo do período em análise.

Para uma maior aferição da importância do conceito de rendimento e de unidade de análise na distribuição do rendimento, calcularam-se igualmente as diferentes medidas de desigualdade associadas a cada uma das cinco distribuições.

Quadro n.º 3-26
Sensibilidade das Medidas de Desigualdade face a diferentes conceitos de Distribuição

	Gini	Índice Atkinson			Índice Entropia Generalizada			
		$\varepsilon = 0.5$	$\varepsilon = 1.0$	$\varepsilon = 2.0$	$\theta = -1.0$	$\theta = 0$	$\theta = 1.0$	$\theta = 2.0$
1989								
Dist.Rend.Disp.ADPs	0.3703	0.1125	0.2187	0.4156	0.3556	0.2468	0.2328	0.2941
Dist.rend.Disp.ADPs per capita	0.3361	0.0924	0.1709	0.3074	0.2219	0.1874	0.2028	0.2961
Dist.Rend.Disp.ADPs por ad.eq.	0.3327	0.0898	0.1690	0.3100	0.2246	0.1851	0.1930	0.2631
Dist.Indiv.Rend.Disp.per capita	0.3277	0.0879	0.1648	0.3041	0.2185	0.1801	0.1904	0.2676
Dist.Indiv.Rend.Disp.por ad.eq.	0.3169	0.0819	0.1549	0.2886	0.2028	0.1683	0.1751	0.2332
1995								
Dist.Rend.Disp.ADPs	0.3998	0.1296	0.2458	0.4393	0.3917	0.2821	0.2739	0.3580
Dist.rend.Disp.ADPs per capita	0.3716	0.1133	0.2040	0.3447	0.2631	0.2282	0.2250	0.3852
Dist.Rend.Disp.ADPs por ad.eq.	0.3644	0.1072	0.1969	0.3393	0.2568	0.2193	0.2351	0.3256
Dist.Indiv.Rend.Disp.per capita	0.3566	0.1042	0.1914	0.3359	0.2530	0.2125	0.2296	0.3274
Dist.Indiv.Rend.Disp.por ad.eq.	0.3473	0.0981	0.1816	0.3205	0.2358	0.2004	0.2136	0.2904
2000								
Dist.Rend.Disp.ADPs	0.4039	0.1315	0.2469	0.4325	0.3810	0.2835	0.2799	0.3663
Dist.rend.Disp.ADPs per capita	0.3731	0.1141	0.2044	0.3403	0.2579	0.2287	0.2570	0.3818
Dist.Rend.Disp.ADPs por ad.eq.	0.3657	0.1080	0.1970	0.3345	0.2514	0.2194	0.2380	0.3288
Dist.Indiv.Rend.Disp.per capita	0.3598	0.1061	0.1930	0.3302	0.2464	0.2144	0.2357	0.3373
Dist.Indiv.Rend.Disp.por ad.eq.	0.3481	0.0984	0.1812	0.3140	0.2289	0.1999	0.2153	0.2910

Fonte: IOF 89/90, 94/95 e 2000. Cálculos efectuados pelo autor a partir dos micro-dados

O Quadro n.º 3-26 permite novamente evidenciar que o acréscimo da desigualdade entre 1989 e 1995 ou entre 1989 e 2000 é suficientemente robusto qualquer que seja a distribuição do rendimento e o índice de desigualdade utilizados. Independentemente da distribuição do rendimento seleccionada, a conclusão é unânime: a sociedade portuguesa era em 2000 uma sociedade mais desigual do que aquela que existia em 1989.

A equivalência entre as curvas de Lorenz de 1995 e 2000 não possibilita retirar conclusões claras quanto à evolução da desigualdade neste período entre os vários tipos de distribuição. A imagem que emerge do quadro anterior, quando analisamos a evolução da desigualdade entre 1995 e 2000, é a de que mais importante do que o tipo de distribuição escolhido é o índice de desigualdade seleccionado.

O quadro anterior evidencia igualmente que, para a generalidade dos índices, à medida que nos deslocamos da distribuição i) para a distribuição v) confrontamo-nos com níveis de desigualdade progressivamente menores. Este resultado sugere que se não corrigirmos o rendimento disponível de acordo com a dimensão e composição dos agregados, e ainda se não ponderarmos os agregados pelo número de indivíduos, corremos o risco de sobrestimar a desigualdade total.

O Quadro n.º 3-27 apresenta os três índices de pobreza desenvolvidos por Foster, Greer, e Thorbecke para os vários tipos de distribuição do rendimento, considerando como linha de pobreza o rendimento correspondente a 60% do rendimento mediano de cada distribuição.

A principal ilação que se retira deste quadro é a de que, qualquer que seja a distribuição considerada, se assiste a um incremento da prevalência da pobreza $(F(0))$ na primeira metade da década de 90. Este aumento da taxa de pobreza é, em alguns casos, parcialmente invertido na segunda parte da década.

A análise das restantes dimensões da pobreza assume um carácter inconclusivo. Como podemos verificar no Anexo II, o teste às diferenças entre a generalidade dos índices de pobreza revela-se estatisticamente não significativo. Assim, torna-se difícil distinguir em que medida as diferenças de comportamento dos índices de pobreza resultam de uma sensibilidade acrescida dos indicadores de pobreza face à escolha do tipo de distribuição do rendimento ou simplesmente da variabilidade amostral.

Quadro n.º 3-27
Sensibilidade das Medidas de Pobreza face a diferentes conceitos de Distribuição

	Índice FGT normalizado		
	Incidência F(0)	Intensidade F(1)	Severidade F(2)
1989			
Dist.Rend.Disp.ADPs	0.2523	0.0926	0.0458
Dist.rend.Disp.ADPs *per capita*	0.1793	0.0409	0.0146
Dist.Rend.Disp.ADPs por ad.eq.	0.1992	0.0505	0.0190
Dist.Indiv.Rend.Disp.*per capita*	0.1798	0.0432	0.0167
Dist.Indiv.Rend.Disp.por ad.eq.	0.1764	0.0433	0.0163
1995			
Dist.Rend.Disp.ADPs	0.2686	0.0959	0.0462
Dist.rend.Disp.ADPs *per capita*	0.1840	0.0436	0.0160
Dist.Rend.Disp.ADPs por ad.eq.	0.2003	0.0500	0.0183
Dist.Indiv.Rend.Disp.*per capita*	0.1830	0.0462	0.0183
Dist.Indiv.Rend.Disp.por ad.eq.	0.1829	0.0465	0.0176
2000			
Dist.Rend.Disp.ADPs	0.2808	0.0964	0.0441
Dist.rend.Disp.ADPs *per capita*	0.1757	0.0407	0.0145
Dist.Rend.Disp.ADPs por ad.eq.	0.1994	0.0477	0.0168
Dist.Indiv.Rend.Disp.*per capita*	0.1785	0.0433	0.0164
Dist.Indiv.Rend.Disp.por ad.eq.	0.1910	0.0470	0.0170

Fonte: IOF 89/90, 94/95 e 2000. Cálculos efectuados pelo autor a partir dos micro-dados

A única conclusão segura que podemos retirar é a de que os resultados obtidos quanto à pobreza relativa devem ser interpretados com cuidados adicionais, em particular ao longo da segunda metade dos anos 90.

3.4.3 Sensibilidade dos resultados alcançados face à escala de equivalência seleccionada

Uma das opções metodológicas mais sensíveis no estudo da distribuição do rendimento prende-se com a selecção da escala de equivalência utilizada para construir a distribuição do rendimento por adulto equivalente. Não existindo uma razão óbvia e consensual para se optar por uma determinada escala em detrimento de outra, importa analisar em que medida os resultados alcançados são condicionados por esta escolha.

Uma via possível de quantificar os efeitos da escolha de uma dada escala de equivalência sobre a análise da distribuição do rendimento consiste na parametrização da elasticidade de equivalência.

Suponhamos que a escala de equivalência depende exclusivamente da dimensão do agregado n e de um parâmetro δ (elasticidade de equivalência). O rendimento equivalente y^* pode ser escrito como $y^* = y_i / n_i^\delta$.

Valores elevados de δ correspondem a pequenas economias de escala. O caso $\delta = 0$ implica a inexistência de qualquer ajustamento, enquanto que $\delta = 1$ implica a igualdade entre o rendimento equivalente e o rendimento *per capita*.[82]

Qualquer escala de equivalência, como por exemplo a escala de equivalência da OCDE modificada, pode ser aproximada por

---

[82] A parametrização das escalas de equivalência pode ser alargada de forma a considerar-se mais do que um parâmetro. Jenkins e Cowell (1994) sugerem a utilização das seguintes formas funcionais:

$$M1 = 1 + \alpha (n_A - 1) + \beta n_C \; ; \; M2 = (n_A + \mu n_C)^\theta$$

onde n_A e n_C representam, respectivamente, o número de adultos e crianças existentes no agregado. A escala da OCDE pode ser interpretada como um caso particular de M1 com $\alpha=0.7$ e $\beta=0.5$. A análise de sensibilidade das medidas de desigualdade para Portugal, utilizando as escalas de equivalência acima referidas, confirma os resultados mais simples apresentados obtidos com um único parâmetro.

uma função do tipo acima descrito. No caso de Portugal a escala de equivalência da OCDE modificada corresponde a um valor de δ próximo de 0.6.[83]

No Anexo III são apresentadas estimativas para os vários índices de desigualdade e de pobreza relativos correspondentes a diferentes valores para a elasticidade de equivalência.

Apesar da magnitude dos diferentes índices de desigualdade se alterar de forma significativa, quando modificamos a escala de equivalência, os resultados obtidos quanto à evolução da desigualdade em Portugal mantêm-se inalterados.

Analisemos, a título de exemplo, o que acontece com o índice de Gini. A Figura n.º 3-12 apresenta o índice de Gini para cada um dos três anos em análise e para diferentes valores da elasticidade de equivalência compreendidos entre 0 e 1.

Figura n.º 3-12
Sensibilidade das Medidas de Desigualdade Face a Diferentes Escalas de Equivalência – Índice de Gini

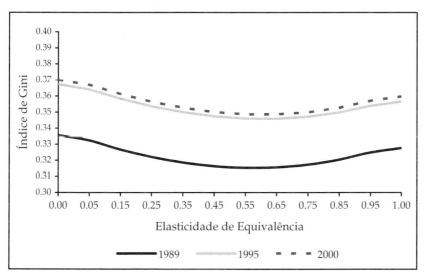

Fonte: IOF 89/90, 94/95 e 2000. Cálculos efectuados pelo autor a partir dos micro-dados

---

[83] Os valores exactos estimados para a elasticidade de equivalência em Portugal são de 0.616 em 1989, 0.633 em 1995 e 0.619 em 2000.

Se considerarmos o valor do índice de Gini em 2000 este oscila entre 0.349 para um valor de δ próximo de 0.6 e 0.370 para δ igual a zero. No entanto, e apesar deste intervalo de variação, a leitura da evolução da desigualdade ao longo da década mantém-se constante. Para qualquer valor da elasticidade de equivalência, logo para qualquer escala de equivalência seleccionada, regista-se um forte agravamento da desigualdade entre 1989 e 1995, seguido de um ligeiro acréscimo entre 1995 e 2000. A existência de dominância de Lorenz da distribuição de 1989 sobre as distribuições dos anos subsequentes surge mais uma vez claramente retratada.

Se, em vez do índice de Gini, utilizássemos um índice mais sensível à parte inferior da distribuição as principais conclusões não se alteravam. A Figura n.º 3-13 apresenta os diferentes valores do índice de Atkinson com um parâmetro de aversão à desigualdade de 2.

Figura n.º 3-13
Sensibilidade das Medidas de Desigualdade Face a Diferentes Escalas de Equivalência – Índice de Atkinson (ε = 2)

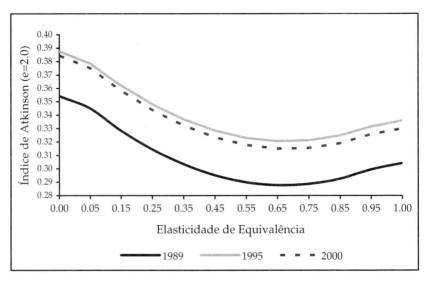

Fonte: IOF 89/90, 94/95 e 2000. Cálculos efectuados pelo autor a partir dos micro-dados

O perfil de evolução do índice de Atkinson para diferentes valores de δ é semelhante ao do índice de Gini. O agravamento inequívoco da desigualdade na primeira metade da década é, uma vez mais, invariante face à elasticidade de equivalência seleccionada. A ligeira diminuição da desigualdade ocorrida entre 1995 e 2000, de sentido oposto ao expresso pelo índice de Gini, reforça a conclusão anterior do cruzamento das curvas de Lorenz de 1995 e de 2000, com a consequente discordância da ordenação da desigualdade entre vários índices.

A análise da sensibilidade dos resultados sobre as transformações ocorridas na desigualdade face à escolha da escala de equivalência efectuada para estes dois índices pode ser alargada para os restantes índices com resultados semelhantes. O aspecto fundamental que importa realçar é de que os resultados obtidos quanto à evolução da desigualdade em Portugal se afiguram robustos face a um vasto espectro de opções quanto ao valor das economias de escala.

Um último aspecto a destacar prende-se com a diferença de magnitude dos diferentes índices quando fazemos variar a elasticidade de equivalência. Como vimos, o valor da elasticidade de equivalência implícito na escala de equivalência da OCDE modificada é em Portugal de aproximadamente 0.6. Para a generalidade dos índices estimados este valor situa-se na área de menor magnitude do valor do índice. Apesar desse facto não afectar a análise realizada acerca da evolução da desigualdade, há que ter em conta que ao confrontar as estimativas obtidas com a escala de equivalência da OCDE modificada com as estimativas obtidas com outras escalas é previsível que as primeiras obtenham valores mais reduzidos.

Contrariamente ao que observamos quanto aos índices de desigualdade, a análise da evolução das medidas de pobreza parece revelar-se muito mais dependente da escala de equivalência seleccionada[84].

---

[84] A significativa dependência dos indicadores de pobreza em Portugal face à escala de equivalência utilizada foi anteriormente salientada, e discutida, por Ferreira (1997).

A Figura n.º 3-14 apresenta a taxa de incidência da pobreza para diferentes valores da elasticidade de equivalência. A taxa de pobreza para o ano 2000 apresenta uma variação entre os 17.4% para um valor de δ próximo de 0.85 e 23.5% para δ igual a zero.

No entanto, agora não é somente a magnitude da incidência da pobreza que varia com a alteração das escalas de equivalência, mas igualmente a ordenação e a distância relativa entre as diferentes distribuições. Apesar de, em termos da incidência da pobreza, o tipo de dominância se manter inalterada face à escolha da escala de equivalência, a imagem que resulta da Figura n.º 3-14 traduz uma menor robustez dos resultados obtidos face à escala de equivalência escolhida.

A análise da sensibilidade da intensidade e da severidade da pobreza face à escolha da escala de equivalência confirma a fraca robustez dos resultados já detectada na incidência da pobreza (Anexo III).

Figura n.º 3-14
Sensibilidade das Medidas de Pobreza Face a Diferentes Escalas de Equivalência – Índice de Pobreza (F0)

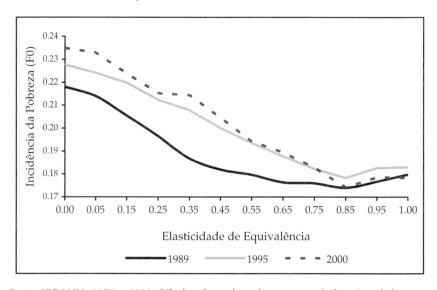

Fonte: IOF 89/90, 94/95 e 2000. Cálculos efectuados pelo autor a partir dos micro-dados

A leitura a que procedemos das principais alterações registadas na distribuição pessoal do rendimento, na desigualdade e na pobreza constitui somente uma primeira observação, em grande parte descritiva, das mutações ocorridas na distribuição do rendimento entre 1989 e 2000. A identificação dos seus determinantes e a compreensão dos mecanismos geradores da desigualdade e da pobreza é uma tarefa diferente que pressupõe a consideração explícita dos diferentes grupos sociais existentes na sociedade, das diferentes dinâmicas das várias fontes do rendimento e ainda dos impactos redistributivos da política económica. É o que nos propomos discutir nos capítulos 4 e 5.

Capítulo 4:
Principais determinantes das alterações ocorridas na distribuição do rendimento

4.1. Introdução

No capítulo 3 procedeu-se à descrição das principais alterações ocorridas na distribuição pessoal do rendimento, na desigualdade e na pobreza entre 1989 e 2000. Ainda que a imagem obtida apresente contornos bastante nítidos quanto às tendências mais relevantes da evolução verificada, a interpretação dessas alterações pressupõe a identificação dos seus determinantes e a compreensão dos mecanismos geradores da desigualdade e da pobreza.

O objectivo deste capítulo é o de identificar as alterações ocorridas na sociedade portuguesa que possam ser interpretadas como factores explicativos da evolução verificada na distribuição do rendimento.

A metodologia seguida assenta na utilização de um conjunto exaustivo de técnicas de decomposição da desigualdade e da pobreza de forma a testar cada um dos factores explicativos considerados.

As técnicas de decomposição da desigualdade, já apresentadas no capítulo 2, são de dois tipos: decomposição por grupos socio-económicos e decomposição por fontes de rendimento. A utilização destes dois tipos de decomposição justifica-se pelo facto de alguns dos factores explicativos enunciados serem mais facilmente analisados através dos seus efeitos sobre determinados grupos sociais, enquanto que outros são mais facilmente observáveis através do seu impacto sobre determinadas fontes de rendimento.

No que concerne às medidas de pobreza proceder-se-á à decomposição dos índices pertencentes à família de índices Foster--Greer-Thorbecke (FGT) pelas mesmas categorias sociais que serviram de base à decomposição da desigualdade por grupos socioeconómicos.

De forma a estabelecer a relação entre as várias técnicas de decomposição e os diferentes factores explicativos das alterações na distribuição de rendimento[85], torna-se necessário associar a cada hipótese explicativa uma ou mais técnicas de decomposição e identificar quais as variáveis relevantes. Esta associação nem sempre é directa, na medida em que alguns dos factores explicativos podem estar inter-relacionados e, por outro lado, a decomposição de uma determinada variável pode ilustrar mais do que um factor explicativo.

Os factores considerados são os seguintes:

i) Alterações nas assimetrias regionais associadas a uma maior parcela da população habitando em áreas urbanas: as profundas diferenças entre regiões, a dualidade entre o interior e o litoral ou entre a cidade e o campo, são usualmente apontadas como um dos principais factores da assimetria na distribuição do rendimento;

ii) Alterações na estrutura etária da população: o envelhecimento da população associado a uma profunda redução na taxa de fertilidade e ao aumento da longevidade não pode deixar de se repercutir na estrutura e na taxa de crescimento dos

---

[85] A associação entre as várias técnicas de decomposição e os diferentes factores explicativos das alterações na distribuição de rendimento foi ensaiada pela primeira vez, de forma exaustiva e integrada, por Jenkins (1995). No entanto, a análise de Jenkins visava apenas explicar as alterações ocorridas na desigualdade no Reino Unido pelo que a sua metodologia se circunscrevia à utilização de técnicas de decomposição da desigualdade.

rendimentos assim como nas diferenças dos rendimentos, em particular dos salários, entre os diferentes escalões etários;

iii) Alterações na composição dos agregados: o declínio da taxa de natalidade e os aumentos da idade média de casamento e da taxa de divórcio contribuíram para a alteração da "família tipo" tradicional, conduzindo, designadamente, a uma progressiva diminuição do número médio de indivíduos por agregado. Estas alterações na dimensão e composição dos agregados familiares reflectem-se na repartição dos rendimentos na medida em que, por um lado, alteram a capacidade de obtenção de recursos pelos diferentes tipos de agregados e, por outro, alteram a distribuição dos rendimentos no seu interior, enfraquecendo a respectiva capacidade de apoio aos seus elementos mais desprotegidos economicamente. O aumento do número de agregados constituídos por um único indivíduo adulto, geralmente de baixos rendimentos, como no caso das famílias monoparentais ou nos agregados compostos por idosos vivendo sós, também se traduz num acentuar das situações de desigualdade;

iv) Alterações no nível médio de instrução: o prolongamento da escolaridade obrigatória e o aumento da população com formação escolar relativamente a todos os graus de ensino acarretaram mudanças profundas no sistema educativo que se repercutiram na distribuição do rendimento, alterando o perfil dos trabalhadores em, praticamente, todos os sectores de actividade;

v) Alterações na participação da população na actividade produtiva: o acréscimo dos agregados sem qualquer ligação directa com a actividade produtiva e cujos rendimentos são provenientes, exclusivamente, de transferências sociais constitui um dos aspectos mais relevantes na alteração da estrutura da população com repercussões imediatas na estrutura e distribuição dos rendimentos;

vi) Alterações na estrutura do emprego: as alterações na estrutura do emprego, normalmente identificadas com o declínio da actividade agrícola e o reforço do sector dos serviços, constituem igualmente factores com forte impacto na distribuição dos rendimentos. Outros factores importantes são o aumento da participação das mulheres em praticamente todos os sectores da actividade económica, a melhoria do nível médio das qualificações e a antecipação da idade média de reforma;

vii) Alterações na estrutura dos rendimentos familiares: as modificações na composição do rendimento e na relação entre componentes provenientes de diferentes origens têm fortes repercussões na distribuição do rendimento;

viii) Alterações nas assimetrias salariais: o aumento das diferenças salariais é, usualmente, apontado como um dos principais factores explicativos das alterações ocorridas na distribuição dos rendimentos;

ix) Alterações no impacto da política redistributiva: o aumento do papel redistributivo do Estado, quer através da política fiscal quer da política social, é hoje certamente um dos factores determinantes da distribuição dos rendimentos.

Os factores enunciados não esgotam os determinantes potenciais do padrão da distribuição do rendimento e da sua evolução entre 1989 e 2000. A sua selecção é condicionada pela disponibilidade da informação contida nos IOFs e pelas técnicas que iremos utilizar para verificar a sua relevância explicativa. De fora ficam alguns factores de importância inquestionável como o aprofundamento da integração de Portugal na União Europeia[86] ou o processo de liberalização/desregulamentação da economia ocorrido neste período. Ainda que a informação disponível não nos permita testar directamente a sua importância, os factores explicativos enunciados captam certamente, ainda que de forma indirecta, alguns dos seus principais efeitos.

---

[86] Para uma análise do processo de integração de Portugal na UE e das suas consequências sobre a repartição do rendimento veja-se Gouveia (1998) e Jimeno *et al.* (2000).

A figura seguinte associa os diferentes factores explicativos às técnicas de decomposição e às variáveis que iremos utilizar para os testar.

Figura n.º 4-1
Associação entre os Factores Explicativos e as Técnicas de Decomposição

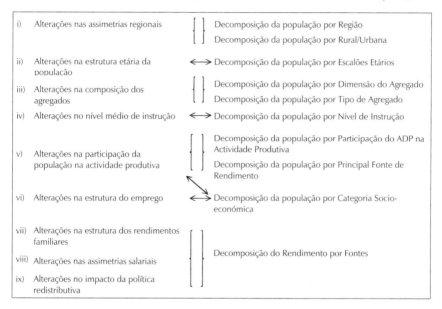

Uma crítica possível à utilização de técnicas de decomposição para avaliar a capacidade explicativa dos diferentes factores é o de estas se restringirem aos índices que são decomponíveis. Porém, a probabilidade de as conclusões sobre os factores explicativos serem tributárias dos índices seleccionados para as diferentes técnicas aparece fortemente reduzida face aos resultados alcançados no Capítulo 3, onde se mostrou que a caracterização em aspectos essenciais da distribuição do rendimento era robusta face à bateria de indicadores seleccionados.

4.2. Alterações nas assimetrias regionais

As diferenças regionais na formação e na distribuição do rendimento são, tradicionalmente, apontadas como uma das principais determinantes da desigualdade na distribuição do rendimento em Portugal. Tomando como referência as sete regiões definidas para o país ao nível NUTS II, o Quadro n.º 4-1 apresenta a distribuição da população e do rendimento pelas várias regiões conjuntamente com os principais indicadores de desigualdade[87].

Uma primeira constatação é a existência de fortes disparidades no rendimento médio por adulto equivalente de cada região.

A região de Lisboa e Vale do Tejo evidencia, ao longo de todo o período, um rendimento médio 13 a 16% superior ao do conjunto do país, sendo indiscutivelmente a região de mais elevado rendimento médio ao longo da década.

As regiões autónomas dos Açores e da Madeira são aquelas que apresentam menores níveis de rendimento médio ao longo de todo o período de análise. Apesar de ao longo dos anos 90 estas duas regiões registarem ganhos relativos, que traduzem alguma convergência com o rendimento médio nacional, em 2000 o rendimento médio por adulto equivalente dos Açores representava somente cerca de 81% do rendimento médio do Continente. No caso da Madeira o seu rendimento relativo face ao Continente era ainda mais baixo, cerca de 76%.[88]

As regiões do Centro e do Algarve viram o seu rendimento relativo, em relação ao conjunto da população, diminuir entre 1989 e 2000. O caso do Algarve é particularmente significativo na medida em que em 1989 era, conjuntamente com Lisboa e Vale do Tejo, a região de maior rendimento médio, com um rendimento 13%

---

[87] De forma a facilitar a leitura dos quadros deste capítulo, optou-se por não apresentar os erros padrão das estimativas. Estes foram, porém, estimados e os seus valores tidos em conta na interpretação dos resultados.

[88] O rendimento médio por adulto equivalente no Continente em 1989, 1995 e 2000 foi de, respectivamente, 6814, 7935 e 9031 euros.

superior ao do país, enquanto que em 2000 o seu rendimento representa somente 90% do rendimento médio.

A evolução ocorrida no Alentejo foi em sentido contrário. Apesar de o seu rendimento médio por adulto equivalente ser o mais baixo do conjunto das cinco regiões do Continente, o Alentejo registou ao longo da década uma ligeira melhoria do seu rendimento médio relativo.

Quadro n.º 4-1
Distribuição do Rendimento e Desigualdade por Região

Região	Distribuição da População			Rendimento Médio			Desvio do Rendimento face ao Rendimento Médio		
	1989	1995	2000	1989	1995	2000	1989	1995	2000
Norte	35.2	35.5	35.5	6345	7545	8469	94.6	96.0	94.8
Centro	17.5	17.3	17.3	6481	7125	8158	96.6	90.6	91.3
Lisboa e Vale do Tejo	33.3	33.4	33.5	7575	9003	10343	112.9	114.5	115.7
Alentejo	5.6	5.3	5.1	5805	6676	8004	86.5	84.9	89.6
Algarve	3.4	3.5	3.7	7574	7616	8058	112.9	96.9	90.2
Açores	2.4	2.4	2.3	4919	6366	7272	73.3	81.0	81.4
Madeira	2.6	2.6	2.4	4570	6531	6831	68.1	83.1	76.4
Total	100.0	100.0	100.0	6709	7860	8937	100.0	100.0	100.0

	Índice de Gini			Índice de Entropia Generalizada					
				E(0)			E(1)		
Norte	0.2995	0.3092	0.3315	0.1466	0.1603	0.1829	0.1529	0.1654	0.1993
Centro	0.2980	0.3346	0.3274	0.1473	0.1845	0.1788	0.1486	0.2031	0.1889
Lisboa e Vale do Tejo	0.3222	0.3784	0.3624	0.1730	0.2383	0.2163	0.1858	0.2512	0.2284
Alentejo	0.2964	0.3302	0.3298	0.1473	0.1783	0.1778	0.1498	0.1873	0.1981
Algarve	0.2967	0.3226	0.3231	0.1523	0.1740	0.1705	0.1490	0.1752	0.1810
Açores	0.3597	0.3615	0.3656	0.2210	0.2165	0.2162	0.2339	0.2270	0.2343
Madeira	0.4098	0.3520	0.3200	0.2965	0.2066	0.1704	0.3138	0.2111	0.1764
Total	0.3169	0.3473	0.3481	0.1683	0.2004	0.1999	0.1751	0.2136	0.2153
Proporção da Desigualdade imputável à desigualdade inter-grupos (%)			4.03	2.96	3.36	3.74	2.79	3.14

Nota: Valores do rendimento em euros, a preços de 2000
Fonte: IOF 89/90, 94/95 e 2000. Cálculos efectuados pelo autor a partir dos micro-dados

Não parece existir, porém, uma clara relação entre o rendimento médio regional e o nível de desigualdade associado a cada região. Por exemplo, em 1989 os maiores índices de desigualdade ocorreram, simultaneamente, na região de rendimento mais elevado (Lisboa e Vale do Tejo) e de menor rendimento (Açores e Madeira). Particularmente significativa é a alteração registada na desigualdade na região autónoma da Madeira. Da região com maiores índices de desigualdade no início da década passou em 2000 para a região que apresentava menor nível de desigualdade.

A região de Lisboa e Vale do Tejo apresenta ao longo de toda a década valores de desigualdade superiores ao da média nacional assumindo-se, indiscutivelmente, como a região de maior desigualdade no Continente.

A decomposição da desigualdade nas suas componentes intra-grupos e inter-grupos confirma a fraca associação entre desigualdade e distribuição geográfica da população. A proporção da desigualdade total atribuível à desigualdade inter-grupos regionais não só não é muito significativa, como a sua importância diminui ao longo do tempo[89]. Se, em 1989, a desigualdade inter-regional explicava cerca de 4% da desigualdade total, em 2000, esse valor reduz-se para um valor próximo dos 3 pontos percentuais.

A associação entre as alterações na distribuição do rendimento e os factores regionais até agora desenvolvida pode ser aprofundada através da observação das transformações verificadas nas diferentes vertentes do fenómeno da pobreza.

A análise da incidência da pobreza nas várias regiões confirma a observação anterior de que as regiões autónomas dos Açores e da Madeira são, simultaneamente, as regiões com menor rendimento médio e com maior incidência do fenómeno de pobreza. Embora a taxa de pobreza se tenha reduzido entre 1989 e 2000 de forma muito significativa nestas duas regiões insulares, quer os Açores quer a Madeira continuam a apresentar em 2000 uma taxa de pobreza muito superior à do conjunto do país. Como se pode obser-

---

[89] Obviamente que as conclusões a que chegamos estão dependentes da classificação regional utilizada, no caso presente a divisão administrativa do território nacional de acordo com a tipologia NUTS II.

var no Quadro n.º 4-2, são igualmente as regiões onde a intensidade e a severidade da pobreza assumem valores mais elevados.

As regiões onde se registam menores taxas de pobreza (Lisboa e Vale do Tejo e Norte) são igualmente aquelas onde reside a maior proporção da população pobre. O conjunto dessas duas regiões acolhe cerca de 60% do total da população em situação de pobreza.

Quadro n.º 4-2
Distribuição do Rendimento e Pobreza por Região

Região	Incidência da Pobreza F(0)			Incidência Relativa F(0) / F_g(0)			Estrutura da População Pobre (%)		
	1989	1995	2000	1989	1995	2000	1989	1995	2000
Norte	17.9	15.4	18.5	101.7	84.1	96.6	35.8	29.9	34.3
Centro	17.0	21.7	21.9	96.2	118.9	114.5	16.9	20.5	19.8
Lisboa e Vale do Tejo	12.9	16.6	15.4	73.0	90.8	80.6	24.3	30.3	27.0
Alentejo	22.6	25.8	22.3	128.3	141.0	116.7	7.2	7.5	6.0
Algarve	13.8	17.6	23.7	78.0	96.5	124.0	2.7	3.4	4.6
Açores	41.0	31.0	34.0	232.7	169.4	178.1	5.7	4.1	4.2
Madeira	51.3	30.4	32.1	291.0	166.3	168.0	7.6	4.3	4.0
Total	17.6	18.3	19.1	100.0	100.0	100.0	100.0	100.0	100.0
	Intensidade da Pobreza F(1)			Severidade da Pobreza F(2)			Rendimento Médio dos Pobres		
Norte	0.0390	0.0380	0.0465	0.0129	0.0147	0.0172	2655	2844	3257
Centro	0.0409	0.0520	0.0579	0.0148	0.0182	0.0215	2575	2873	3203
Lisboa e Vale do Tejo	0.0286	0.0436	0.0352	0.0102	0.0167	0.0121	2638	2785	3359
Alentejo	0.0601	0.0641	0.0489	0.0222	0.0226	0.0165	2492	2839	3401
Algarve	0.0344	0.0466	0.0498	0.0121	0.0179	0.0164	2545	2780	3441
Açores	0.1315	0.0881	0.0915	0.0601	0.0367	0.0343	2305	2702	3185
Madeira	0.1957	0.0874	0.0877	0.1022	0.0359	0.0349	2099	2691	3165
Total	0.0433	0.0465	0.0470	0.0163	0.0176	0.0170	2561	2817	3285

Nota: Valores do rendimento em euros, a preços de 2000
Fonte: IOF 89/90, 94/95 e 2000. Cálculos efectuados pelo autor a partir dos micro-dados

O quadro seguinte apresenta a decomposição da evolução da desigualdade (E(0)) e da incidência da pobreza (F(0)) para os períodos 1989-95, 1995-2000 e 1989-2000. Como se pode constatar, as alterações na distribuição da população pelas várias regiões desempenham um papel negligenciável nas modificações ocorridas nos indicadores de desigualdade e de pobreza. No caso do índice de desigualdade, as diferenças ocorridas no rendimento relativo têm igualmente uma importância pouco expressiva. As alterações registadas na desigualdade e na pobreza no interior das várias regiões explicam a maior parte das modificações no nível global da desigualdade e da pobreza.

Quadro n.º 4-3
Decomposição da Evolução da Desigualdade (E(0)) e da Pobreza (F(0)) por Região (%)

	Alteração Percentual da Desigualdade	Alterações na Desigualdade induzidas por modificações na:		
		Desigualdade Intra-grupo	Composição da População	Rend.Médio dos Grupos
1989-1995	19.1	19.6	0.0	-0.5
1995-2000	-0.3	-0.7	0.0	0.4
1989-2000	18.8	18.9	-0.1	0.0

	Alteração Percentual da Taxa de Pobreza	Alterações na Incidência da Pobreza induzidas por modificações na:	
		Pobreza Intra-grupo	Composição da População
1989-1995	3.7	3.9	-0.2
1995-2000	4.5	4.7	-0.2
1989-2000	8.3	8.9	-0.6

Fonte: IOF 89/90, 94/95 e 2000. Cálculos efectuados pelo autor a partir dos micro-dados

De forma a aprofundar a importância dos factores espaciais nas alterações ocorridas na distribuição do rendimento, procedeu-se igualmente à decomposição da desigualdade e da pobreza de acordo com a partição da população entre áreas urbanas e rurais.

A tipologia de áreas rurais/urbanas actualmente utilizada pelo INE somente foi aprovada em 1998, sendo composta por três níveis, dos quais dois são urbanos[90]:

---

[90] Esta tipologia foi aprovada pela 158.ª Deliberação do Conselho Superior de Estatística e os princípios base para a sua construção são os seguintes:
   a) A freguesia é a unidade geográfica de análise;
   b) As áreas urbanas são definidas a nível de concelho;

i) Áreas Predominantemente Urbanas;
ii) Áreas Mediamente Urbanas;
iii) Áreas Predominantemente Rurais.

Significa isso que quando da realização dos IOFs 1989/90 e 1994/95 não existiu a preocupação de classificação da população de acordo com esta tipologia. A informação disponível nos micro--dados permite, porém, proceder a uma classificação *a posteriori* dos agregados de 1989 e 1995 de acordo com esta partição.

O Quadro n.° 4-4 apresenta os principais indicadores referentes à distribuição do rendimento de acordo com esta tipologia. Duas observações resultam de imediato da análise dos dados apresentados. Em primeiro lugar, o declínio da população vivendo em áreas rurais. Ao longo da década a população rural decresce cerca de quatro pontos percentuais. Em segundo lugar, a clara associação entre o nível de rendimento médio e a distribuição da população de acordo com esta tipologia. O rendimento médio por adulto equivalente das Áreas Rurais representava em 1989 72% do rendimento médio dos Centros Urbanos descendo esse valor para 61% em 2000. Saliente-se que nas áreas rurais se verifica, entre 1989 e 1995, uma diminuição do rendimento médio por adulto equivalente.

---

c) As freguesias que integram uma área urbana têm de ter contiguidade espacial;

d) A classificação estatística atribuída pelo INE em Julho de 1996 (freguesias urbanas, semi-urbanas e rurais) é o suporte da actual estrutura de definição das áreas urbanas, sendo complementada e ajustada, espacial e funcionalmente, em função de critérios de planeamento;

Os critérios de funcionalidade/planeamento tidos em conta foram os seguintes: taxa de variação da população residente e número de alojamentos, 1981-91; categoria administrativa das freguesias; propostas dos Planos Directores Municipais ratificados e dos Planos Regionais de Ordenamento do Território aprovados; ocupação sazonal dos alojamentos;

e) As freguesias pertencentes a sedes de concelho, embora com comportamentos demográficos muito diferenciados, não devem ser integradas em Áreas Predominantemente Rurais.

Os diferentes índices de desigualdade apontam inequivocamente para uma maior assimetria na repartição do rendimento nas áreas urbanas, as quais registam não só níveis de desigualdade claramente superiores aos do conjunto do país, mas igualmente um ritmo superior de crescimento da desigualdade.

Também se verifica que a desigualdade está mais associada à tipologia rural/urbano do que à repartição por regiões. A proporção da desigualdade explicada pelas diferenças inter-grupos sobe, entre 1989 e 2000, de 6% para cerca de 10%. A importância da localização rural/urbano como factor explicativo da desigualdade aumenta significativamente ao longo da década, com particular incidência no período 1989-1995.

Quadro n.º 4-4
Distribuição do Rendimento e Desigualdade por Tipologia Rural/Urbano

Rural/Urbano	Distribuição da População			Rendimento Médio			Desvio do Rendimento face ao Rendimento Médio		
	1989	1995	2000	1989	1995	2000	1989	1995	2000
Centros Urbanos	53.9	55.8	51.1	7535	9262	10620	112.3	117.8	118.8
Centros Semi-Urbanos	23.9	27.5	30.8	6064	6557	7575	90.4	83.4	84.8
Áreas Rurais	22.2	16.8	18.0	5395	5331	6497	80.4	67.8	72.7
Total	100.0	100.0	100.0	6709	7860	8937	100.0	100.0	100.0

	Índice de Gini			Índice de Entropia Generalizada					
				E(0)			E(1)		
Centros Urbanos	0.3173	0.3493	0.3614	0.1695	0.2035	0.2164	0.1752	0.2109	0.2271
Centros Semi-Urbanos	0.2900	0.2956	0.2875	0.1441	0.1492	0.1358	0.1465	0.1615	0.1384
Áreas Rurais	0.2985	0.2863	0.3015	0.1468	0.1351	0.1498	0.1556	0.1390	0.1630
Total	0.3169	0.3473	0.3481	0.1683	0.2004	0.1999	0.1751	0.2136	0.2153
Proporção da Desigualdade imputável à desigualdade inter-grupos (%)				5.87	11.64	10.17	5.50	10.39	9.18

Nota: Valores do rendimento em euros, a preços de 2000.
Fonte: IOF 89/90, 94/95 e 2000. Cálculos efectuados pelo autor a partir dos micro-dados

A observação dos indicadores de pobreza confirma a análise anterior quanto à precariedade do rendimento das populações rurais e quanto ao acentuar dessa mesma precariedade entre 1989 e 2000.

A incidência da pobreza nas áreas rurais era, em qualquer dos anos considerado, mais do que o dobro da registada nos centros urbanos, com cerca de 1/3 da população em situação de pobreza. E, enquanto nos centros urbanos e semi-urbanos a taxa de pobreza não sofreu alterações muito significativas, o agravamento da incidência da pobreza nas áreas rurais foi de 23%, aumentando cerca de 6 pontos percentuais. No que concerne aos indicadores de intensidade e severidade da pobreza, as áreas rurais são também particularmente penalizadas, apresentando valores muito superiores aos do conjunto da população.

Quadro n.º 4-5
Distribuição do Rendimento e Pobreza por Tipologia Rural/Urbano

Rural/Urbano	Incidência da Pobreza F(0)			Incidência Relativa F(0) / F$_g$(0)			Estrutura da População Pobre (%)		
	1989	1995	2000	1989	1995	2000	1989	1995	2000
Centros Urbanos	12.9	12.2	13.4	73.2	66.9	70.2	39.5	37.3	35.9
Centros Semi-urbanos	19.9	20.6	20.5	113.1	112.9	107.3	27.0	31.0	33.1
Áreas Rurais	26.6	34.5	32.8	151.0	188.9	171.9	33.5	31.7	31.0
Total	17.6	18.3	19.1	100.0	100.0	100.0	100.0	100.0	100.0
	Intensidade da Pobreza F(1)			Severidade da Pobreza F(2)			Rendimento Médio dos Pobres		
Centros Urbanos	0.0317	0.0302	0.0333	0.0120	0.0116	0.0126	2560	2844	3274
Centros Semi-urbanos	0.0503	0.0532	0.0479	0.0195	0.0204	0.0165	2537	2803	3337
Áreas Rurais	0.0637	0.0895	0.0840	0.0234	0.0331	0.0301	2581	2799	3241
Total	0.0433	0.0465	0.0470	0.0163	0.0176	0.0170	2561	2817	3285

Nota: Valores do rendimento em euros, a preços de 2000
Fonte: IOF 89/90, 94/95 e 2000. Cálculos efectuados pelo autor a partir dos micro-dados

A decomposição intertemporal da desigualdade e da incidência da pobreza, apresentada no Quadro n.º 4-6, evidencia que, entre 1989 e 2000, é o agravamento da desigualdade e da pobreza intra-grupos, associada ao agravamento das diferenças no rendimento médio relativo das várias áreas no caso da desigualdade, que condiciona o comportamento dos índices de desigualdade e de pobreza. A alteração da estrutura da população, consubstanciada na migração das populações das áreas rurais para as urbanas, exerce um efeito predominantemente igualizador e redutor dos níveis de pobreza.

A análise efectuada quanto à decomposição dos indicadores de desigualdade e de pobreza através da partição da população em regiões e em áreas rurais e urbanas permite uma primeira leitura da importância da vertente espacial na explicação das alterações ocorridas na repartição do rendimento entre 1989 e 2000.

Apesar das diferenças significativas registadas nos níveis de rendimento e de desigualdade, as regiões actualmente existentes não parecem desempenhar um papel importante na explicação do nível global de desigualdade. A proporção da desigualdade total atribuível à desigualdade inter-grupos regionais não só não é muito significativa como a sua importância diminui ao longo do período em análise.

Quadro n.º 4-6
Decomposição da Evolução da Desigualdade (E(0)) e da Pobreza (F(0)) por Tipologia Rural/Urbano (%)

	Alteração Percentual da Desigualdade	Alterações na Desigualdade induzidas por modificações na:		
		Desigualdade Intra-grupo	Composição da População	Rend.Médio dos Grupos
1989-1995	19.1	10.6	-0.4	8.9
1995-2000	-0.3	2.7	-1.3	-1.7
1989-2000	18.8	13.7	-1.7	6.8

	Alteração Percentual da Taxa de Pobreza	Alterações na Incidência da Pobreza induzidas por modificações na:	
		Pobreza Intra-grupo	Composição da População
1989-1995	3.7	7.7	-4.0
1995-2000	4.5	1.6	2.9
1989-2000	8.3	9.4	-1.1

Fonte: IOF 89/90, 94/95 e 2000. Cálculos efectuados pelo autor a partir dos micro-dados

A profunda e crescente heterogeneidade existente em cada uma das regiões induz a que a componente intra-grupos da desigualdade assuma uma clara predominância face à componente inter-grupos, desvalorizando este tipo de segmentação da população como factor explicativo da desigualdade.

No que diz respeito aos vários indicadores de pobreza, a importância do factor regional apresenta-se mais complexa e contraditória, dada a evolução divergente dos indicadores de cada região. Sobressai, no entanto, a manutenção das regiões autónomas dos Açores e da Madeira como aquelas onde a precariedade é mais acentuada de acordo com todas as dimensões da pobreza, e os índices crescentes de pobreza nas regiões Norte e Lisboa e Vale do Tejo, eventualmente associados a novas formas de pobreza.

A segmentação do local de residência entre áreas rurais e urbanas surge mais acentuadamente associada às alterações na distribuição do rendimento do que as regiões. A análise efectuada parece sugerir um *trade-off* entre pobreza e desigualdade quando confrontamos as regiões rurais e urbanas, com a predominância de elevados índices de pobreza nas primeiras e altos níveis de desigualdade nas segundas[91]. Esta dualidade acentuou-se nos anos 90 como o demonstra a importância crescente da desigualdade inter--grupos associada à partição da população entre áreas rurais e urbanas.

4.3. Alterações na estrutura etária da população

O Quadro n.º 4-7 analisa as principais alterações na distribuição do rendimento entre 1989 e 2000, relacionando-as com mu-

---

[91] Relembrem-se os resultados obtidos no Capítulo 3 onde o acréscimo de desigualdade ocorrido entre 1989 e 2000 surgia predominantemente associado a alterações na parte superior da distribuição dos rendimentos.

danças ocorridas na estrutura etária da população medida pelo escalão etário do indivíduo de referência[92]. Embora a idade do indivíduo de referência não capte todas as alterações verificadas na pirâmide etária, não deixa de constituir um indicador relevante quanto à relação entre a idade dos indivíduos e os rendimentos que auferem.

Uma primeira constatação é o aumento significativo da população vivendo em agregados cujo indivíduo de referência tem 65 ou mais anos: 15% em 1989, passando este valor para 19% em 1995 e atingindo os 22% em 2000[93]. Verifica-se assim um claro aumento da população idosa ao longo do período em observação.

Um segundo aspecto relevante é o baixo nível de rendimento evidenciado pelos agregados cujo indivíduo de referência é idoso comparativamente aos demais agregados. Os agregados cujo indivíduo de referência se situa no escalão etário de 65 ou mais anos auferem um rendimento correspondente a 75% do rendimento médio. Situação semelhante ocorre nos agregados cujo indivíduo de referência é mais jovem (menos de 25 anos) com rendimentos por adulto equivalente cerca de 20% inferiores ao rendimento médio.

---

[92] A selecção do indivíduo de referência em cada agregado é feita com base nos rendimentos individuais sendo escolhido o membro do ADP que aufere o rendimento superior.

[93] Se em vez do indivíduo de referência se considerasse o conjunto da população constante dos IOFs, os resultados seriam semelhantes. Entre 1989 e 2000, a percentagem de pessoas com mais de 65 anos sobe de 14.9% para 22.4%.

Quadro n.º 4-7
Distribuição do Rendimento e Desigualdade por Escalão de Idade do Indivíduo de referência

Idade do Indivíduo de Referência	Distribuição da População			Rendimento Médio			Desvio do Rendimento face ao Rendimento Médio		
	1989	1995	2000	1989	1995	2000	1989	1995	2000
Menos de 25 anos	4.6	3.4	5.0	5363	5646	7382	79.9	71.8	82.6
25-34 anos	18.0	14.8	15.0	7407	8054	8726	110.4	102.5	97.6
35-44 anos	24.9	24.5	23.2	7271	8098	9076	108.4	103.0	101.5
45-54 anos	21.7	22.2	20.4	7005	8881	10461	104.4	113.0	117.0
55-64 anos	16.0	16.5	14.8	6641	8533	10283	99.0	108.6	115.1
65 e mais anos	14.9	18.6	21.6	4980	5991	6935	74.2	76.2	77.6
Total	100.0	100.0	100.0	6709	7860	8937	100.0	100.0	100.0

	Índice de Gini			Índice de Entropia Generalizada					
				E(0)			E(1)		
Menos de 25 anos	0.2751	0.2115	0.2256	0.1317	0.0716	0.0859	0.1441	0.0712	0.0959
25-34 anos	0.2928	0.3081	0.2775	0.1413	0.1590	0.1285	0.1437	0.1798	0.1343
35-44 anos	0.3056	0.3412	0.3315	0.1562	0.1930	0.1820	0.1624	0.2050	0.1961
45-54 anos	0.2921	0.3353	0.3505	0.1444	0.1904	0.2040	0.1490	0.1998	0.2130
55-64 anos	0.3294	0.3487	0.3832	0.1849	0.2032	0.2457	0.2038	0.2084	0.2567
65 e mais anos	0.3430	0.3688	0.3583	0.1886	0.2202	0.2063	0.2092	0.2512	0.2369
Total	0.3169	0.3473	0.3481	0.1683	0.2004	0.1999	0.1751	0.2136	0.2153
Proporção da Desigualdade imputável à desigualdade inter-grupos (%)				5.36	5.20	5.76	4.82	4.59	5.18

Nota: Valores do rendimento em euros, a preços de 2000
Fonte: IOF 89/90, 94/95 e 2000. Cálculos efectuados pelo autor a partir dos micro-dados

No que diz respeito aos índices de desigualdade, constatamos que são os agregados cujo indivíduo de referência possui 55 ou mais anos aqueles que apresentam maiores níveis de desigualdade. Os agregados cujo indivíduo de referência tem menos de 35 anos são aqueles que apresentam menor desigualdade, registando-se igualmente para estes agregados uma diminuição da desigualdade ao longo da década de 90, discordante do que se verificou para o conjunto da população.

A proporção da desigualdade imputável à desigualdade entre os vários escalões etários é diminuta mas a sua importância cresce ao longo do período em análise.

Quadro n.º 4-8
Distribuição do Rendimento e Pobreza por Escalão de Idade do Indivíduo de referência

Idade do Indivíduo de Referência	Incidência da Pobreza F(0)			Incidência Relativa F(0) / F_g(0)			Estrutura da População Pobre (%)		
	1989	1995	2000	1989	1995	2000	1989	1995	2000
Menos de 25 anos	23.6	17.2	14.5	133.9	94.1	75.9	6.2	3.2	3.8
25-34 anos	9.9	11.3	12.3	56.2	61.9	64.6	10.1	9.1	9.7
35-44 anos	11.5	15.2	15.2	65.0	83.0	79.7	16.2	20.3	18.5
45-54 anos	11.5	12.3	11.2	65.4	67.3	58.4	14.2	14.9	11.9
55-64 anos	19.4	14.9	17.5	110.0	81.5	91.7	17.5	13.4	13.6
65 e mais anos	42.5	38.2	37.6	240.8	208.9	196.8	35.8	38.9	42.5
Total	17.6	18.3	19.1	100.0	100.0	100.0	100.0	100.0	100.0
	Intensidade da Pobreza F(1)			Severidade da Pobreza F(2)			Rendimento Médio dos Pobres		
Menos de 25 anos	0.0546	0.0323	0.0230	0.0210	0.0088	0.0054	2608	3067	3664
25-34 anos	0.0205	0.0248	0.0267	0.0076	0.0087	0.0088	2692	2950	3413
35-44 anos	0.0282	0.0385	0.0391	0.0110	0.0150	0.0142	2558	2819	3238
45-54 anos	0.0284	0.0315	0.0308	0.0115	0.0127	0.0125	2556	2811	3152
55-64 anos	0.0485	0.0384	0.0472	0.0186	0.0156	0.0190	2544	2802	3183
65 e mais anos	0.1084	0.1017	0.0902	0.0388	0.0374	0.0312	2527	2772	3311
Total	0.0433	0.0465	0.0470	0.0163	0.0176	0.0170	2561	2817	3285

Nota: Valores do rendimento em euros, a preços de 2000
Fonte: IOF 89/90, 94/95 e 2000. Cálculos efectuados pelo autor a partir dos micro-dados

Os diferentes indicadores de pobreza apresentados no quadro anterior confirmam ser os agregados cujo indivíduo de referência tem idade igual ou superior a 65 anos aqueles que maior precariedade evidenciam face às diferentes dimensões do fenómeno da pobreza. A incidência da pobreza ao longo da década é sempre superior a 37% para este grupo de agregados. A conjugação de elevadas taxas de pobreza dos agregados cujo indivíduo de referência tem idade igual ou superior a 65 anos com o acréscimo proporcional deste tipo de agregados no conjunto da população conduz a que, em 2000, cerca de 42.5% dos pobres sejam caracterizados por terem como indivíduo de referência um indivíduo idoso.

A observação dos indicadores de intensidade e severidade da pobreza confirma que os agregados cujo indivíduo de referência é idoso não só apresentam uma maior taxa de pobreza mas são, igualmente, aqueles cuja vulnerabilidade da situação de pobreza é mais acentuada. Apesar de uma ligeira melhoria dos indicadores de intensidade e da severidade da pobreza ocorrida entre 1995 e 2000, estes agregados apresentam índices duas a três vezes superiores ao do conjunto da população, evidenciando uma clara situação de elevado grau de precariedade, mesmo quando comparados com a restante população pobre.

O Quadro n.º 4-9 ilustra a decomposição da evolução da desigualdade e da pobreza por escalão etário do indivíduo de referência entre 1989 e 2000.

Quadro n.º 4-9
Decomposição da Evolução da Desigualdade (E(0)) e da Pobreza (F(0)) por Escalão de Idade do Indivíduo de Referência (%)

	Alteração Percentual da Desigualdade	Alterações na Desigualdade induzidas por modificações na:		
		Desigualdade Intra-grupo	Composição da População	Rend.Médio dos Grupos
1980-1990	19.1	16.6	2.2	0.3
1990-1995	-0.3	0.1	-0.4	0.0
1980-1995	18.8	16.1	2.6	0.1

	Alteração Percentual da Taxa de Pobreza	Alterações na Incidência da Pobreza induzidas por modificações na:	
		Pobreza Intra-grupo	Composição da População
1980-1990	3.7	-2.2	5.9
1990-1995	4.5	0.5	4.0
1980-1995	8.3	-2.2	10.5

Fonte: IOF 89/90, 94/95 e 2000. Cálculos efectuados pelo autor a partir dos micro-dados

Uma primeira observação é a do contributo das alterações na estrutura da população para o agravamento da incidência da pobreza ao longo de todo o período considerado. O acréscimo proporcional dos agregados cujo indivíduo de referência é idoso revela-se, assim, um factor agravante da prevalência da pobreza, contrariando o efeito da redução da pobreza intra-grupo ao longo da década.

As alterações ocorridas no seio de cada um dos escalões etários, no que respeita à desigualdade e à pobreza intra-grupos, apresentam efeitos diferenciados. Enquanto que a desigualdade intra-grupo tem um efeito de agravamento da desigualdade, principalmente no período 1989-95, a evolução da pobreza no seio dos vários grupos actua sempre no sentido da redução da prevalência global da pobreza.

4.4. Alterações na composição dos agregados

A associação entre as alterações ocorridas na distribuição do rendimento e as transformações registadas na estrutura da população portuguesa entre 1989 e 2000 pode ser captada por um conjunto de factores dos quais se retiveram a dimensão dos agregados e o tipo de ADP. A análise cruzada destes dois factores possibilita avaliar as mutações ocorridas na "estrutura familiar tipo" e na sua capacidade de gerar rendimentos e de proteger os seus elementos mais vulneráveis.

O Quadro n.º 4-10 apresenta a repartição da população de acordo com a dimensão dos agregados. Uma primeira constatação é a forte diminuição dos ADPs mais numerosos. Os agregados constituídos por 6 ou mais indivíduos diminuíram de 13% do total da população em 1989 para cerca de 7% em 2000. No mesmo período, os agregados compostos por um único indivíduo subiram de 3.7% para 6.9% da população. Esta regressão das famílias mais numerosas, conjugada com o incremento dos agregados compostos exclusivamente por uma pessoa, repercute-se naturalmente numa diminuição da dimensão média dos agregados familiares. Como vimos no Capítulo 3, a dimensão média dos ADPs passou de 3.1 indivíduos em 1989 para 2.7 em 2000.

A apreciação dos rendimentos médios relativos dos diferentes grupos evidencia que são os agregados compostos por três ou quatro indivíduos aqueles que auferem maiores rendimentos por adulto equivalente. Quer as famílias mais numerosas, quer as famílias compostas por um único indivíduo, apresentam rendimentos inferiores ao rendimento médio. A evolução dos rendimentos destes dois grupos apresenta, no entanto, diferentes características. O rendimento médio dos agregados compostos por um único indivíduo aproximou-se do rendimento médio ao longo da década, enquanto que o rendimento médio dos agregados compostos por seis ou mais indivíduos se manteve praticamente inalterado em torno dos 75% do rendimento médio do conjunto da população.

A observação das diferentes medidas de desigualdade mostra, igualmente, que são as famílias compostas exclusivamente por um indivíduo aquelas que apresentam maiores índices de desigualdade. A tal facto não será alheio a grande heterogeneidade deste estrato, que embora composto maioritariamente por pensionistas, engloba igualmente uma proporção significativa de indivíduos activos com profissão vivendo sós[94].

---

[94] A proporção de indivíduos reformados neste segmento populacional é superior a 60% para qualquer dos anos considerados. Os indivíduos activos empregues representam, nesse mesmo estrato, cerca de 20%.

Quadro n.º 4-10
Distribuição do Rendimento e Desigualdade por Dimensão do ADP

Dimensão do ADP	Distribuição da População			Rendimento Médio			Desvio do Rendimento face ao Rendimento Médio		
	1989	1995	2000	1989	1995	2000	1989	1995	2000
1 indivíduo	3.7	4.6	6.9	4901	7041	7716	73.0	89.6	86.3
2 indivíduos	18.0	18.5	23.6	6363	7194	8607	94.8	91.5	96.3
3 indivíduos	23.0	23.3	24.4	7564	8848	10150	112.8	112.6	113.6
4 indivíduos	27.8	27.8	27.2	7367	8583	9536	109.8	109.2	106.7
5 indivíduos	14.6	14.0	10.5	6452	7600	7666	96.2	96.7	85.8
6 e mais indivíduos	13.0	11.7	7.4	5076	5874	6717	75.7	74.7	75.2
Total	100.0	100.0	100.0	6709	7860	8937	100.0	100.0	100.0

	Índice de Gini			Índice de Entropia Generalizada					
				E(0)			E(1)		
1 indivíduo	0.3965	0.4544	0.4199	0.2538	0.3364	0.2850	0.2878	0.3862	0.3324
2 indivíduos	0.3547	0.3764	0.3822	0.2063	0.2294	0.2385	0.2266	0.2555	0.2619
3 indivíduos	0.3039	0.3268	0.3314	0.1553	0.1762	0.1818	0.1630	0.1854	0.1956
4 indivíduos	0.2919	0.3233	0.3169	0.1411	0.1747	0.1640	0.1444	0.1823	0.1760
5 indivíduos	0.2974	0.3317	0.3013	0.1472	0.1854	0.1503	0.1543	0.2069	0.1531
6 e mais indivíduos	0.2633	0.3007	0.3011	0.1222	0.1564	0.1576	0.1191	0.1618	0.1722
Total	0.3169	0.3473	0.34810	0.1683	0.2004	0.1999	0.1751	0.2136	0.2153
Proporção da Desigualdade imputável à desigualdade inter-grupos (%)				5.71	4.19	3.72	5.22	3.77	3.34

Nota: Valores do rendimento em euros, a preços de 2000
Fonte: IOF 89/90, 94/95 e 2000. Cálculos efectuados pelo autor a partir dos micro-dados

A proporção da desigualdade imputável à desigualdade inter-grupos é pouco significativa, decrescendo o seu poder explicativo da desigualdade de forma regular ao longo da década.

A análise dos diferentes indicadores de pobreza confirma que são os agregados compostos por um único indivíduo aqueles que apresentam maiores índices de vulnerabilidade económica. O Quadro n.º 4-11 evidencia que a taxa de pobreza dos agregados compostos exclusivamente por um único indivíduo é marcadamente superior ao do conjunto da população. Apesar da redução significativa da incidência da pobreza neste grupo ocorrida entre 1989 e 1995 (cerca de dez pontos percentuais), este continua a apresentar uma taxa de pobreza superior ao dobro da taxa média.

Capítulo 4. Principais determinantes das alterações ocorridas... | 217

Quadro n.º 4-11
Distribuição do Rendimento e Pobreza por Dimensão do ADP

Dimensão do ADP	Incidência da Pobreza F(0)			Incidência Relativa F(0) / F_g(0)			Estrutura da População Pobre (%)		
	1989	1995	2000	1989	1995	2000	1989	1995	2000
1 indivíduo	49.2	39.7	38.8	278.9	217.0	203.2	10.3	10.1	14.1
2 indivíduos	27.1	28.3	27.4	153.7	155.0	143.2	27.6	28.7	33.8
3 indivíduos	10.7	11.5	11.5	60.5	62.9	60.0	13.9	14.7	14.7
4 indivíduos	10.6	11.5	11.3	60.0	63.1	59.0	16.7	17.6	16.0
5 indivíduos	15.3	16.5	19.9	86.9	90.0	104.3	12.7	12.6	10.9
6 e mais indivíduos	25.5	25.6	27.2	144.6	139.9	142.5	18.8	16.4	10.5
Total	17.6	18.3	19.1	100.0	100.0	100.0	100.0	100.0	100.0
	Intensidade da Pobreza F(1)			Severidade da Pobreza F(2)			Rendimento Médio dos Pobres		
1 indivíduo	0.1545	0.1186	0.1002	0.0650	0.0468	0.0370	2327	2648	3232
2 indivíduos	0.0644	0.0667	0.0655	0.0217	0.0225	0.0232	2587	2888	3312
3 indivíduos	0.0257	0.0256	0.0259	0.0095	0.0088	0.0092	2576	2935	3369
4 indivíduos	0.0215	0.0270	0.0253	0.0079	0.0107	0.0082	2702	2893	3379
5 indivíduos	0.0357	0.0423	0.0527	0.0130	0.0166	0.0202	2603	2805	3203
6 e mais indivíduos	0.0683	0.0784	0.0793	0.0288	0.0334	0.0318	2485	2620	3088
Total	0.0433	0.0465	0.0470	0.0163	0.0176	0.0170	2561	2817	3285

Nota: Valores do rendimento em euros, a preços de 2000
Fonte: IOF 89/90, 94/95 e 2000. Cálculos efectuados pelo autor a partir dos micro-dados

Os indicadores de intensidade e severidade da pobreza confirmam que são os agregados pobres compostos exclusivamente por um indivíduo, aqueles que se confrontam com situações de maior vulnerabilidade face às diferentes dimensões do fenómeno da pobreza. É, no entanto, expressivo que quer a intensidade quer a severidade da pobreza se tenham reduzido significativamente ao longo do período em análise, indiciando assim uma melhoria relativa das condições de vida dos indivíduos pobres neste segmento populacional.

A decomposição intertemporal da desigualdade e da incidência da pobreza apresentada no quadro seguinte evidencia que entre 1989 e 2000 quer as alterações na estrutura populacional quer as modificações ocorridas na desigualdade e na incidência da pobreza inter-grupos se conjugam para o agravamento dos níveis de desigualdade e de pobreza globais.

Quadro n.° 4-12
Decomposição da Evolução da Desigualdade (E(0)) e da Pobreza (F(0)) por Dimensão do ADP (%)

	Alteração Percentual da Desigualdade	Alterações na Desigualdade induzidas por modificações na:		
		Desigualdade Intra-grupo	Composição da População	Rend.Médio dos Grupos
1989-1995	19.1	18.7	0.9	-0.5
1995-2000	-0.3	-3.4	2.9	0.2
1989-2000	18.8	14.8	4.5	-0.5

	Alteração Percentual da Taxa de Pobreza	Alterações na Incidência da Pobreza induzidas por modificações na:	
		Pobreza Intra-grupo	Composição da População
1989-1995	3.7	2.6	1.1
1995-2000	4.5	1.3	3.2
1989-2000	8.3	3.5	4.8

Fonte: IOF 89/90, 94/95 e 2000. Cálculos efectuados pelo autor a partir dos micro-dados

A classificação dos agregados de acordo com uma tipologia de ADPs possibilita uma análise mais fina das alterações na estrutura familiar, complementando a observação anterior quanto à dimensão dos agregados. O Quadro n.° 4-13 permite observar as principais alterações ocorridas na estrutura da população, nos rendimentos médios e nos níveis de desigualdade associados aos vários tipos de ADP.

Quadro n.º 4-13
Distribuição do Rendimento e Desigualdade por Tipo de ADP

Tipo de ADP	Distribuição da População			Rendimento Médio			Desvio do Rendimento face ao Rendimento Médio		
	1989	1995	2000	1989	1995	2000	1989	1995	2000
Indivíduo só <65 anos	1.3	1.3	2.1	6592	11012	11780	98.3	140.1	131.8
Indivíduo >=65 anos	2.4	3.3	4.9	4029	5430	5984	60.1	69.1	67.0
Casal (< 65 anos)	6.6	5.1	7.2	7940	9524	10794	118.3	121.2	120.8
Casal (>=65 anos)	7.9	9.7	12.0	5070	6106	7106	75.6	77.7	79.5
Família monoparental	2.1	1.8	1.6	6026	7554	9158	89.8	96.1	102.5
Casal c/1 filho dep.	11.9	11.7	11.3	8224	9799	10578	122.6	124.7	118.4
Casal c/2 filhos dep.	16.4	13.8	13.9	7588	9145	9604	113.1	116.3	107.5
Casal c/3+ filhos dep.	6.4	5.3	4.1	5712	6841	7739	85.1	87.0	86.6
Outro tipo de ADPs	44.9	48.0	43.0	6415	7400	8789	95.6	94.1	98.3
Total	100.0	100.0	100.0	6709	7860	8937	100.0	100.0	100.0

	Índice de Gini			Índice de Entropia Generalizada					
				E(0)			E(1)		
Indivíduo só <65 anos	0.4208	0.4487	0.4430	0.3016	0.3423	0.3298	0.3034	0.3471	0.3428
Indivíduo >=65 anos	0.3511	0.3968	0.3455	0.1982	0.2557	0.1920	0.2293	0.3104	0.2228
Casal (< 65 anos)	0.3488	0.3715	0.3594	0.2047	0.2285	0.2167	0.2111	0.2396	0.2276
Casal (>=65 anos)	0.3702	0.3618	0.3655	0.2215	0.2118	0.2158	0.2664	0.2554	0.2596
Família monoparental	0.4288	0.3504	0.4372	0.3108	0.2027	0.3221	0.3151	0.1979	0.3340
Casal c/1 filho dep.	0.3243	0.3407	0.3366	0.1747	0.1909	0.1880	0.1926	0.2027	0.2060
Casal c/2 filhos dep.	0.3179	0.3423	0.3239	0.1641	0.1935	0.1700	0.1724	0.1992	0.1779
Casal c/3+ filhos dep.	0.3948	0.4025	0.3935	0.2547	0.2725	0.2529	0.2653	0.3283	0.2627
Outro tipo de ADPs	0.3106	0.3043	0.3138	0.1615	0.1570	0.1646	0.1714	0.1618	0.1762
Total	0.3169	0.3473	0.3481	0.1683	0.2004	0.1999	0.1751	0.2136	0.2153
Proporção da Desigualdade imputável à desigualdade inter-grupos (%)				7.02	6.39	5.56	6.50	5.99	4.99

Nota: Valores do rendimento em euros, a preços de 2000
Fonte: IOF 89/90, 94/95 e 2000. Cálculos efectuados pelo autor a partir dos micro-dados

Uma primeira observação é a forte redução da proporção de ADPs com crianças. Todas as categorias de ADP que englobam crianças vêem o seu peso relativo no conjunto da população diminuir ao longo do período em análise. No seu todo, a proporção de ADPs com crianças desce de 39.6% em 1989 para 24.9% em 2000. Simultaneamente, o número médio de crianças por ADP desce, no mesmo período, de 0.64 para 0.37.

Um segundo traço característico das alterações na estrutura da população é o aumento de agregados constituídos exclusivamente por idosos. A percentagem de indivíduos habitando em agregados constituídos exclusivamente por idosos sobe de 10.3% em 1989 para 16.9% em 2000[95].

No que respeita aos rendimentos médios das várias categorias, os agregados constituídos por dois adultos não idosos, sem crianças ou com o máximo de duas crianças apresentam os valores de rendimento médio por adulto equivalente mais elevados. No extremo oposto da distribuição do rendimento surgem os agregados compostos exclusivamente por idosos. O rendimento dos idosos vivendo sós representa 60% do rendimento médio em 1989, 69% em 1995 e 67% em 2000. Apesar da melhoria relativa verificada ao longo do período em análise, os valores apresentados não podem deixar de indiciar uma clara situação de precariedade económica, com reflexos imediatos nas condições de vida da população mais idosa.

Com níveis de rendimento claramente inferiores ao rendimento médio por adulto equivalente encontram-se os agregados mais numerosos e as famílias monoparentais.

A apreciação dos diferentes índices de desigualdade confirma, uma vez mais, que os agregados compostos por um único indivíduo são aqueles onde a desigualdade intra-grupo assume valores mais elevados, seguidos pelos agregados com idosos, pelas famílias monoparentais e pelos agregados com três ou mais crianças. A comparação da desigualdade entre os vários grupos não apresenta, porém, um padrão definido. A proporção da desigualdade imputável à desigualdade inter-grupos apresenta igualmente valores modestos (5.6% a 7.0%) alcançando o seu nível mais elevado no início da década.

A incidência da pobreza (Quadro n.º 4-14) revela-se mais acentuada no caso dos agregados compostos por idosos, nos agregados

---

[95] O Quadro n.º 4-13 permite igualmente confirmar que o aumento da população vivendo só constatado na secção anterior é predominantemente determinado pelo acréscimo da população idosa.

numerosos com crianças e nas famílias monoparentais. O caso dos agregados composto exclusivamente por um idoso é particularmente relevante, na medida em que cerca de metade da população idosa vivendo só se encontra abaixo do limiar de pobreza. É, igualmente, neste grupo que se registam as maiores taxas de intensidade e de severidade da pobreza, o que nos permite afirmar estarmos perante um dos segmentos mais vulneráveis da sociedade portuguesa.

Quadro n.º 4-14
Distribuição do Rendimento e Pobreza por Tipo de ADP

Tipo de ADP	Incidência da Pobreza F(0)			Incidência Relativa F(0) / F$_g$(0)			Estrutura da População Pobre (%)		
	1989	1995	2000	1989	1995	2000	1989	1995	2000
Indivíduo só <65 anos	32.9	20.1	20.0	186.8	110.2	104.8	2.4	1.5	2.2
Indivíduo >=65 anos	57.6	47.6	46.8	326.4	260.3	245.2	8.0	8.6	11.9
Casal (< 65 anos)	12.4	12.7	13.5	70.1	69.3	70.8	4.7	3.5	5.1
Casal (>=65 anos)	40.3	36.8	36.8	228.6	201.4	192.6	18.1	19.6	23.0
Família monoparental	21.9	24.9	30.1	124.0	135.9	157.6	2.6	2.4	2.5
Casal c /1 filho dep.	7.2	10.5	10.3	40.6	57.2	54.0	4.8	6.7	6.1
Casal c/2 filhos dep.	9.1	11.1	13.0	51.9	60.9	68.1	8.5	8.4	9.5
Casal c/3+ filhos dep.	26.2	29.2	34.0	148.7	159.7	178.2	9.5	8.4	7.2
Outro tipo de ADPs	16.3	15.6	14.4	92.4	85.2	75.4	41.5	40.8	32.4
Total	17.6	18.3	19.1	100.0	100.0	100.0	100.0	100.0	100.0
	Intensidade da Pobreza F(1)			Severidade da Pobreza F(2)			Rendimento Médio dos Pobres		
Indivíduo só <65 anos	0.0979	0.0514	0.0568	0.0396	0.0187	0.0226	2385	2812	3119
Indivíduo>=65 anos	0.1837	0.1458	0.1186	0.0781	0.0583	0.0431	2310	2620	3253
Casal (< 65 anos)	0.0268	0.0306	0.0341	0.0086	0.0120	0.0133	2658	2867	3259
Casal (>=65 anos)	0.0914	0.0855	0.0829	0.0280	0.0276	0.0266	2621	2900	3374
Família monoparental	0.0757	0.0643	0.0962	0.0374	0.0224	0.0423	2219	2799	2964
Casal c /1 filho dep.	0.0179	0.0197	0.0241	0.0072	0.0064	0.0080	2543	3067	3338
Casal c/2 filhos dep.	0.0175	0.0260	0.0283	0.0058	0.0100	0.0085	2744	2897	3408
Casal c/3+ filhos dep.	0.0673	0.0843	0.1050	0.0276	0.0359	0.0424	2522	2686	3013
Outro tipo de ADPs	0.0393	0.0409	0.0354	0.0151	0.0161	0.0135	2575	2785	3287
Total	0.0433	0.0465	0.0470	0.0163	0.0176	0.0170	2561	2817	3285

Nota: Valores do rendimento em euros, a preços de 2000
Fonte: IOF 89/90, 94/95 e 2000. Cálculos efectuados pelo autor a partir dos micro-dados

Apesar da diminuição acentuada de todos os índices de pobreza ocorrida ao longo da década para os agregados compostos exclusivamente por idosos, este grupo apresenta em 2000 uma taxa de incidência da pobreza que é ainda superior ao dobro da taxa média global de pobreza.

Os agregados constituídos exclusivamente por idosos representam em 2000 45% da população pobre, um valor claramente superior ao seu peso relativo no conjunto da sociedade (16.9%).

A decomposição da evolução da desigualdade e da pobreza por tipo de ADP, retratada no quadro seguinte, evidencia que as alterações intra-grupos desempenham um papel fundamental nas alterações ocorridas na desigualdade, mas um papel negligenciável na incidência da pobreza. As alterações na estrutura da população por tipo de ADP têm um efeito limitado mas de carácter "anti--cíclico" no caso da desigualdade e constituem o elemento determinante no agravamento continuado da taxa de pobreza.

Quadro n.º 4-15
Decomposição da Evolução da Desigualdade (E(0)) e da Pobreza (F(0)) por Tipo de ADP (%)

	Alteração Percentual da Desigualdade	Alterações na Desigualdade induzidas por modificações na:		
		Desigualdade Intra-grupo	Composição da População	Rend.Médio dos Grupos
1989-1995	19.1	19.0	-0.1	0.2
1995-2000	-0.3	-1.1	2.7	-1.9
1989-2000	18.8	18.0	3.0	-2.2

	Alteração Percentual da Taxa de Pobreza	Alterações na Incidência da Pobreza induzidas por modificações na:	
		Pobreza Intra-grupo	Composição da População
1989-1995	3.7	-0.9	4.6
1995-2000	4.5	0.3	4.2
1989-2000	8.3	-1.1	9.4

Fonte: IOF 89/90, 94/95 e 2000. Cálculos efectuados pelo autor a partir dos micro-dados

4.5. Alterações no nível médio de instrução do indivíduo de referência

Nesta secção pretende-se analisar a influência que o nível de educação medido pelas habilitações escolares exerce sobre a distribuição do rendimento e as condições de vida dos agregados e dos indivíduos. A variável seleccionada para traduzir essa influência é o nível de instrução do indivíduo de referência. Esta variável só parcialmente capta os efeitos que o nível educacional exerce sobre o processo de formação das várias componentes do rendimento que o agregado aufere. No entanto, ela possibilita uma apreensão clara das principais alterações ocorridas no sistema educativo resultantes do prolongamento da escolaridade obrigatória e do aumento da população com formação escolar relativamente a todos os graus de ensino.

O quadro seguinte é particularmente ilustrativo quanto às modificações ocorridas no perfil educacional da população portuguesa. Ele traduz, inequivocamente, um aumento global do nível de instrução ocorrido entre 1989 e 2000. A percentagem de indivíduos residindo em agregados cujo indivíduo de referência não possui qualquer grau de escolaridade reduziu-se de 18% em 1989 para 15% em 2000. No que concerne aos agregados cujo indivíduo de referência tem habilitações de nível universitário ou equivalente a sua percentagem subiu de 5.1% para 8.1%[96].

---

[96] Se, em vez de considerarmos a distribuição da população de acordo com o nível de instrução do indivíduo de referência, analisássemos a verdadeira distribuição da população maior de 16 anos pelos quatros níveis de instrução considerados, a tendência registada não sofria alterações: de acordo com os IOFs, em 1989 a percentagem de indivíduos sem instrução primária era de 25.4%, reduzindo-se este valor para 22.2% em 2000; no caso dos indivíduos com curso superior ou equivalente a percentagem passa de 3.8% para 6.2% no mesmo período.

Quadro n.° 4-16
Distribuição do Rendimento e Desigualdade por Nível de Instrução do Indivíduo de referência

Instrução do Indivíduo Referência	Distribuição da População			Rendimento Médio			Desvio do Rendimento face ao Rendimento Médio		
	1989	1995	2000	1989	1995	2000	1989	1995	2000
Sem Qualquer Grau	18.1	14.6	14.9	4169	4324	4933	62.1	55.0	55.2
Ensino Básico	72.0	70.6	68.4	6561	6988	7939	97.8	88.9	88.8
Ensino Secundário	4.9	6.9	8.6	10462	11782	12182	155.9	149.9	136.3
Ensino Superior	5.1	7.9	8.1	14202	18754	21340	211.7	238.6	238.8
Total	100.0	100.0	100.0	6709	7860	8937	100.0	100.0	100.0

	Índice de Gini			Índice de Entropia Generalizada					
				E(0)			E(1)		
Sem Qualquer Grau	0.2711	0.2633	0.2502	0.1226	0.1135	0.1033	0.1201	0.1159	0.1108
Ensino Básico	0.2783	0.2746	0.2788	0.1311	0.1279	0.1308	0.1407	0.1291	0.1348
Ensino Secundário	0.2499	0.3044	0.2819	0.1059	0.1555	0.1335	0.1037	0.1537	0.1350
Ensino Superior	0.2297	0.2681	0.2847	0.0888	0.1179	0.1323	0.0839	0.1235	0.1306
Total	0.3169	0.3473	0.3481	0.1683	0.2004	0.1999	0.1751	0.2136	0.2153
Proporção da Desigualdade imputável à desigualdade inter-grupos (%)				25.00	36.69	36.45	26.09	39.33	38.67

Nota: Valores do rendimento em euros, a preços de 2000
Fonte: IOF 89/90, 94/95 e 2000. Cálculos efectuados pelo autor a partir dos micro-dados

O Quadro n.° 4-16 permite igualmente evidenciar a estrita associação entre o nível educacional do indivíduo de referência e o rendimento médio dos agregados: quanto maior o nível de instrução maior o rendimento médio por adulto equivalente. Igualmente significativo é o facto de o efeito discriminante do nível educacional, em termos do rendimento médio, ter aumentado ao longo do período em estudo. Enquanto que em 1989 o rendimento médio por adulto equivalente dos indivíduos sem qualquer grau de ensino representava cerca de 62% do valor médio do conjunto da população, já em 2000 esse mesmo rendimento era pouco superior a metade do rendimento médio (55%). No extremo oposto, os indivíduos residindo em agregados cujo indivíduo de referência possui instrução de tipo superior vêem o seu rendimento relativo aumentar, no mesmo período, de 212% do rendimento médio para 239%.

Os vários indicadores de desigualdade indiciam uma nítida estabilidade da desigualdade no seio das várias categorias educacionais, apresentando valores inferiores ao nível médio de desigualdade.

A proporção da desigualdade atribuível à desigualdade intergrupos é não só bastante elevada como a sua importância aumenta fortemente entre 1989 e 2000. A proporção da desigualdade E(0) "explicada" pelas diferenças entre as várias categorias educacionais é 25% em 1989 e de 36% em 2000. Se usarmos como indicador de desigualdade o índice E(1) a tendência observada é semelhante: 26% em 1989 e 39% em 2000.

Este forte acréscimo da proporção da desigualdade imputável à desigualdade entre os vários grupos educacionais ocorre, exclusivamente, na primeira metade da década e de forma paralela ao crescimento da desigualdade.

O nível de instrução do indivíduo de referência surge, assim, como um importante determinante do fenómeno da desigualdade. A segmentação da população de acordo com as categorias educacionais não somente mostra a existência de fortes disparidades do rendimento médio por adulto equivalente de cada um dos grupos, como também evidencia o importante papel que o nível de instrução do indivíduo de referência desempenha na desigualdade total.

A observação dos diferentes indicadores de pobreza confirma a análise anterior. O nível de instrução do indivíduo de referência assume-se igualmente como um factor de diferenciação do nível de precariedade e de pobreza dos indivíduos. O quadro seguinte ilustra como é fundamentalmente entre os agregados cujo indivíduo de referência não possui qualquer grau educativo que se manifesta a maior incidência da pobreza. Os agregados cujo indivíduo de referência tem menor nível educacional apresentam taxas de pobreza claramente superiores à média, atingindo os 50% em 2000. São igualmente estes agregados que apresentam valores mais elevados quanto aos indicadores de intensidade e severidade do fenómeno da pobreza económica. O Quadro n.º 4-17 permite igualmente observar que, no extremo oposto, os agregados cujo indivíduo de referência possui instrução de tipo superior estão praticamente "imunes" às situações de pobreza.

Quadro n.º 4-17
Distribuição do Rendimento e Pobreza por Nível de Instrução do Indivíduo de referência

Instrução do Indiv. De Referência	Incidência da Pobreza F(0)			Incidência Relativa F(0) / $F_g(0)$			Estrutura da População Pobre (%)		
	1989	1995	2000	1989	1995	2000	1989	1995	2000
Sem Qualquer Grau	44.4	48.9	50.4	252.0	267.7	263.7	45.5	39.1	39.4
Ensino Básico	13.2	15.4	16.4	74.7	84.4	85.9	53.7	59.5	58.7
Ensino Secundário	2.5	3.6	3.8	14.3	19.8	19.7	0.7	1.4	1.7
Ensino Superior	0.2	0.1	0.4	1.2	0.3	2.3	0.1	0.0	0.2
Total	17.6	18.3	19.1	100.0	100.0	100.0	100.0	100.0	100.0
	Intensidade da Pobreza F(1)			Severidade da Pobreza F(2)			Rendimento Médio dos Pobres		
Sem Qualquer Grau	0.1207	0.1348	0.1283	0.0477	0.0519	0.0467	2472	2737	3246
Ensino Básico	0.0295	0.0370	0.0396	0.0106	0.0138	0.0142	2633	2872	3304
Ensino Secundário	0.0048	0.0102	0.0082	0.0013	0.0040	0.0033	2750	2716	3406
Ensino Superior	0.0004	0.0002	0.0003	0.0002	0.0001	0.0000	2774	2703	4045
Total	0.0433	0.0465	0.0470	0.0163	0.0176	0.0170	2561	2817	3285

Nota: Valores do rendimento em euros, a preços de 2000
Fonte: IOF 89/90, 94/95 e 2000. Cálculos efectuados pelo autor a partir dos micro-dados

A decomposição intertemporal da desigualdade e da incidência da pobreza apresentada no quadro seguinte ilustra a importância das alterações demográficas ocorridas ao longo do período nos níveis de desigualdade e de pobreza. As mudanças ocorridas na distribuição da população de acordo com o nível de instrução do indivíduo de referência exercem um efeito oposto sobre a desigualdade e o nível de pobreza. O impacto sobre a redução da incidência da pobreza é claramente positivo enquanto que o seu efeito sobre o nível de desigualdade global foi no sentido do seu agravamento.

A pobreza intra-grupo teve, ao longo de todo o período, um contributo positivo para o aumento da taxa de incidência da pobreza reflectindo o acentuar dos níveis de pobreza no seio de todos os grupos educacionais considerados. Por último, refira-se que o acentuar das disparidades do rendimento médio por adulto equivalente das várias categorias educacionais entre 1989 e 1995 também contribuiu para o acréscimo da desigualdade total nesse período.

Quadro n.º 4-18
Decomposição da Evolução da Desigualdade (E(0)) e da Pobreza (F(0))
por Nível de Instrução do Indivíduo de Referência (%)

	Alteração Percentual da Desigualdade	Alterações na Desigualdade induzidas por modificações na:		
		Desigualdade Intra-grupo	Composição da População	Rend.Médio dos Grupos
1989-1995	19.1	0.6	5.9	12.6
1995-2000	-0.3	-1.1	2.7	-1.9
1989-2000	18.8	0.8	7.0	11.0

	Alteração Percentual da Taxa de Pobreza	Alterações na Incidência da Pobreza induzidas por modificações na:	
		Pobreza Intra-grupo	Composição da População
1989-1995	3.7	13.6	-9.9
1995-2000	4.5	5.1	-0.6
1989-2000	8.3	19.0	-10.7

Fonte: IOF 89/90, 94/95 e 2000. Cálculos efectuados pelo autor a partir dos micro-dados

4.6. Alterações na participação da população na actividade produtiva

Ao longo da década de 90 registaram-se profundas modificações na estrutura dos rendimentos familiares e na inserção dos indivíduos no processo produtivo. Nesta secçao pretende-se analisar o impacto dessas alterações na estrutura e distribuição dos rendimentos. Essa análise assentará na observação de duas vertentes que possibilitam captar essas modificações. A primeira respeita ao estudo da ligação directa entre os agregados e a actividade produtiva, de forma a observar a importância relativa dos agregados em que nenhum dos seus elementos obtém rendimentos gerados no processo produtivo. A segunda vertente corresponde à análise da principal fonte de receita dos agregados e possibilitará aprofundar o estudo dos mecanismos de formação dos diferentes rendimentos familiares.

A variável "participação na actividade produtiva" traduz o envolvimento directo do agregado no sistema produtivo. A sua construção permite identificar a evolução do peso relativo dos indivíduos vivendo em estruturas familiares cujos rendimentos resultam exclusivamente de transferências sociais[97].

O Quadro n.º 4-19 ilustra a partição dos agregados de acordo com esta variável. Uma primeira observação é a de que o número de indivíduos residindo em agregados totalmente excluídos da actividade produtiva aumentou cinco pontos percentuais entre 1989 e 2000, representando neste último ano 22.4% da população. O envelhecimento da população, identificado na secção 5.3, constitui indubitavelmente um factor explicativo desta transformação, mas não é certamente o único.

Quadro n.º 4-19
Distribuição do Rendimento e Desigualdade por Participação do ADP na Actividade Produtiva

Participação na Actividade Produtiva	Distribuição da População			Rendimento Médio			Desvio do Rendimento face ao Rendimento Médio		
	1989	1995	2000	1989	1995	2000	1989	1995	2000
Não Participação	17.0	18.2	22.4	4470	5550	6670	66.6	70.6	74.7
Participação	83.0	81.8	77.6	7170	8380	9590	106.8	106.6	107.3
Total	100.0	100.0	100.0	6709	7860	8937	100.0	100.0	100.0

	Índice de Gini			Índice de Entropia Generalizada					
				E(0)			E(1)		
Não Participação	0.3292	0.3663	0.3638	0.1781	0.2196	0.2146	0.2114	0.2472	0.2460
Participação	0.2994	0.3319	0.3321	0.1492	0.1821	0.1818	0.1562	0.1966	0.1972
Total	0.3169	0.3473	0.3481	0.1683	0.2004	0.1999	0.1751	0.2136	0.2153
Proporção da Desigualdade imputável à desigualdade inter-grupos (%)				8.4	5.8	5.3	7.2	4.9	4.6

Nota: Valores do rendimento em euros, a preços de 2000
Fonte: IOF 89/90, 94/95 e 2000. Cálculos efectuados pelo autor a partir dos micro-dados

---

[97] A construção e utilização duma variável com estas características no estudo das alterações na distribuição do rendimento foram ensaiadas por Atkinson (1995).

Os rendimentos destes agregados situam-se, ao longo de todo o período, abaixo dos 75% do rendimento médio por adulto equivalente. Os três índices de desigualdade utilizados evidenciam que os agregados sem qualquer ligação com a actividade produtiva apresentam igualmente níveis de desigualdade superiores aos valores médios para o conjunto da população e, consequentemente, superiores aos dos agregados com rendimentos gerados na produção. A proporção da desigualdade imputável à desigualdade inter-grupos diminuiu ao longo dos anos 90. Em 2000 a parte da desigualdade total "explicada" pela desigualdade inter-grupos correspondia a 5.3% de acordo com $E(0)$ e a 4.6% se se utilizar o índice $E(1)$.

As diferenças entre os dois grupos tornam-se mais nítidas se as observarmos na óptica das várias dimensões do fenómeno da pobreza. Como se pode observar no quadro seguinte, os agregados sem participação na actividade produtiva apresentam, ao longo de todo o período, níveis de incidência de pobreza superiores a 40%. Contudo, contrariando a evolução verificada para o conjunto da população, a taxa de pobreza deste grupo regista uma redução muito significativa entre 1989 e 2000.

Quadro n.º 4-20
Distribuição do Rendimento e Pobreza por Participação do ADP
na Actividade Produtiva

Participação na Actividade Produtiva	Incidência da Pobreza F(0)			Incidência Relativa $F(0) / F_g(0)$			Estrutura da População Pobre (%)		
	1989	1995	2000	1989	1995	2000	1989	1995	2000
Não Participação	47.9	43.0	40.9	271.8	235.1	214.3	46.3	42.9	48.0
Participação	11.4	12.8	12.8	64.8	69.9	67.0	53.4	57.1	52.0
Total	17.6	18.3	19.1	100.0	100.0	100.0	100.0	100.0	100.0
	Intensidade da Pobreza F(1)			Severidade da Pobreza F(2)			Rendimento Médio dos Pobres		
Não Participação	0.1289	0.1211	0.1051	0.0494	0.0482	0.0389	2480	2710	3240
Participação	0.0257	0.0298	0.0302	0.0095	0.0108	0.0106	2630	2900	3330
Total	0.0433	0.0465	0.0470	0.0163	0.0176	0.0170	2561	2817	3285

Nota: Valores do rendimento em euros, a preços de 2000
Fonte: IOF 89/90, 94/95 e 2000. Cálculos efectuados pelo autor a partir dos micro-dados

No entanto, o aspecto que parece mais significativo relaciona-se com os elevados índices de intensidade e severidade da pobreza que afectam os agregados não inseridos na actividade produtiva. Apesar de ambos os índices registarem uma ligeira diminuição ao longo do período, que ocorre paralelamente ao decréscimo da taxa de pobreza neste grupo, os seus valores são relativamente muito elevados traduzindo uma situação de precariedade económica acentuada.

A decomposição intertemporal da desigualdade e da pobreza (Quadro n.º 4-21) permite realçar como a alteração da estrutura da população resultante do aumento proporcional dos indivíduos inseridos em agregados sem qualquer participação na actividade produtiva exerce um efeito de agravamento dos níveis de desigualdade e de pobreza.

Quadro n.º 4-21
Decomposição da Evolução da Desigualdade (E(0)) e da Pobreza (F(0)) por Participação do ADP na Actividade Produtiva (%)

	Alteração Percentual da Desigualdade	Alterações na Desigualdade induzidas por modificações na:		
		Desigualdade Intra-grupo	Composição da População	Rend.Médio dos Grupos
1989-1995	19.1	20.4	0.7	-2.0
1995-2000	-0.3	-0.6	1.6	-1.3
1989-2000	18.8	19.9	2.6	-3.7

	Alteração Percentual da Taxa de Pobreza	Alterações na Incidência da Pobreza induzidas por modificações na:	
		Pobreza Intra-grupo	Composição da População
1989-1995	3.7	1.4	2.3
1995-2000	4.5	-2.2	6.6
1989-2000	8.3	-1.6	9.9

Fonte: IOF 89/90, 94/95 e 2000. Cálculos efectuados pelo autor a partir dos micro-dados

Um aspecto importante, e não dissociável da evolução da participação dos agregados na actividade produtiva, é a evolução do desemprego na economia portuguesa. De acordo com os Relatórios Anuais do Banco de Portugal a taxa de desemprego foi de 5.0% em 1989, 7.2% em 1995 e de 3.9% em 2000. O comportamento da taxa de desemprego parece assim claramente associado à evolução das alterações ocorridas na distribuição do rendimento ao longo da década de 90, embora a sua ligação à evolução da participação dos agregados familiares na actividade produtiva se revele mais ténue.

De igual forma, a relação entre a situação de desempregado e a condição de pobreza não se afigura muito relevante durante este período. A percentagem de indivíduos desempregados em situação de pobreza passou de 26.9 em 1989 para 24.6 em 1995 e para 21.0 em 2000. Note-se, no entanto, que a informação disponível nos Inquéritos aos Orçamentos Familiares não se revela particularmente adequada para uma análise rigorosa da interacção entre a evolução do desemprego e as alterações na distribuição do rendimento. A análise anterior acerca da participação dos agregados na actividade produtiva pode ser aprofundada com a observação da principal fonte de receita dos agregados. Considerando uma tipologia muito simples de cinco categorias de rendimento, o Quadro n.º 4-22 permite constatar que a proporção de indivíduos cuja principal fonte de rendimento são as Pensões e outros Benefícios Sociais sofre um incremento superior a 50%, passando de 15% para 24% ao longo da década. Esta alteração é perfeitamente consistente com a análise anterior quanto à participação dos agregados na actividade produtiva[98].

---

[98] O facto de um agregado ter como principal fonte de rendimento Pensões e Benefícios Sociais não exclui a possibilidade de, simultaneamente, auferir rendimentos gerados na actividade produtiva.

Quadro n.º 4-22
Distribuição do Rendimento e Desigualdade por Principal Fonte de Receita do Agregado

Principal Fonte de Receita	Distribuição da População			Rendimento Médio			Desvio do Rendimento face ao Rendimento Médio		
	1989	1995	2000	1989	1995	2000	1989	1995	2000
Salários e Ordenados	58.5	54.9	56.2	7198	8331	9857	107.3	106.0	110.3
Trabalho Conta Própria	21.0	21.6	14.9	6627	7871	8377	98.8	100.1	93.7
Rend Privs ex/Trabalho	4.9	3.9	3.1	8655	11064	12466	129.0	140.8	139.5
Pensões/Benef. Sociais	15.1	18.3	23.7	4314	5767	6940	64.3	73.4	77.7
Outras	0.4	1.3	2.0	5707	7768	5384	85.1	98.8	60.2
Total	100.0	100.0	100.0	6709	7860	8937	100.0	100.0	100.0

	Índice de Gini			Índice de Entropia Generalizada					
				E(0)			E(1)		
	1989	1995	2000	1989	1995	2000	1989	1995	2000
Salários e Ordenados	0.2868	0.3178	0.3263	0.1358	0.1662	0.1745	0.1417	0.1774	0.1909
Trabalho Conta Própria	0.3015	0.3383	0.3224	0.1537	0.1918	0.1742	0.1615	0.2060	0.1967
Rend Privs ex/Trabalho	0.4012	0.4092	0.3763	0.2736	0.2917	0.2391	0.2977	0.3080	0.2361
Pensões/Benef. Sociais	0.3196	0.3701	0.3593	0.1632	0.2212	0.2072	0.1808	0.2459	0.2286
Outras	0.5014	0.4555	0.3905	0.5092	0.3498	0.2516	0.4187	0.3913	0.2805
Total	0.3169	0.3473	0.3481	0.1683	0.2004	0.1999	0.1751	0.2136	0.2153
Proporção da Desigualdade imputável à desigualdade inter-grupos (%)				9.55	5.69	7.08	8.29	5.13	6.30

Nota: Valores do rendimento em euros, a preços de 2000
Fonte: IOF 89/90, 94/95 e 2000. Cálculos efectuados pelo autor a partir dos micro-dados

A proporção de indivíduos pertencentes a agregados cuja principal fonte de rendimento é Salários e Ordenados mantém-se praticamente inalterada ao longo do período, com valores que oscilam entre os 56% e os 59%. O Trabalho por Conta de Outrem constitui assim, e de forma relativamente estável, a principal fonte de rendimento dos agregados.

Igualmente significativa é a redução ocorrida no peso dos indivíduos cuja principal fonte de receita do agregado é o Trabalho por Conta Própria. Se em 1989 esses agregados representavam 21% da população, esse valor diminui para 15% em 2000. Como veremos na secção seguinte, esta redução encontra-se associada à diminuição da população agrícola, em particular a dos trabalhadores isolados na agricultura.

A análise dos rendimentos relativos dos vários grupos confirma igualmente as principais conclusões retiradas com a anterior partição da população. Os agregados cuja principal fonte de receita é constituída por Pensões e Benefícios Sociais apresentam o mais baixo nível de rendimento por adulto equivalente, correspondente a menos de 80% do rendimento médio do conjunto da população. A melhoria relativa ocorrida entre 1989 e 2000, onde o desvio face ao rendimento médio passa de 64.3% para 77.7%, não é suficiente para colmatar a forte precariedade do nível de rendimentos deste grupo.

Os agregados cuja principal fonte de rendimento é constituída por Rendimentos Privados que não o Trabalho (lucros, juros, dividendos, etc.) vêem o seu rendimento médio relativo aumentar de forma significativa na primeira metade da década de 90, indiciando um aumento das disparidades na parte superior da distribuição. O seu rendimento médio por adulto equivalente sobe de 129% do rendimento médio global em 1989 para 140% em 1995. É igualmente neste grupo que se registam dos mais elevados índices de desigualdade intra-grupo.

Os menores índices de desigualdade no seio dos vários grupos ocorrem nos agregados cuja principal fonte de receita é constituída por Salários e Ordenados, tendo-se verificado uma tendência de evolução do nível de desigualdade que acompanha a do conjunto da população, isto é, um forte agravamento na primeira metade da década de 90, seguido de um ligeiro acréscimo entre 1995 e 2000.

A evolução da proporção da desigualdade imputável à desigualdade inter-grupos evidencia um decréscimo entre 1989 e 1995, crescendo novamente na parte final da década. No final do período a parte da desigualdade total "explicada" pela desigualdade inter-grupos representa entre 6.4% (E(1)) e 7.1% (E(0)).

O quadro seguinte permite evidenciar que são os agregados cuja principal fonte de rendimento assenta em Pensões e outros Benefícios Sociais aqueles que se confrontam com uma maior incidência de pobreza. Os indivíduos inseridos neste grupo apresentam uma taxa de pobreza que no ano de 1989 é superior a 50%. É nesta categoria que se localizam as situações de maior precariedade económica, apesar da significativa redução deste índice entre 1989 e 1995 (superior a 9 pontos percentuais). É também neste grupo que se registam os valores mais elevados da incidência e intensidade da pobreza. Igualmente relevante é o facto de mais de 40% da população pobre se situar nesta categoria socio-económica.

Quadro n.º 4-23
Distribuição do Rendimento e Pobreza por Principal Fonte de Receita do Agregado

Principal Fonte de Receita	Incidência da Pobreza F(0)			Incidência Relativa F(0) / $F_g(0)$			Estrutura da População Pobre (%)		
	1989	1995	2000	1989	1995	2000	1989	1995	2000
Salários e Ordenados	10.0	11.2	10.7	56.8	61.3	55.8	33.3	33.7	31.4
Trabalho Conta Própria	14.8	16.5	17.9	84.1	90.3	93.7	17.7	19.5	14.0
Rend Privs ex/Trabalho	14.7	12.6	9.9	83.2	69.0	52.0	4.1	2.7	1.6
Pensões/Benef.Sociais	51.1	41.9	38.1	290.0	229.1	199.5	43.7	41.9	47.3
Outras	48.8	31.3	54.9	276.8	171.4	287.4	1.2	2.3	5.6
Total	17.6	18.3	19.1	100.0	100.0	100.0	100.0	100.0	100.0
	Intensidade da Pobreza F(1)			Severidade da Pobreza F(2)			Rendimento Médio dos Pobres		
Salários e Ordenados	0.0209	0.0253	0.0233	0.0074	0.0090	0.0078	2684	2923	3404
Trabalho Conta Própria	0.0363	0.0415	0.0426	0.0144	0.0162	0.0149	2563	2828	3319
Rend Privs ex/Trabalho	0.0446	0.0436	0.0268	0.0200	0.0203	0.0125	2360	2471	3183
Pensões/Benef. Sociais	0.1332	0.1125	0.0950	0.0485	0.0425	0.0339	2509	2762	3270
Outras	0.2433	0.1005	0.2110	0.1489	0.0440	0.0990	1701	2566	2681
Total	0.0433	0.0465	0.0470	0.0163	0.0176	0.0170	2561	2817	3285

Nota: Valores do rendimento em euros, a preços de 2000
Fonte: IOF 89/90, 94/95 e 2000. Cálculos efectuados pelo autor a partir dos micro-dados

Embora nenhum dos cinco grupos considerados se apresente "imune" às situações de pobreza, é nos agregados cuja principal fonte de receita é constituída por Salários e Ordenados que se verifica uma menor incidência. Tal não evita, porém, que mais de 30% da população pobre se encontre precisamente neste grupo.

A decomposição temporal da evolução da desigualdade e da pobreza representada no Quadro n.º 4-24 traduz, de forma inequívoca, como as alterações na composição da população de acordo com a principal fonte de receita dos agregados exercem um efeito de agravamento da desigualdade e da pobreza. Em sentido oposto, a diminuição dos níveis de pobreza intra-grupo desempenharam um papel atenuador do acréscimo global da incidência da pobreza.

Quadro n.º 4-24
Decomposição da Evolução da Desigualdade (E(0)) e da Pobreza (F(0)) por Principal Fonte de Receita do ADP (%)

	Alteração Percentual da Desigualdade	Alterações na Desigualdade induzidas por modificações na:		
		Desigualdade Intra-grupo	Composição da População	Rend.Médio dos Grupos
1980-1990	19.1	22.1	0.2	-3.2
1990-1995	-0.3	-2.5	1.7	0.5
1980-1995	18.8	19.1	3.0	-3.3

	Alteração Percentual da Taxa de Pobreza	Alterações na Incidência da Pobreza induzidas por modificações na:	
		Pobreza Intra-grupo	Composição da População
1980 1990	3.7	-4.0	7.7
1990-1995	4.5	-3.0	7.5
1980 1995	8.3	-9.6	17.9

Fonte: IOF 89/90, 94/95 e 2000. Cálculos efectuados pelo autor a partir dos micro-dados

4.7. Alterações na estrutura do emprego

A observação da categoria socioeconómica do indivíduo de referência do agregado possibilita não somente confirmar algumas das principais tendências registadas na secção anterior quanto à participação da população na actividade produtiva, mas igualmente aferir as alterações ocorridas na própria estrutura do emprego, alterações estas com repercussões directas no processo de formação dos rendimentos familiares.

O quadro seguinte apresenta a partição da população de acordo com a categoria socioeconómica do indivíduo de referência.

Quadro n.º 4-25
Distribuição do Rendimento e Desigualdade por Categoria Socioeconómica do Indivíduo de Referência

Categoria Socioec. do Indiv. Referência	Distribuição da População			Rendimento Médio			Desvio do Rendimento face ao Rendimento Médio		
	1989	1995	2000	1989	1995	2000	1989	1995	2000
Patrões / Isolados agrícolas	6.8	5.7	2.9	5447	5461	6112	81.2	69.5	68.4
Trabalhadores agrícolas	3.3	2.5	1.3	4612	4958	5065	68.8	63.1	56.7
Empresários não agrícolas	14.0	13.6	11.1	7869	9198	9451	117.3	117.0	105.7
Executivos e Quadros	6.1	5.5	7.1	13019	19198	20454	194.1	244.2	228.9
Trabalhadores Indústria	24.7	23.8	25.0	5982	6633	7502	89.2	84.4	83.9
Trabalhadores serviços	20.8	24.1	23.3	7320	8321	9400	109.1	105.9	105.2
Reformados	18.6	19.0	23.1	4785	6173	7299	71.3	78.5	81.7
Outros	5.8	5.9	6.3	7025	6268	7167	104.7	79.7	80.2
Total	100.0	100.0	100.0	6709	7860	8937	100.0	100.0	100.0

	Índice de Gini			Índice de Entropia Generalizada					
				E(0)			E(1)		
Patrões / Isolados agrícolas	0.2976	0.2717	0.3232	0.1489	0.1214	0.1771	0.1646	0.1253	0.1981
Trabalhadores agrícolas	0.2603	0.2211	0.2646	0.1184	0.0836	0.1150	0.1129	0.0782	0.1097
Empresários não agrícolas	0.2972	0.3302	0.3212	0.1486	0.1859	0.1687	0.1631	0.1998	0.1898
Executivos e Quadros	0.2529	0.2792	0.2995	0.1062	0.1287	0.1455	0.1021	0.1269	0.1442
Trabalhadores da Indústria	0.2340	0.2357	0.2374	0.0946	0.0914	0.0945	0.0975	0.0923	0.0965
Trabalhadores Serviços	0.2676	0.2824	0.2729	0.1190	0.1335	0.1226	0.1218	0.1366	0.1228
Reformados	0.3292	0.3722	0.3642	0.1732	0.2232	0.2128	0.1869	0.2401	0.2364
Outros	0.3463	0.3889	0.3998	0.2187	0.2561	0.2701	0.2284	0.2680	0.2946
Total	0.3169	0.3473	0.3481	0.1683	0.2004	0.1999	0.1751	0.2136	0.2153
Proporção da Desigualdade imputável à desigualdade inter-grupos (%)				20.25	23.80	23.02	21.10	26.60	25.63

Nota: Valores do rendimento em euros, a preços de 2000
Fonte: IOF 89/90, 94/95 e 2000. Cálculos efectuados pelo autor a partir dos micro-dados

O acréscimo que se observa na população pertencente a agregados cujo indivíduo de referência é Reformado vem confirmar as análises anteriores, não só quanto ao envelhecimento da população, mas também quanto ao crescente "desligar" da actividade produtiva de um conjunto significativo da população. Se, em 1989, a proporção de indivíduos pertencente a agregados cujo indivíduo de referência possuía o estatuto de reformado era de 19%, em 2000 o seu peso relativo era já de 23%. Confirma-se igualmente o baixo nível de recursos destes agregados, cujo rendimento médio por adulto equivalente correspondia a 71% do rendimento médio por adulto equivalente em 1989, 79% em 1995 e 82% em 2000. A progressão verificada no rendimento relativo deste grupo, particularmente entre 1990 e 1995, traduz um fenómeno importante de aumento da heterogeneidade deste grupo, onde coexiste um número muito elevado de indivíduos com pensões muito baixas com alguns indivíduos auferindo pensões de reforma significativamente elevadas. É precisamente este fenómeno que explica que se encontrem neste grupo as mais elevadas taxas de desigualdade intra-grupos, independentemente do índice considerado.

Uma segunda leitura que se pode extrair do Quadro n.º 4-25 é o forte decréscimo da proporção da população ligada à actividade agrícola. Considerando o conjunto das duas primeiras categorias (patrões e isolados agrícolas e trabalhadores agrícolas) verifica-se que o peso da população residente em agregados cujo indivíduo de referência obtém os seus principais rendimentos da agricultura decresce de 10.1% em 1989 para menos de metade em 2000 (4.2%). O forte decréscimo do peso dos agregados cuja principal fonte de rendimento é o trabalho por conta própria, constatado na secção anterior, encontra certamente aqui uma das suas principais justificações.

O rendimento médio por adulto equivalente dos indivíduos destes dois grupos é, igualmente, inferior ao rendimento médio do conjunto da população, assistindo-se a uma "desvalorização" progressiva dos seus níveis de rendimento relativo, que ocorre paralelamente à perda de importância da actividade agrícola no sistema produtivo. Particularmente significativa é a quebra no rendimento médio relativo dos patrões e isolados agrícolas. Se, em 1989, o rendimento médio por adulto equivalente dos indivíduos pertencentes a esta categoria de agregados representava 81% do rendimento do conjunto da população, em 2000 esse valor desce para 68%.

O Quadro n.º 4-25 permite igualmente realçar a evolução dos rendimentos relativos da categoria correspondente aos Executivos e Quadros Técnicos. Embora o seu peso relativo se mantenha praticamente inalterado em valores próximos de 6%, o rendimento médio por adulto equivalente dos indivíduos pertencentes a esta categoria passa de 194% do rendimento médio em 1989, para 244% em 1995 e em 2000 retrocede ligeiramente fixando-se em 229%. O forte acréscimo ocorrido entre 1989 e 1995 encontra-se indubitavelmente ligado ao acréscimo das disparidades na parte superior da distribuição do rendimento constatado no capítulo 3.

A apreciação da desigualdade inter-grupos evidencia a importância da categoria socioeconómica como variável de segmentação da população na distribuição do rendimento e como factor explicativo da desigualdade. A proporção da desigualdade imputável à desigualdade inter-grupos, que no início da década era de cerca de 20%, sobe para 23% em 2000 se utilizarmos $E(0)$ e para 26% se $E(1)$ for o índice considerado.

O quadro seguinte analisa a importância da categoria socioeconómica no fenómeno da pobreza económica.

Quadro n.º 4-26
Distribuição do Rendimento e Pobreza por Categoria Socioeconómica do Indivíduo de Referência

Categoria Socioec. do Indiv. Referência	Incidência da Pobreza F(0)			Incidência Relativa F(0) / F_g(0)			Estrutura da População Pobre (%)		
	1989	1995	2000	1989	1995	2000	1989	1995	2000
Patrões / isolados agrícolas	23.2	28.7	36.0	131.4	156.9	188.5	8.9	8.9	5.4
Trabalhadores agrícolas	34.1	31.2	48.3	193.2	170.5	252.9	6.4	4.2	3.2
Empresários não agrícolas	7.9	9.2	11.3	44.9	50.4	58.9	6.3	6.8	6.6
Executivos e Quadros	0.7	0.4	0.5	3.9	2.4	2.9	0.2	0.1	0.2
Trabalhadores Industria	11.2	12.7	12.9	63.7	69.3	67.7	15.7	16.5	16.9
Trabalhadores serviços	8.9	9.4	9.6	50.5	51.2	50.3	10.5	12.3	11.7
Reformados	43.2	37.7	35.7	245.1	206.3	187.1	45.5	39.2	43.2
Outros	19.7	36.7	38.9	111.7	200.5	203.8	6.5	11.9	12.8
Total	17.6	18.3	19.1	100.0	100.0	100.0	100.0	100.0	100.0
	Intensidade da Pobreza F(1)			Severidade da Pobreza F(2)			Rendimento Médio dos Pobres		
Patrões / isolados agrícolas	0.0550	0.0720	0.1104	0.0204	0.0264	0.0455	2587	2829	3021
Trabalhadores agrícolas	0.0899	0.0775	0.1407	0.0360	0.0292	0.0562	2497	2838	3088
Empresários não agrícolas	0.0180	0.0240	0.0234	0.0068	0.0107	0.0071	2621	2791	3452
Executivos e Quadros	0.0011	0.0010	0.0004	0.0002	0.0002	0.0000	2855	2922	4060
Trabalhadores Industria	0.0241	0.0243	0.0277	0.0091	0.0075	0.0094	2664	3053	3422
Trabalhadores serviços	0.0159	0.0214	0.0196	0.0053	0.0075	0.0058	2788	2914	3466
Reformados	0.1115	0.1011	0.0855	0.0406	0.0375	0.0294	2518	2765	3314
Outros	0.0694	0.1181	0.1301	0.0326	0.0539	0.0589	2199	2560	2900
Total	0.0433	0.0465	0.0470	0.0163	0.0176	0.0170	2561	2817	3285

Nota: Valores do rendimento em euros, a preços de 2000
Fonte: IOF 89/90, 94/95 e 2000. Cálculos efectuados pelo autor a partir dos micro-dados

Os agregados cujo indivíduo de referência é Reformado apresentam as taxas de pobreza mais elevadas na primeira metade da década, sendo igualmente aqueles onde a intensidade e a severidade da pobreza se faz sentir de forma mais acutilante. Apesar da redução da incidência da pobreza neste grupo ocorrida ao longo do período (de 43.2% em 1989 para 35.7% em 2000), este constitui ainda a principal parcela do conjunto da população pobre. Em 2000, 43% dos indivíduos pobres estavam inseridos em agregados cujo indivíduo de referência era Reformado.

A incidência da pobreza entre os agregados e indivíduos ligados à actividade agrícola acentua-se ao longo de toda a década, mas em particular entre 1995 e 2000, fazendo com que no fim do período estes constituam a categoria socioeconómica mais vulnerável ao fenómeno da pobreza.

A análise da decomposição intertemporal da desigualdade e da pobreza evidencia que as alterações na população desempenham, na primeira metade da década, um papel redutor da desigualdade e da incidência da pobreza, actuando em sentido oposto na segunda parte dos anos 90. Já no que concerne à desigualdade e à pobreza inter-grupo, verifica-se um alinhamento que acompanha e reforça o comportamento dessas variáveis.

Quadro n.º 4-27
Decomposição da Evolução da Desigualdade (E(0)) e da Pobreza (F(0)) por Categoria Socioeconómica do Indivíduo de Referência (%)

	Alteração Percentual da Desigualdade	Desigualdade Intra-grupo	Composição da População	Rend. Médio dos Grupos
		Alterações na Desigualdade induzidas por modificações na:		
1989-1995	19.1	10.6	-1.5	10.0
1995-2000	-0.3	-0.6	4.1	-3.8
1989-2000	18.8	11.0	1.7	6.1

	Alteração Percentual da Taxa de Pobreza	Pobreza Intra-grupo	Composição da População
		Alterações na Incidência da Pobreza induzidas por modificações na:	
1989-1995	3.7	4.8	-1.1
1995-2000	4.5	4.0	0.5
1989-2000	8.3	8.7	-0.4

Fonte: IOF 89/90, 94/95 e 2000. Cálculos efectuados pelo autor a partir dos micro-dados

4.8. Alterações na estrutura dos rendimentos familiares

O principal objectivo desta secção é o de evidenciar a contribuição das diferentes fontes de rendimento para a desigualdade total e, simultaneamente, ilustrar em que medida as alterações ocorridas na desigualdade do rendimento por adulto equivalente se encontram associadas a alterações na composição do rendimento e na relação entre componentes provenientes de diferentes origens.

O quadro seguinte apresenta a estrutura do rendimento disponível por adulto equivalente para os três períodos em análise. Como se pode observar os Salários e Ordenados constituem a principal componente do rendimento disponível, com um peso de aproximadamente 50%.

Quadro n.º 4-28
Estrutura do Rendimento Disponível por Adulto Equivalente

	1989 Valor	%	1995 Valor	%	2000 Valor	%
Salários e Ordenados	3254	48.50	3717	47.3	4466	50.0
Rendimentos Trabalho Conta Própria	935	13.94	1006	12.8	903	10.1
Rendimentos Privados excluindo Trabalho	528	7.87	392	5.0	448	5.0
Pensões	744	11.08	1120	14.2	1648	18.4
Outras Transferências Sociais	99	1.47	224	2.8	251	2.8
Rendimento Monetário	5559	82.87	6458	82.16	7717	86.34
Salários em Natureza	83	1.24	68	0.9	59	0.7
Autoconsumo / Autoabastecimento	317	4.72	220	2.8	106	1.2
Autolocação	380	5.67	828	10.5	822	9.2
Outras Transferências não monetárias	369	5.50	287	3.6	234	2.6
Rendimento não monetário	1149	17.13	1402	17.84	1221	13.66
Rendimento Disponível	6709	100.00	7860	100.00	8937	100.00

Notas: Valores do rendimento em euros, a preços de 2000.
Fonte: IOF 89/90, 94/95 e 2000. Cálculos efectuados pelo autor a partir dos micro-dados

O Quadro n.º 4-28 permite igualmente identificar a importância das demais componentes do rendimento disponível. O aspecto mais saliente das alterações ocorridas na estrutura do rendimento disponível das famílias é o forte incremento do peso das Pensões que sobem de 11% em 1989 para um valor superior a 18% em 2000, confirmando a análise efectuada nas secções anteriores quanto às transformações ocorridas na estrutura da população e, em particular, a importância crescente da população em situação de Reforma no conjunto do país. As restantes transferências sociais, apesar do seu peso diminuto no conjunto dos rendimentos (menos de 3%), sofrem igualmente um forte acréscimo, duplicando o seu peso relativo ao longo da década.

A redução da importância dos rendimentos do trabalho por conta própria (de 14% em 1989 para 10% em 2000) confirma igualmente a avaliação anteriormente realizada quanto às mutações ocorridas na estrutura da população e, em particular, a redução da população ligada à actividade agrícola.

O rendimento não monetário mantém, ao longo de toda a década, uma importância significativa, apesar do seu peso relativo diminuir de 17% para 14%. A componente mais importante do rendimento não monetário, a autolocação, registou um forte incremento na primeira metade dos anos 90, passando de 6% do rendimento disponível em 1989 para cerca do dobro (11%) em 1995. Este crescimento é de difícil interpretação, na medida em que traduz não somente a complexidade crescente do mercado de habitação em Portugal mas, igualmente, as dificuldades de inquirição desta fonte do rendimento[99].

O quadro seguinte apresenta a contribuição de cada fonte de rendimento para a desigualdade, obtida a partir da *regra de decomposição* sugerida por Shorrocks (1983) e apresentada no Capítulo 2.

---

[99] O valor das rendas imputadas é obtido pelo Instituto Nacional de Estatística inquirindo directamente os agregados habitando em casa própria quanto ao valor que teriam que pagar para alugar a sua habitação tendo em atenção as características da mesma e o ano de ocupação. Este procedimento, para além do seu carácter fortemente subjectivo que pode facilmente implicar uma sub ou sobre-estimativa do valor correcto, torna-se ainda mais complexo devido à existência de um número considerável de alugueres antigos mantidos administrativamente a preços inferiores ao preço de mercado.

Para além da contribuição proporcional de cada componente do rendimento para a desigualdade total, representada nas três primeiras colunas, o Quadro n.° 4-29 confronta igualmente essa contribuição com o peso relativo de cada componente na estrutura dos rendimentos. Torna-se assim possível confrontar a importância relativa de cada categoria de rendimento na estrutura do rendimento total com a importância relativa dessa mesma categoria na formação da desigualdade total.

Quadro n.° 4-29
Distribuição Individual do Rendimento Disponível por Adulto Equivalente
Contribuição para a Desigualdade das Diferentes Fontes do Rendimento

	s_k			$s_k / [\, y_k / y \,]$		
	1989	1995	2000	1989	1995	2000
Salários e Ordenados	43.1	50.4	58.9	88.9	106.6	117.9
Rendimentos Trabalho Conta Própria	15.1	13.8	11.2	108.6	107.7	110.4
Rendim.s Privados excluindo Trabalho	19.3	12.0	9.3	244.8	240.5	186.6
Pensões	0.5	5.5	9.5	4.1	38.3	51.6
Outras Transferências Sociais	0.5	1.9	0.3	35.8	67.3	10.0
Salários em Natureza	3.2	0.7	0.8	255.0	83.4	126.5
Autoconsumo / Autoabastecimento	1.2	0.1	-0.1	25.7	3.0	-11.7
Autolocação	6.6	12.6	7.9	116.7	119.8	86.4
Outras Transferências não monetárias	10.5	3.0	2.1	190.4	83.4	81.1
Rendimento Disponível	100.0	100.0	100.0			

Fonte: IOF 89/90, 94/95 e 2000. Cálculos efectuados pelo autor a partir dos micro-dados

Os Salários e Ordenados constituem a componente com maior contribuição para a desigualdade total. A distribuição dos salários explica cerca de 43% da desigualdade em 1989, 50% em 1995, subindo depois esse valor para 59% em 2000. Note-se que, enquanto que em 1989 os Salários e Ordenados tinham um contributo para a desigualdade total que era inferior ao seu peso relativo na estrutura dos rendimentos, a situação inverte-se nos dois últimos períodos considerados. A importância dos Salários e Ordenados para a desigualdade é mais do que proporcional ao seu peso relativo na estrutura dos rendimentos, indiciando claramente um aumento da desigualdade salarial.

A relevância dos Rendimentos Privados excluindo o trabalho na explicação da desigualdade sofre uma redução drástica de 19% em 1989 para 9% em 2000. Esta redução é mesmo mais do que proporcional à quebra do seu peso relativo no rendimento disponível. Os Rendimentos Privados excluindo o trabalho perdem claramente importância como factor explicativo da desigualdade.

O contributo das Pensões para a desigualdade total é bastante inferior ao peso desta rubrica no rendimento disponível. No entanto, o impacto das Pensões sobre a desigualdade total apresenta uma transformação profunda ao longo dos anos 90. No início do período em análise, a contribuição desta fonte de rendimento para a desigualdade total era praticamente negligenciável (inferior a 1%). Em 1995, as Pensões concorrem já com cerca de 5.5% para a desigualdade total, traduzindo uma maior assimetria na formação desta fonte de rendimento. No final da década, o contributo das Pensões para a desigualdade total ascendia já a cerca de 10%. Este resultado revela-se também consistente com a análise realizada nas secções anteriores quanto ao aumento da dispersão do rendimento dos agregados que têm nas pensões a sua principal fonte de receita.

O conjunto dos rendimentos não monetários apresenta uma contribuição para a desigualdade total próxima do seu peso relativo na estrutura do rendimento disponível.

A imagem até agora traçada sobre a relação entre a desigualdade e as diversas componentes do rendimento disponível é, como se viu no Capítulo 2, independente do índice de desigualdade escolhido. No entanto, se optarmos pelo índice E(2), poderemos aprofundar a análise realizada confrontando as duas vertentes da desigualdade enunciadas por Shorrocks. No quadro seguinte as colunas correspondentes a C_k^A permitem observar qual a desigualdade que se verificaria se uma determinada fonte de rendimento fosse a única fonte de desigualdade, medida pelo índice E(2). As colunas C_k^B, por sua vez, indicam a alteração verificada na desigualdade total se se anulassem as diferenças na distribuição de um determinado tipo de rendimento.

Quadro n.º 4-30
Distribuição Individual do Rendimento Disponível por Adulto Equivalente
Decomposição de E(2) por Fontes do Rendimento

	C^A_k			C^B_k		
	1989	1995	2000	1989	1995	2000
Salários e Ordenados	0.1302	0.1584	0.1926	0.0710	0.1343	0.1505
Rendimentos Trabalho Conta Própria	0.0468	0.0420	0.0370	0.0239	0.0380	0.0279
Rendim.s Privados excluindo Trabalho	0.0420	0.0285	0.0206	0.0479	0.0410	0.0338
Pensões	0.0226	0.0372	0.0613	-0.0204	-0.0055	-0.0059
Outras Transferências Sociais	0.0018	0.0067	0.0033	0.0006	0.0044	-0.0017
Salários em Natureza	0.0065	0.0008	0.0009	0.0082	0.0034	0.0039
Autoconsumo / Autoabastecimento	0.0055	0.0022	0.0004	0.0002	-0.0017	-0.0012
Autolocação	0.0051	0.0140	0.0079	0.0257	0.0592	0.0383
Outras Transferências não monetárias	0.0170	0.0053	0.0044	0.0319	0.0124	0.0079
Rendimento Disponível	0.2332	0.2904	0.2910			

Fonte: IOF 89/90, 94/95 e 2000. Cálculos efectuados pelo autor a partir dos micro-dados

O Quadro n.º 4-30 permite observar que se, por exemplo, os Salários e Ordenados constituíssem a única fonte de desigualdade, a desigualdade global desceria de 0.2332 para 0.1302 em 1989, de 0.2904 para 0.1584 em 1995 e de 0.2910 para 0.1926 em 2000. Por seu turno, a eliminação das desigualdades salariais conduziria a uma diminuição de 0.0710 (30%) da desigualdade total em 1989, de 0.1343 (46%) em 1995 e de 0.1505 (52%) em 2000. Estes valores indiciam claramente um aumento da desigualdade dos Salários e Ordenados ao longo do período. Note-se, no entanto, que o índice E(2) é particularmente sensível a alterações registadas na parte superior da distribuição do rendimento pelo que os resultados apresentados são fortemente influenciados pelo aumento da dispersão associada aos salários mais elevados.

Particularmente interessante é observar o que se passa com as Pensões. Se, hipoteticamente, "neutralizássemos" o papel redistributivo das Pensões, a desigualdade total sofreria um incremento de 9% em 1989 e de somente 2% em 1995 e 2000[100]. A diminuição

---

[100] Os valores negativos de C^B_k associados às Pensões reflectem que a anulação da dispersão desta fonte de rendimento se traduziria num aumento da desigualdade total.

do papel igualizador das pensões a partir de 1995 fica, mais uma vez, demonstrada.

Note-se igualmente o papel equalizador do Autoconsumo e do Autoabastecimento no período 1995-2000.

A análise evolutiva da contribuição de cada componente para a desigualdade confirma a análise das principais tendências já efectuada. Como se pode observar no Quadro n.° 4-31, o importante acréscimo da desigualdade ocorrida entre 1989 e 1995 (25%) surge claramente associado ao forte agravamento da desigualdade salarial e ao aumento do peso e do impacto sobre a desigualdade das Pensões e da Autolocação. Em sentido oposto age a evolução registada na distribuição dos Rendimentos Privados excluindo o trabalho e de todas as restantes componentes do rendimento não monetário.

Na segunda metade da década, apesar do acréscimo da desigualdade total medida pelo índice E(2) ser insignificante, a desigualdade salarial continua a aumentar exercendo um forte efeito de agravamento sobre a desigualdade global. Comportamento idêntico, ainda que menos acentuado, é desempenhado pelas Pensões.

Este agravamento da desigualdade induzido pelos Salários e Ordenados e pelas Pensões é, contudo, neutralizado pelo comportamento das restantes componentes do rendimento disponível que entre 1995 e 2000 exercem um efeito redutor sobre o nível de desigualdade global.

Quadro n.° 4-31
Distribuição Individual do Rendimento Disponível por Adulto Equivalente
Decomposição da Evolução de E(2) por Fontes do Rendimento (%)

Salários e Ordenados	19.6	8.7	30.4
Rendimentos Trabalho Conta Própria	2.0	-2.6	-1.2
Rendim.s Privados excluindo Trabalho	-4.3	-2.6	-7.6
Pensões	6.3	4.1	11.4
Outras Transferências Sociais	1.9	-1.6	-0.2
Salários em Natureza	-2.3	0.1	-2.1
Autoconsumo / Autoabastecimento	-1.1	-0.2	-1.4
Autolocação	9.1	-4.7	3.3
Outras Transferências não monetárias	-6.7	-0.9	-7.8
Rendimento Disponível	24.5	0.2	24.8

Fonte: IOF 89/90, 94/95 e 2000.
Cálculos efectuados pelo autor a partir dos micro-dados

Uma questão que se afigura pertinente é a de investigar se as alterações ocorridas na estrutura dos rendimentos se repercutem de igual forma na população pobre e não pobre. O Quadro n.º 4-32 apresenta a estrutura do rendimento disponível por adulto equivalente para ambos os grupos.

Numa primeira leitura podemos concluir que as principais tendências evolutivas na estrutura do rendimento disponível (estabilidade do peso relativo dos Salários e Ordenados, quebra acentuada da importância dos Rendimentos do Trabalho por Conta Própria, aumento da contribuição das pensões para o rendimento total, etc.) ocorrem em ambos os grupos (pobre e não pobre), ainda que com diferentes intensidades[101].

A principal diferença na estrutura dos rendimentos entre os dois segmentos da população verifica-se na identificação da principal fonte de receita. Para a população pobre as Pensões representam ao longo de toda a década a componente mais significativa do seu rendimento, aumentando o seu peso relativo de 37% em 1989 para 42% em 2000. Para a população não pobre os Salários e Ordenados constituem a principal fonte de receita, correspondente a cerca de metade do seu rendimento disponível.

---

[101] O Quadro n.º 4-32 permite ainda uma outra forma de examinar o acréscimo de disparidades na distribuição do rendimento, relacionando-a com as diferentes dimensões do fenómeno da pobreza. O rácio entre o rendimento médio da população não pobre e pobre era de 3.0 em 1989, de 3.2 em 1995 e de 3.1 em 2000. Este indicador, apesar da sua extrema simplicidade, confirma claramente as principais mudanças ocorridas na distribuição do rendimento e nas condições de vida da população descritas no Capítulo 3.

Quadro n.º 4-32
Estrutura do Rendimento Líquido por Adulto Equivalente de acordo com a Incidência da Pobreza

	População Pobre					
	1989		1995		2000	
	Valor	%	Valor	%	Valor	%
Salários e Ordenados	697	27.2	778	27.6	844	25.7
Rendimentos Trabalho Conta Própria	258	10.1	308	10.9	257	7.8
Rendimentos Privados excluindo Trabalho	137	5.3	73	2.6	67	2.1
Pensões	949	37.1	1048	37.2	1381	42.0
Outras Transferências Sociais	81	3.2	130	4.6	233	7.1
Salários em Natureza	14	0.6	15	0.5	7	0.2
Autoconsumo / Autoabastecimento	208	8.1	158	5.6	88	2.7
Autolocação	99	3.9	185	6.6	304	9.3
Outras Transferências não monetárias	118	4.6	123	4.3	103	3.1
Rendimento Líquido Total	2561	100.0	2817	100.0	3285	100.0

	População Não Pobre					
	1989		1995		2000	
	Valor	%	Valor	%	Valor	%
Salários e Ordenados	3801	50.0	4375	48.7	5321	51.8
Rendimentos Trabalho Conta Própria	1080	14.2	1162	12.9	1056	10.3
Rendimentos Privados excluindo Trabalho	611	8.0	463	5.1	538	5.2
Pensões	700	9.2	1136	12.6	1712	16.7
Outras Transferências Sociais	103	1.3	245	2.7	255	2.5
Salários em Natureza	98	1.3	79	0.9	71	0.7
Autoconsumo / Autoabastecimento	340	4.5	234	2.6	110	1.1
Autolocação	440	5.8	972	10.8	945	9.2
Outras Transferências não monetárias	423	5.6	324	3.6	265	2.6
Rendimento Líquido Total	7597	100.0	8989	100.0	10272	100.0

Notas: Valores do rendimento em euros, a preços de 2000.
Fonte: IOF 89/90, 94/95 e 2000. Cálculos efectuados pelo autor a partir dos micro-dados

A evolução dos rendimentos provenientes das Pensões exige uma análise mais detalhada na medida em que gera efeitos contraditórios sobre a distribuição do rendimento. Por um lado, a importância crescente das Pensões como elemento determinante na estrutura dos rendimentos da população pobre traduz a importância do envelhecimento da população na caracterização do fenómeno da pobreza e a precariedade acrescida da população idosa o que já foi detectada nas secções anteriores. Por outro lado, o crescimento muito mais acentuado das pensões da população não pobre, quer em termos absolutos quer em termos relativos, induz um progressivamente menor efeito redistributivo dessas mesmas Pensões[102].

Como resultado da implementação de novas políticas sociais dirigidas à população mais desprotegida, em particular entre 1995 e 2000, regista-se igualmente um acréscimo significativo da importância das outras transferências sociais entre a população pobre. O peso desta rubrica no seu rendimento disponível mais que duplica, passando de 3.2% em 1989 para 4.6% em 1995 e para cerca de 7% em 2000.

O fenómeno da diminuição da população ligada à actividade agrícola surge igualmente retratada na estrutura dos rendimentos familiares através da diminuição real do valor médio dos rendimentos de trabalho por conta própria e do autoabastecimento e autoconsumo. Particularmente significativa é a diminuição da importância do autoabastecimento e autoconsumo entre a população pobre. Esta rubrica, que no início da década representava cerca de 8% do rendimento disponível dos pobres, reduz-se para menos de 3% em 2000.

---

[102] Entre 1989 e 2000, o valor médio das pensões da população pobre cresceu cerca de 45% enquanto que o valor médio das pensões da restante população cresceu 145%. No mesmo período, o peso relativo das pensões no rendimento disponível dos agregados pobres cresceu 13% e nos não pobres cresceu 82%. O envelhecimento da população é uma realidade que atinge toda a população e não apenas os pobres, ainda que seja entre estes que as suas consequências mais se façam sentir.

4.9. Alterações nas assimetrias salariais

Nas secções anteriores o aumento das disparidades salariais surgiu repetidamente como um dos factores explicativos das transformações registadas na repartição do rendimento entre 1989 e 2000. No entanto, a análise até ao momento efectuada só muito parcelarmente capta o efectivo comportamento dos salários. Em primeiro lugar, porque assenta na componente salários do conjunto do agregado familiar, inviabilizando uma observação mais fina dos vários tipos de salários. Em segundo lugar, porque tratando-se de salários líquidos, têm já incorporados os efeitos das contribuições para o sistema da Segurança Social e dos Impostos Directos[103].

Dada a importância dos salários na estrutura dos rendimentos familiares, justifica-se um exame mais pormenorizado da evolução desta componente do rendimento, a qual não se deve confinar à informação constante dos Orçamentos Familiares.

Uma fonte de informação privilegiada para o estudo do comportamento dos salários em Portugal são os "Quadros de Pessoal" do Departamento de Estatística do Trabalho, Emprego e Formação Profissional (DETEFP) do Ministério da Segurança Social e do Trabalho. Esta fonte de dados administrativos possui uma informação muito rica sobre os assalariados portugueses desde 1982[104]. Os dados disponíveis englobam informação sobre os salários e os ganhos, assim como um conjunto de variáveis de natureza demográfica (idade, nível de escolaridade, sector de actividade, etc.).

---

[103] Para uma análise pormenorizada da distribuição dos salários em Portugal ao longo da década de 80, utilizando a informação dos micro-dados dos Inquéritos aos Orçamentos Familiares, veja-se Gouveia e Albuquerque (1994).

[104] Os Quadros de Pessoal não abrangem, no entanto, os trabalhadores da função pública e os trabalhadores domésticos, apresentando ainda uma cobertura deficiente do sector primário da economia.

A utilização dos Quadros de Pessoal como fonte de informação estatística para o estudo da desigualdade salarial foi recentemente ensaiada por Cardoso (1997, 1998) e por Rodrigues e Albuquerque (2000). Todos estes autores são unânimes na constatação de um progressivo aumento da desigualdade salarial ao longo da década de 80 e nos primeiros anos da década de 90. É igualmente consensual nesses três estudos que *'o acréscimo da desigualdade é particularmente acentuado na parte superior da distribuição dos salários'* (Cardoso, 1997).

Utilizando os dados mais recentes dos Quadros de Pessoal construiu-se o Quadro n.º 4-33 onde se apresenta o número de trabalhadores por conta de outrem a tempo completo e o respectivo ganho total médio para o período 1989-2000[105].

A leitura do quadro seguinte permite observar que o número de trabalhadores abrangidos é muito vasto, estando registados em 2000 cerca de dois milhões e cinquenta mil trabalhadores. O ganho total, que engloba para além das remunerações base, as diuturnidades, as remunerações por horas extraordinárias e ainda outras prestações regulares, registou um acréscimo real de 27% entre 1989 e 2000[106].

Com a excepção dos anos de 1994/95 e de 2000, a evolução dos ganhos reais brutos (expressos em euros a preços de 2000) foi quase sempre crescente, embora com ritmos diferenciados.

---

[105] Em relação ao ano de 1990 não existem, infelizmente, micro-dados sobre os assalariados devido a problemas administrativos e técnicos ocorridos no Ministério da Segurança Social e do Trabalho na recolha e tratamento da informação.

[106] A taxa de crescimento média anual do ganho total no período 1989-2000 é, no entanto, ligeiramente inferior ao crescimento do PIB *per capita* ou do rendimento disponível por adulto equivalente.

Quadro n.° 4-33
Quadros de Pessoal 1989/2000
Número de Trabalhadores e Evolução do Ganho Total

	Número de Trabalhadores	Ganho Total
Março 1989	1668584	537
Março 1991	1726681	590
Março 1992	1755292	619
Março 1993	1719364	637
Outubro 1994	1736684	630
Outubro 1995	1769718	626
Outubro 1996	1761486	646
Outubro 1997	1877981	656
Outubro 1998	1908003	675
Outubro 1999	2015122	685
Outubro 2000	2049657	681

Nota: Valores do Ganho em euros/mês, a preços de 2000
Fonte: Quadros de Pessoal, DETEFP/MSST

A análise dos níveis de desigualdade associados à evolução do ganho bruto (Quadro n.° 4-34) é particularmente elucidativa do comportamento dos salários ao longo da década de 90. Todos os índices analisados revelam que a desigualdade salarial é claramente superior em 2000 ao que era no início da década, mas revelam, igualmente, que o crescimento da desigualdade salarial não foi homogéneo ao longo do período. Entre 1989 e 1994 todos os índices registam um forte incremento, com o índice de Gini a subir mais de 4 pontos percentuais. A partir de 1995 ocorre uma inversão desta tendência, passando a generalidade dos índices a ter um comportamento oscilante que traduz uma certa estabilidade da desigualdade salarial.

Capítulo 4. Principais determinantes das alterações ocorridas... | 253

O período de forte crescimento da desigualdade salarial registado por vários autores desde 1982[107] parece assim ter-se esgotado em 1994, representando o ano de 1995 um claro ponto de viragem com todos os índices a indicarem nesse ano um ligeiro atenuar da desigualdade salarial.

Quadro n.º 4-34
Quadros de Pessoal 1989/2000
Evolução da Desigualdade Salarial

	Índice de Gini	Índice de Atkinson			Índice de Entropia Generalizada			
		$\varepsilon=0.5$	$\varepsilon=1.0$	$\varepsilon=2$	$\theta=-1$	$\theta=0$	$\theta=1$	$\theta=2$
Março 1989	0.3074	0.0794	0.1411	0.2306	0.1499	0.1521	0.1808	0.2731
Março 1991	0.3281	0.0906	0.1587	0.2529	0.1692	0.1729	0.2093	0.3257
Março 1992	0.3384	0.0962	0.1678	0.2650	0.1803	0.1837	0.2232	0.3522
Março 1993	0.3476	0.1023	0.1764	0.2741	0.1888	0.1940	0.2406	0.4004
Março 1994	0.3499	0.1044	0.1789	0.2763	0.1909	0.1972	0.2479	0.4360
Outubro 1995	0.3398	0.0983	0.1695	0.2643	0.1796	0.1857	0.2329	0.4205
Outubro 1996	0.3443	0.1017	0.1740	0.2683	0.1833	0.1912	0.2436	0.4556
Outubro 1997	0.3413	0.0994	0.1708	0.2647	0.1800	0.1873	0.2365	0.4360
Outubro 1998	0.3425	0.1001	0.1718	0.2660	0.1812	0.1885	0.2394	0.4695
Outubro 1999	0.3425	0.1008	0.1722	0.2652	0.1805	0.1890	0.2433	0.5329
Outubro 2000	0.3374	0.0987	0.1681	0.2586	0.1744	0.1841	0.2389	0.5219

Fonte: Quadros de Pessoal, DETEFP/MSST

O facto de a inversão da tendência para um forte crescimento da desigualdade salarial ter ocorrido em 1995 tem fortes implicações na comparação entre os dados dos Quadros de Pessoal e os IOFs. Na medida em que os dados do rendimento do Inquérito aos Orçamentos Familiares de 1994/95 se reportam ao ano imediatamente anterior isso significa que os salários e ordenados constantes deste IOF se referem precisamente ao ponto alto do ciclo de cres-

---

[107] De acordo com Rodrigues e Albuquerque (2000) entre 1982 e 1994 o índice de Gini do ganho total subiu mais de 7.5 pontos percentuais, passando de 0.275 para 0.350.

cimento da desigualdade salarial, com consequências óbvias na assimetria na distribuição do rendimento disponível das famílias.

A figura seguinte apresenta a evolução de alguns dos índices de desigualdade. Para além de tornar mais nítida a observação do crescimento da desigualdade salarial, ela possibilita ainda verificar o comportamento diferenciado dos vários índices.

Figura n.° 4-2
Desigualdade do Ganho Total (1989/2000)

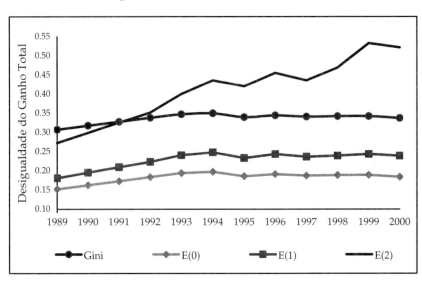

Fonte: Quadros de Pessoal, DETEFP/MSST

A Figura n.° 3-2 ilustra de forma clara que é o índice E(2) aquele que regista um crescimento mais acentuado, que se mantém ao longo de todo o período, indiciando uma forte ligação entre o agravamento da desigualdade e o aumento das disparidades na parte superior da distribuição, isto é, nos salários mais elevados.

A observação dos "Rácios de Percentis" (Quadro n.° 4-35) confirma essa mesma análise. Verifica-se um nítido acentuar da "distância" entre o percentil 90 e o percentil 10, mas igualmente da distância que separa o percentil 90 do percentil 50. A relativa estabilidade do rácio P50/P10 sugere que as diferenças entre o centro da distribuição e a sua parte inferior se mantêm sem alterações significativas. A imagem que resulta da análise cruzada dos vários índices suporta a leitura anteriormente efectuada: o acréscimo da desigualdade, em particular entre 1989 e 1995, resulta fundamentalmente do acréscimo das disparidades nos rendimentos mais elevados.

Quadro n.º 4-35
Quadros de Pessoal 1989/2000
Rácios dos Percentis

	P90/P10	P90/P50	P50/P10	P75/P25	Média / Mediana
Março 1989	3.28	2.23	1.47	1.87	1.29
Março 1991	3.47	2.36	1.47	1.99	1.34
Março 1992	3.60	2.42	1.49	2.01	1.37
Março 1993	3.71	2.43	1.53	2.05	1.38
Março 1994	3.81	2.44	1.56	2.07	1.39
Outubro 1995	3.75	2.44	1.54	2.05	1.38
Outubro 1996	3.78	2.43	1.55	2.05	1.38
Outubro 1997	3.79	2.45	1.54	2.06	1.38
Outubro 1998	3.80	2.46	1.55	2.06	1.38
Outubro 1999	3.82	2.48	1.54	2.05	1.39
Outubro 2000	3.68	2.39	1.54	2.00	1.37

Fonte: Quadros de Pessoal, DETEFP/MSST

Uma outra linha de análise ensaiada anteriormente, e que a utilização dos Quadros de Pessoal permite corroborar, é a da estreita associação entre o nível de instrução e o nível de desigualdade. Rodrigues e Albuquerque (2000) demonstram que os níveis de qualificação e de instrução constituem os principais factores diferenciadores dos salários e "explicativos" da desigualdade. O Quadro n.º 4-36 ilustra a proporção da desigualdade salarial imputável a desigualdade inter-grupos, de acordo com a partição dos trabalhadores por aquelas duas variáveis[108].

Quadro n.º 4-36
Desigualdade Salarial 1989/1995/2000
Proporção da Desigualdade Imputável à Desigualdade Inter-grupos (%)

	Nível de Qualificação		Nível de Instrução	
	E(0)	E(1)	E(0)	E(1)
Março-1989	43.22	40.56	24.26	23.96
Outubro-1995	41.32	38.24	26.20	24.97
Outubro-2000	46.63	41.98	28.61	26.21

Fonte: Quadros de Pessoal, DETEFP/MSST

4.10. Alterações no impacto redistributivo da política fiscal

O principal objectivo desta secção é o de examinar a eficácia do papel redistributivo do Estado através do estudo de dois dos seus principais instrumentos: os Impostos Directos e as Contribuições para a Segurança Social incidindo sobre os indivíduos e as famílias.

De forma a evidenciar o efeito destes dois instrumentos na distribuição do rendimento, tornou-se necessário "reconstruir" a estrutura do rendimento dos agregados familiares de forma a obter o rendimento disponível como a agregação das diferentes componentes da receita bruta auferida pelos agregados e os seus diferentes tipos de encargos, considerados neste contexto como rendimentos negativos.

---

[108] A decomposição da desigualdade salarial por diferentes tipologias de classificação dos trabalhadores por conta de outrem evidencia, para qualquer um dos anos em análise, que o nível de qualificação e o nível de instrução são os principais factores de discriminação salarial. A decomposição multivariada mostra que o efeito conjunto destas duas variáveis de segmentação explica entre 45 e 50% da desigualdade total.

O Quadro n.° 4-37 apresenta esta nova estrutura do rendimento disponível por adulto equivalente dos agregados.

A leitura das diferentes componentes (positivas) do rendimento confirma as principais tendências descritas na secção 4.8. Os Salários e Ordenados (brutos) continuam a constituir a maior parcela do rendimento disponível por adulto equivalente, com um peso relativo que ronda os 60%.

A observação das componentes negativas evidencia um aumento da importância relativa do conjunto dos encargos no rendimento bruto: 9.9% em 1989, 11.5% em 1995 e 12.6% em 2000.

Quadro n.° 4-37
Estrutura do Rendimento Líquido por Adulto Equivalente (II)

	1989		1995		2000	
	Valor	%	Valor	%	Valor	%
Salários e Ordenados	3871	57.7	4526	57.6	5449	61.0
Rendimentos Trabalho Conta Própria	1019	15.2	1153	14.7	1095	12.3
Rendimentos Privados excluindo Trabalho	549	8.2	412	5.2	472	5.3
Pensões	756	11.3	1158	14.7	1717	19.2
Outras Transferências Sociais	99	1.5	224	2.8	251	2.8
Salários em Natureza	83	1.2	68	0.9	59	0.7
Autoconsumo / Autoabastecimento	317	4.7	220	2.8	106	1.2
Autolocação	387	5.8	838	10.7	846	9.5
Outras Transferências não monetárias	369	5.5	287	3.6	234	2.6
Rendimento Bruto	7450	111.0	8886	113.0	10228	114.4
Impostos Directos	-360	-5.4	-522	-6.6	-681	-7.6
Contribuições para a Segurança Social	-381	-5.7	-504	-6.4	-609	-6.8
Rendimento Disponível	6709	100.0	7860	100.0	8937	100.0

Nota: Valores do rendimento em euros, a preços de 2000.
Fonte: IOF 89/90, 94/95 e 2000. Cálculos efectuados pelo autor a partir dos microdados

O Quadro n.° 4-38 apresenta a contribuição proporcional de cada componente do rendimento para a desigualdade total, confrontando essa contribuição com o peso relativo de cada componente na estrutura dos rendimentos.

Os Salários e Ordenados surgem uma vez mais como a componente com maior contribuição para a desigualdade total. A distribuição dos salários explica 55% da desigualdade total em 1989, 67% em 1995 e 79% em 2000.

As Pensões e outros benefícios sociais têm uma contribuição reduzida para o conjunto da desigualdade, embora o acréscimo do peso relativo das Pensões entre 1989 e 2000 tenha sido acompanhado de um aumento mais do que proporcional da sua contribuição para a desigualdade.

Como seria de esperar todas as componentes dos encargos têm um contributo negativo sobre a desigualdade total. A contribuição negativa dos encargos para a desigualdade passa de 15.4% em 1989 para 21.8% em 1995 e para 25.5% no fim do período em análise.

O efeito redistributivo dos Impostos Directos surge claramente evidenciado no Quadro n.º 4-38. A sua contribuição negativa para a desigualdade do rendimento disponível por adulto equivalente quase que duplica entre 1989 e 2000, passando de 10% para 19%. Este efeito igualizador dos impostos, muito superior ao seu peso relativo na estrutura do rendimento disponível, evidencia um indubitável acréscimo da eficácia do papel redistributivo dos Impostos Directos.

As Contribuições para a Segurança Social mostram um comportamento e uma evolução semelhante, ainda que não tão pronunciada.

Quadro n.º 4-38
Distribuição Individual do Rendimento Disponível por Adulto Equivalente
Contribuição para a Desigualdade das Diferentes Fontes do Rendimento

	s_k			$s_k / [\, y_k / y\,]$		
	1989	1995	2000	1989	1995	2000
Salários e Ordenados	55.4	67.4	78.6	96.1	117.1	128.8
Rendimentos Trabalho Conta Própria	16.9	16.5	14.0	111.3	112.6	114.2
Rendim.s Privados excluindo Trabalho	20.2	12.8	10.2	247.0	243.4	193.4
Pensões	0.8	6.6	11.4	6.7	44.5	59.4
Outras Transferências Sociais	0.5	1.9	0.3	35.8	67.3	10.0
Salários em Natureza	3.2	0.7	0.8	255.0	83.4	126.5
Autoconsumo / Autoabastecimento	1.2	0.1	-0.1	25.7	3.0	-11.7
Autolocação	6.7	12.8	8.2	116.8	119.7	86.5
Outras Transferências não monetárias	10.5	3.0	2.1	190.4	83.4	81.1
Rendimento Bruto	115.4	121.8	125.4	103.9	107.7	109.6
Impostos Directos	-10.5	-15.3	-18.5	195.3	230.6	243.4
Contribuições para a Segurança Social	-4.9	-6.5	-6.9	87.1	101.4	101.0
Rendimento Disponível	100.0	100.0	100.0			

Fonte: IOF 89/90, 94/95 e 2000. Cálculos efectuados pelo autor a partir dos micro-dados

Capítulo 4. Principais determinantes das alterações ocorridas... | 259

A apreciação até agora efectuada acerca da eficácia redistributiva dos Impostos Directos, bem como do contributo dos demais componentes do rendimento disponível para a desigualdade total, é independente do índice de desigualdade escolhido. Utilizando uma vez mais a metodologia proposta por Shorrocks (1983), é possível analisar a contribuição absoluta e relativa de cada fonte de rendimento para a desigualdade total, utilizando-se o índice E(2).

Quadro n.º 4-39
Distribuição Individual do Rendimento Disponível por Adulto Equivalente
Decomposição de E(2) por Fontes do Rendimento

	C^A_k			C^B_k		
	1989	1995	2000	1989	1995	2000
Salários e Ordenados	0.2066	0.2728	0.3309	0.0519	0.1188	0.1263
Rendimentos Trabalho Conta Própria	0.0559	0.0571	0.0585	0.0230	0.0387	0.0230
Rendim.s Privados excluindo Trabalho	0.0450	0.0318	0.0237	0.0493	0.0424	0.0358
Pensões	0.0236	0.0425	0.0730	-0.0201	-0.0044	-0.0067
Outras Transferências Sociais	0.0018	0.0067	0.0033	0.0006	0.0044	-0.0017
Salários em Natureza	0.0065	0.0008	0.0009	0.0082	0.0034	0.0039
Autoconsumo / Autoabastecimento	0.0055	0.0022	0.0004	0.0002	-0.0017	-0.0012
Autolocação	0.0052	0.0143	0.0085	0.0262	0.0598	0.0391
Outras Transferências não monetárias	0.0170	0.0053	0.0044	0.0319	0.0124	0.0079
Impostos Directos	0.0065	0.0121	0.0180	-0.0553	-0.1009	-0.1260
Contribuições para a Segurança Social	0.0017	0.0027	0.0032	-0.0247	-0.0405	-0.0432
Rendimento Disponível	0.2332	0.2904	0.2910			

Fonte: IOF 89/90, 94/95 e 2000. Cálculos efectuados pelo autor a partir dos micro-dados

As três primeiras colunas do quadro anterior apresentam o nível de desigualdade que se verificaria se uma determinada fonte de rendimento fosse a única fonte de desigualdade. Assim, se por exemplo os Salários e Ordenados (brutos) constituíssem a única fonte de desigualdade, a desigualdade global medida pelo índice E(2) subiria de 0.2066 em 1989 para 0.2728 em 1995 e para 0.3309 em 2000[109].

---

[109] Estes valores claramente indiciam um aumento da desigualdade dos salários brutos ao longo de toda a década de 90. No período 1995-2000, o agrava-

As restantes colunas do Quadro n.° 4-39 indicam a alteração verificada na desigualdade total (E(2)) se fossem anuladas as diferenças na distribuição de um determinado tipo de rendimento. A importância crescente dos Impostos Directos como factor redistributivo surge nitidamente evidenciada. Se, hipoteticamente, "neutralizássemos" o papel igualizador dos impostos, a desigualdade total passaria de 0.2332 para 0.2885 em 1989, de 0.2904 para 0.3913 em 1995 e de 0.2910 para 0.4170 em 2000. Anular o efeito redistributivo dos Impostos Directos implicaria um acréscimo da desigualdade total de 24% em 1989, de 35% em 1995 e de 43% em 2000.

Este resultado afigura-se-nos extremamente importante. Primeiro, porque revela indubitavelmente uma eficácia acrescida do papel igualizador dos impostos directos. Em segundo lugar, porque, na ausência desse mesmo papel, a desigualdade total por adulto equivalente teria aumentado de forma muito mais acentuada, mesmo no período de 1995 a 2000.

A análise anterior quanto à eficácia da política redistributiva pode ser complementada e aprofundada através do confronto entre a desigualdade verificada em diferentes distribuições. Consideremse as seguintes distribuições, correspondentes a diferentes conceitos de rendimento:

a) Rendimentos (Brutos) do Trabalho;
b) Rendimentos Privados;
c) Rendimento Bruto Total;
d) Rendimento antes de Impostos;
e) Rendimento Disponível.

A sequência apresentada permite evidenciar o processo de construção do rendimento disponível dos agregados. Assim, para passar da distribuição a) para a distribuição b) adicionam-se aos rendimen-

---

mento da desigualdade dos salários brutos processa-se a um ritmo muito superior ao da evolução da desigualdade total. Por outro lado, convém recordar uma vez mais que o índice E(2) é particularmente sensível às alterações registadas entre as famílias de maiores rendimentos.

tos do trabalho os rendimentos de capital e as transferências privadas. A passagem de b) para c) implica a consideração adicional das pensões e benefícios sociais obtendo-se assim o rendimento bruto total. A distribuição d) corresponde ao rendimento antes de impostos, isto é, ao rendimento bruto menos as Contribuições para a Segurança Social.

A determinação das medidas de desigualdade associadas a cada uma das distribuições também evidência a importância dos diferentes tipos de rendimento e da intervenção do Estado na desigualdade total.

Note-se, porém, que a utilização deste "mecanismo sequencial" de geração da desigualdade se confronta com uma limitação importante. Como nem todos os agregados auferem de todos os tipos de rendimento verifica-se que, por exemplo, ao construir a distribuição a) é atribuído a todas as famílias que não têm rendimentos de trabalho um rendimento nulo, o que aumenta artificialmente a desigualdade da distribuição a) face à verdadeira distribuição dos rendimentos salariais. A importância desta limitação perde, no entanto, relevância à medida que se caminha da distribuição a) para e).

Uma consequência da existência de rendimentos nulos em algumas das distribuições consideradas é a de que o leque de medidas de desigualdade que podem ser utilizadas se restringe fortemente. O quadro seguinte apresenta os valores do Índice de Gini e do Índice de Entropia Generalizada ($\theta=2$) para cada uma das distribuições.

Quadro n.º 4-40
Distribuição Individual do Rendimento Disponível por Adulto Equivalente
Medidas de Desigualdade para diferentes conceitos de Rendimento

		Índice de Gini			Índice de Entropia Generalizada (E(2))		
		1989	1995	2000	1989	1995	2000
a)	Rendimentos do Trabalho (Brutos)	0.4622	0.5059	0.5404	0.4209	0.6011	0.7085
b)	Rendimentos Privados	0.4040	0.4526	0.4823	0.3484	0.4843	0.5590
c)	Rendimento Bruto	0.3354	0.3713	0.3743	0.2579	0.3447	0.3588
d)	Rendimento Antes de Impostos	0.3328	0.3688	0.3727	0.2599	0.3441	0.3600
e)	Rendimento Disponível	0.3169	0.3473	0.3481	0.2332	0.2904	0.2910

Fonte: IOF 89/90, 94/95 e 2000. Cálculos efectuados pelo autor a partir dos micro-dados

A diminuição mais significativa na desigualdade ocorre na passagem da distribuição b) para a distribuição c), evidenciando o importante papel das transferências sociais na redução da desigualdade[110].

O papel igualizador dos impostos directos fica igualmente evidenciado. Os impostos directos possibilitam uma redução no Índice de Gini de cerca de 4.8% em 1989, de 5.8% em 1995 e de 6.6% em 2000. Se $E(2)$ for o índice seleccionado essa redução é de 10.3%, 15.6% e de 19.2% respectivamente. A diferente magnitude da redução da desigualdade registada pelos dois índices prende-se com a diferente sensibilidade destes a alterações em diferentes partes da distribuição do rendimento. O índice $E(2)$ é particularmente sensível à parte superior da distribuição, precisamente onde os efeitos da política fiscal se devem fazer sentir mais profundamente.

O papel da política redistributiva do Estado no combate às situações de pobreza pode igualmente ser analisado através da observação do impacto das Transferências Sociais (pensões, subsídios familiares, etc.) sobre as várias dimensões da pobreza. O confronto entre os indicadores de pobreza existentes e os que resultariam de uma distribuição hipotética onde as Transferências Sociais estivessem ausentes permite destacar o papel redistributivo dessas mesmas transferências.

Na primeira linha do Quadro n.º 4-41 é apresentado, para cada um dos três anos considerados, a proporção de indivíduos com um rendimento equivalente antes de qualquer transferência social inferior à linha de pobreza definida como 60% do rendimento disponível mediano. Embora os valores obtidos não sejam rigorosamente taxas de pobreza, e não tenham em si mesmo um significado claro

---

[110] Isto não significa, porém, que as transferências sociais não tenham uma contribuição positiva para a desigualdade total do rendimento disponível, como vimos no Quadro n.º 4-38.

em termos de incidência do fenómeno da pobreza, eles possibilitam avaliar o impacto das Transferências Sociais[111].

O confronto entre as 'taxas de pobreza' assim obtidas e as taxas de pobreza reais (última linha do quadro) permite constatar não só o importante papel redistributivo das Transferências Sociais, como também o aumento da sua importância entre 1989 e 2000. Se não tivermos em conta o conjunto das Transferências Sociais, a proporção da população abaixo da linha de pobreza sobe cerca de 65% em 1989 (de 17.6 para 29.1%) e mais de 100% em 2000 (de 19.1 para 39.0%).

Quadro n.º 4-41
Efeitos Redistributivos das Transferências Sociais
sobre a Incidência da Pobreza Económica

	Incidência da Pobreza		
	1989	1995	2000
Rendimentos antes Transferências (I)	29.1	33.9	39.0
Rendimentos antes Transferências (II)	18.9	21.2	21.8
Rendimento Disponível	17.6	18.3	19.1

Fonte: IOF 89/90, 94/95 e 2000. Cálculos efectuados pelo autor a partir dos micro-dados

A inclusão da totalidade das Pensões no conjunto das Transferências Sociais é controversa, na medida em que se pode argumentar que o objectivo principal das pensões do sistema contributivo é o de assegurar a transferência de rendimentos de um indivíduo ao longo do seu ciclo de vida e não a transferência de rendimentos entre indivíduos. De forma a tomar em consideração esse argumento, na segunda linha do quadro anterior excluem-se as pensões

---

[111] A metodologia apresentada tem sido usada pelo Eurostat para avaliar o impacto das transferências sociais sobre a incidência da pobreza. A sua utilização na obtenção de taxas de pobreza antes e após as transferências sociais foi mesmo consagrada nos designados "Indicadores de Laeken" (Eurostat, 2003b,2003c).

das transferências sociais, pelo que as respectivas 'taxas de incidência' têm em conta o rendimento privado mais as pensões. Apesar da magnitude do impacto da política redistributiva se reduzir significativamente, a conclusão anterior mantém-se: ao longo dos anos 90 registou-se em Portugal um aumento da eficácia da política redistributiva no combate às situações de pobreza.

Capítulo 5:
Simulação do Impacto Redistributivo do Programa de Rendimento Mínimo Garantido

5.1. Introdução

Nos capítulos anteriores analisamos a importância da intervenção do Estado na repartição do rendimento, veiculada através dos efeitos dos impostos directos e das transferências sociais nos rendimentos familiares. Neste capítulo, pretende-se aprofundar o estudo do papel redistributivo do Estado através da simulação dos impactos redistributivos resultante da introdução de um Programa de Rendimento Mínimo Garantido (RMG).

Portugal foi dos últimos países da União Europeia a dotar-se de um Programa de Rendimento Mínimo Garantido, visando explicitamente assegurar o apoio e a inserção das famílias e dos indivíduos de menores recursos, em situação de exclusão social ou em risco de exclusão[112]. A Lei que cria o RMG foi aprovada pela As-

---

[112] Os termos pobreza e exclusão social surgem frequentemente como se fossem sinónimos embora correspondam a conceitos diferenciados. O conceito de pobreza encontra-se associado a uma situação de escassez de recursos, predominantemente monetários, para a satisfação das necessidades consideradas mínimas numa dada sociedade. O conceito de exclusão social traduz uma inexistente ou insuficiente integração social.

sembleia da República em 1996[113], entrando plenamente em vigor a partir de 1 de Julho de 1997 após um período experimental, de âmbito territorial limitado, de alguns meses.

O período decorrido desde o início do programa é ainda insuficiente para se proceder a uma apreciação global do RMG. É, no entanto, possível antecipar alguns dos seus resultados quer através da análise de alguns indicadores de desempenho do programa, quer através da simulação dos seus efeitos. A primeira via foi a seguida por CIES (1997) na avaliação da Fase Experimental, enquanto que a segunda foi ensaiada por Gouveia e Rodrigues (1999, 2002) e por Rodrigues (2001, 2004).

A simulação do impacto redistributivo do RMG em 2000 a que se procederá neste capítulo segue a metodologia desenvolvida por estes dois autores. Utilizando como fonte de informação estatística os dados microeconómicos do Inquérito aos Orçamentos Familiares de 2000 proceder-se-á à simulação da implementação dos principais aspectos da Lei que institui o RMG e, em particular, da transferência de recursos para os agregados mais carenciados.

Os indicadores de execução do Programa de Rendimento Mínimo Garantido já existentes, apesar do seu âmbito limitado e da natureza fragmentada da informação disponível, permitem uma primeira validação dos resultados obtidos no exercício de simulação.

O confronto entre a distribuição de rendimentos pré e pós RMG permitirá obter um primeiro conjunto de indicadores da eficácia do RMG na redução das desigualdades e no atenuar das diferentes dimensões do fenómeno da pobreza. A caracterização dos indivíduos e dos agregados beneficiários do RMG possibilitará não só uma apreciação de quais os grupos sociais que mais beneficiam da aplicação do programa mas, igualmente, aferir da eficiência do RMG no combate às situações de pobreza.

---

[113] Lei n.º 19-A/96, publicada em 29 de Junho. Em 2003 a legislação do Rendimento Mínimo Garantido foi alterada, passando este programa a designar-se Rendimento Social de Inserção. A análise efectuada ao longo deste capítulo tem em conta o quadro legislativo existente em 2000.

A distinção entre eficácia e eficiência na avaliação das transferências sociais associadas a programas governamentais de redução da pobreza está há muito estabelecida na literatura económica[114]. As medidas de eficácia das transferências pretendem avaliar o seu impacto em termos da redução das várias dimensões da pobreza. O estudo da eficiência das transferências visa medir qual a proporção do montante total dos subsídios concedidos que, efectivamente, contribuem para a redução da pobreza.

5.2. O Programa de Rendimento Mínimo Garantido

5.2.1. *Principais características do RMG*

O Programa de Rendimento Mínimo Garantido foi criado em Portugal pela Lei n.º 19-A/96, de 29 de Junho, como uma medida activa de política social visando assegurar a coesão social[115]. A sua implementação insere-se claramente no modelo de política social europeia, onde a maioria dos países reconhece a todos os indivíduos o direito a um nível mínimo de rendimento. Corresponde, igualmente, à aplicação da Recomendação do Conselho das Comunidades Europeias sobre os critérios comuns respeitantes a recursos e prestações suficientes nos sistemas de protecção social aprovada durante a presidência portuguesa da UE no 1.º semestre de 1992[116].

---

[114] Weisbrod (1969) foi um dos primeiros autores a introduzir o conceito de eficiência na análise dos efeitos redutores da pobreza das transferências sociais. Beckerman (1979,1981) desenvolveu o quadro conceptual e o modelo empírico da sua medição. Sobre a distinção entre os dois conceitos veja-se, igualmente, Pereirinha (2003).

[115] Para uma descrição pormenorizada do processo de introdução do Programa de Rendimento Mínimo em Portugal veja-se Pedroso (1997).

[116] Recomendação do Conselho das Comunidades Europeias sobre os critérios comuns respeitantes a recursos e prestações suficientes nos sistemas de protecção social (92/441/CEE) de 24 de Junho de 1992.

O objectivo do Programa de Rendimento Mínimo Garantido é o de assegurar a todos os indivíduos os recursos necessários à satisfação das necessidades mínimas proporcionando, simultaneamente, a sua progressiva integração social e profissional. Representa, assim, uma medida de resposta organizada e de âmbito nacional às situações de maior precariedade, constituindo-se como um direito dos indivíduos e das famílias que vivem em condições de extrema carência.

O RMG materializa-se numa prestação do regime não contributivo da Segurança Social, que garante a todos os indivíduos a reposição da diferença entre os seus rendimentos reais e um limiar mínimo de rendimento tomado como referência. Mas a condição de recursos não é suficiente para garantir o acesso ao programa. Existe, igualmente, a obrigatoriedade de seguimento dum programa de inserção social, visando, no caso da população activa, o acesso à formação profissional e ao mercado de emprego ou a qualquer outra contrapartida social. Como salienta Pedroso (1997), o Programa de Rendimento Mínimo Garantido assenta na combinação entre o direito à prestação e o sistema de obrigação-direito de inserção.

Os destinatários do RMG são os indivíduos e suas respectivas famílias com residência legal em Portugal, maiores de 18 anos e que satisfaçam a seguinte condição de recursos:

 i) Os indivíduos cujo rendimento seja inferior a 100% do valor da Pensão Social;

 ii) Os agregados cujo rendimento seja inferior à soma dos seguintes valores:

- 100% do valor da Pensão Social, por cada adulto, até dois;
- 70% do valor da Pensão Social, por cada adulto a partir do terceiro;
- 50% do valor da Pensão Social, por cada menor.

O enunciado das condições de elegibilidade para o RMG acima enunciadas suscita desde já duas observações: a primeira é a de que o valor mínimo de recursos por adulto equivalente que funciona como valor de referência (o valor do rendimento mínimo) surge indexado ao montante legalmente fixado em cada ano para a Pensão Social do regime não contributivo de Segurança Social. A segunda observação é a de que a escala de equivalência implícita no quadro legal do RMG é significativamente diferente da escala de equivalência da OCDE (modificada) utilizada neste trabalho. A ponderação atribuída aos adultos que não o indivíduo de referência e aos jovens é superior à da escala de equivalência da OCDE (modificada). Outra diferença importante é a consideração do peso do segundo adulto no agregado como idêntica à do indivíduo de referência.

O subsídio do RMG para os indivíduos mais carenciados tem natureza pecuniária, valor variável e carácter temporário (12 meses, com possibilidade de renovação), sendo o seu montante calculado como a diferença entre o rendimento mínimo por adulto equivalente do agregado familiar e o valor do rendimento por adulto equivalente auferido pelo agregado, utilizando-se em ambos os casos a escala de equivalência implícita na lei que institui o RMG.

O programa de integração social, que tem por objectivo a progressiva integração social dos beneficiários do RMG, assenta prioritariamente no acesso a formação profissional e ao mercado de emprego. O delinear dos diferentes programas de inserção é efectuado a nível local, numa óptica de grande proximidade com os beneficiários, devendo estar adaptado a cada situação concreta de cada indivíduo e de cada agregado.

5.2.2. *Principais dificuldades de implementação de um Programa de Rendimento Mínimo Garantido*

A implementação de um programa com as características do atrás enunciado confronta-se usualmente com um conjunto de dificuldades de que o programa do RMG não está certamente isento.

Uma primeira dificuldade reside no controle das condições de atribuição. Esta questão é fundamental para impedir que indivíduos que não preencham as condições de elegibilidade recebam benefícios a que efectivamente não têm direito. Neste contexto, a identificação dos rendimentos líquidos dos agregados revela-se uma questão crucial.

O quadro legal que institui o RMG enumera as diferentes fontes do rendimento monetário dos agregados que devem ser considerados na avaliação e na quantificação dos seus recursos. A avaliação dos rendimentos não monetários não surge, no entanto, claramente estabelecida na lei. A não consideração destes rendimentos que, como observámos no Capítulo 3, representa em 2000 cerca de 14% do rendimento disponível dos agregados, pode induzir enviesamentos nas condições de atribuição, conduzindo à elegibilidade de famílias com rendimentos efectivos superiores ao rendimento mínimo.

Um segundo problema associado à introdução de um Programa de Rendimento Mínimo Garantido é o de saber se ele vai ou não gerar desincentivos económicos no mercado de trabalho, através da alteração do comportamento dos indivíduos, em particular da sua função de oferta de trabalho. Esta dificuldade pode ser particularmente relevante para os indivíduos com um nível de rendimento situado perto da fronteira entre o direito e a ausência do direito ao RMG.

É possível enumerar vários exemplos de situações em que um programa do tipo do RMG pode gerar desincentivos no mercado de trabalho: um trabalhador cujos rendimentos do trabalho sejam pouco superiores ao rendimento mínimo pode preferir abandonar o mercado de trabalho para usufruir do subsídio; um trabalhador desempregado confrontado com a possibilidade de receber o RMG pode diminuir a intensidade dos seus esforços de busca de emprego; um trabalhador auferindo um baixo salário pode perder um conjunto de benefícios a que tinha direito se o seu salário subir ligeiramente o que constitui um desincentivo a qualquer esforço de progressão profissional.

Esta alteração do comportamento dos agentes económicos na presença do RMG com efeitos perniciosos no mercado de trabalho é muitas vezes designada na literatura como *armadilha da pobreza*.

Ela traduz-se, simultaneamente, num desincentivo à inserção no mercado de trabalho dos indivíduos que estão fora dele e a um incentivo ao abandono do trabalho dos trabalhadores empregues, em particular dos que auferem os mais baixos salários.

Uma forma de minorar a probabilidade de ocorrência deste tipo de desincentivos é o de considerar, no cálculo do rendimento familiar, somente uma parcela dos rendimentos do trabalho. Nesse sentido, a lei do RMG considera somente 80% dos rendimentos laborais, na avaliação das condições de elegibilidade.

O maior travão à ocorrência de desincentivos radica, no entanto, no próprio valor do rendimento mínimo. Em 2000, o valor da pensão social era de 124.7 euros, o que correspondia a cerca de 39% do salário mínimo nacional, fixado em 318.2 euros. Em princípio, só para trabalhadores de muito baixos rendimentos salariais a "armadilha da pobreza" teria condições para funcionar.

Uma última dificuldade associada à aplicação do RMG prende-se com o facto de nem todos os indivíduos a quem a lei reconhece condições de elegibilidade solicitarem a prestação a que tem direito. Este problema, designado na terminologia anglo-saxónica por *'incomplete take-up'*, é usualmente explicado como resultante de duas situações: em primeiro lugar, a falta de informação dos potenciais beneficiários sobre os seus direitos, associada à complexidade do processo de solicitação do subsídio; em segundo lugar, o estigma social associado à solicitação deste tipo de apoio.

Não existem estudos sobre a importância deste fenómeno em Portugal nem sobre os principais determinantes da sua existência. Alguns estudos efectuados na Europa parecem, no entanto, sugerir que a sua importância não é desprezível. Atkinson (1998) analisou grande parte desses estudos tendo concluído que *"existe uma clara evidência de que para um conjunto alargado de países o problema do 'incomplete take-up' é um problema sério e que não é facilmente ultrapassado"*. Atkinson aponta como exemplo o Reino Unido, onde somente 76 a 83% dos beneficiários potenciais do programa de "Income Support" efectivamente o solicitavam e auferiam das transferências a que tinham direito.

5.3. O Programa do Rendimento Mínimo Garantido no IOF 2000

O Inquérito aos Orçamentos Familiares de 2000 é o primeiro inquérito directo às famílias, publicado em Portugal, onde são inquiridos rendimentos provenientes do programa do RMG. No entanto, o IOF 2000 claramente subestima a importância do programa. O número de beneficiários do RMG identificados no IOF 2000 é de aproximadamente 56% do número total de beneficiários constantes dos registos administrativos do Programa. O montante global de transferências do RMG declarados no IOF, corresponde igualmente a cerca de 50% do montante total apurado a partir dos dados administrativos.

O Quadro n.º 5-1 confronta os principais indicadores do programa do RMG em 2000 obtidos a partir dos dados administrativos com os valores equivalentes registados no IOF 2000.

Quadro n.º 5-1
Programa de Rendimento Mínimo Garantido (2000)
Confronto entre os dados administrativos e os dados do IOF2000

	Dados Administrativos		IOF	
	Valores	(%)	Valores	(%)
Agregados abrangidos pelo RMG	162490	4.3	67764	1.8
Pessoas abrangidas pelo RMG	480213	4.7	267188	2.6
Despesa Total (10^6 euros/ano)	250.9		121.4	

Notas: Valores das transferências a preços de 2000.
Fontes: IOF 2000. Cálculos efectuados pelo autor a partir dos micro-dados
INE 2002, Estatísticas da Protecção Social 2000

É possível formular algumas hipóteses explicativas para o elevado nível de subestimação da abrangência do RMG nos dados do IOF.

Em primeiro lugar, a existência de um segmento da população potencialmente beneficiário do RMG que não é inquirida pelo IOF. Como vimos no Capítulo 3, a população não residente em alojamentos privados, em particular os sem-abrigo, não é abrangida pelo IOF[117].

Uma segunda hipótese explicativa é a de que o estigma social associado com a condição de participante do RMG tenha levado uma parcela significativa dos beneficiários presentes no IOF a não assumirem a sua integração no programa. Note-se que a subestimação do montante das transferências do RMG no IOF 2000 é superior à encontrada no Capítulo 3 para o conjunto das transferências sociais.

As hipóteses atrás enunciadas não se nos afiguram, no entanto, como suficientemente justificativas da totalidade da subestimação dos efeitos do RMG expressa no Inquérito aos Orçamentos Familiares. O aprofundamento das técnicas de inquirição a desenvolver pelo INE em inquéritos futuros às famílias constitui um elemento essencial para uma correcta avaliação do impacto das políticas sociais.

A expressiva subestimação do número de beneficiários e do montante das transferências sociais do RMG no IOF 2000 implica que uma avaliação dos efeitos do programa sobre a distribuição do rendimento não se pode restringir aos dados declarados. A informação contida no IOF possibilita, porém, uma simulação da aplicação do programa do RMG que permita identificar os seus principais impactos redistributivos.

A opção pela microsimulação do programa do RMG não significa que nao se tenha igualmente em conta os dados declarados no IOF. Apesar destes só parcialmente reflectirem os efeitos do programa, a sua consideração tem igualmente um impacto não desprezível sobre a distribuição do rendimento que é importante identificar e quantificar.

---

[117] Infelizmente não foi possível obter dados administrativos diferenciados entre beneficiários residentes e não residentes em alojamentos clássicos que possibilitassem uma análise mais correcta da cobertura do RMG pelo IOF.

5.4. Metodologia de Simulação do RMG

A metodologia de simulação dos impactos redistributivos da introdução em Portugal de um Programa de Rendimento Mínimo Garantido assenta na construção de um cenário de referência de aplicação do RMG e na sua comparação com a situação de partida.

O objectivo base que presidiu à elaboração deste cenário foi o de tentar reproduzir, tanto quanto a informação disponível o permite, o quadro legal estabelecido pela lei vigente. A identificação de quais os agregados elegíveis para receber o subsídio do RMG, e de qual o montante de subsídio a que têm direito, são os passos indispensáveis para, de seguida, se proceder ao confronto entre a distribuição do rendimento pré e pós RMG e identificar as principais alterações ocorridas na repartição do rendimento. Um outro objectivo subjacente à modelização do RMG alcançado com a elaboração do cenário de referência é o de simular o montante de financiamento necessário para a sua implementação.

As etapas principais de construção do cenário de referência do RMG podem ser sintetizadas nos seguintes passos:

1. Construção da escala de referência subjacente ao quadro legal do RMG. Como referimos atrás esta escala de equivalência é substancialmente diferente da escala da OCDE modificada que temos utilizado para análise do rendimento equivalente neste trabalho, pelo que a sua construção é necessária para o passo seguinte;

2. Determinação do rendimento mínimo de cada agregado. Este rendimento mínimo, interpretado como o limiar que permite classificar um agregado como estando em situação de grave carência económica nos termos da própria legislação, é construído multiplicando o valor da pensão social em 2000 pelo número de adultos equivalentes (escala RMG) existente em cada agregado. Dado que os rendimentos nos Orçamentos Familiares são rendimentos anuais, o rendimento

mínimo de cada agregado é igualmente convertido para valores anuais;

3. <u>Construção do Rendimento Líquido de Referência</u>, isto é, do montante de rendimento que serve de referência à determinação da elegibilidade ao RMG. O rendimento de referência é composto pela agregação dos rendimentos monetários do agregado, mas incluindo apenas 80% dos rendimentos do trabalho;

4. <u>Selecção dos agregados elegíveis para o programa do RMG</u>. Qualquer agregado cujo rendimento líquido de referência seja inferior ao rendimento mínimo para ele definido é, automaticamente, inserido no programa do RMG;

5. <u>Determinação do subsídio anual a receber por cada agregado no programa.</u> O montante do subsídio a receber por cada um dos agregados no âmbito do RMG é igual à diferença entre o rendimento mínimo calculado para esse agregado e o seu rendimento de referência;

6. <u>Cálculo da distribuição do rendimento pós RMG.</u> A nova distribuição de rendimento pós RMG é obtida a partir da distribuição inicial adicionando o montante de subsídio do RMG ao rendimento de todos os agregados elegíveis para o programa. Construída a distribuição pós RMG, o novo rendimento por adulto equivalente (escala OCDE modificada) é, igualmente, obtido de forma a proceder-se à comparação das duas distribuições e a avaliar o impacto do RMG.

A metodologia seguida permite simular, com o rigor possível, o montante das transferências resultantes da introdução do programa de RMG. Porém, como vimos anteriormente, o âmbito do Rendimento Mínimo Garantido não se esgota na concessão das transferências. Um dos aspectos mais inovadores do actual quadro legislativo do RMG é o da existência de um Programa de Inserção Social, complementar do processo de concessão de subsídio. Infelizmente, não é possível contemplar no cenário de referência a avaliação das suas consequências.

O cenário de referência de aplicação do RMG pressupõe que não existem comportamentos adaptativos dos agregados e dos indivíduos face à existência do programa de rendimento mínimo. Pressupõe, igualmente, que todos os agregados potencialmente elegíveis para receber o subsídio do RMG o recebem de facto.

5.5. Principais Resultados da Simulação do RMG

A análise do impacto da implementação de um programa de Rendimento Mínimo, ainda que complexa nas suas múltiplas vertentes, pode ser sintetizada na resposta a um conjunto simples de questões: que sectores da população beneficiam com a sua implementação, qual o custo económico e social da sua realização, quais os ganhos em termos de bem-estar social e de equidade que dele resultam.

Uma primeira vertente da simulação reporta-se aos resultados globais da implementação do programa de Rendimento Mínimo Garantido sintetizados no Quadro n.º 5-2.

Quadro n.º 5-2
Simulação do Impacto do Programa de Rendimento Mínimo Garantido
Principais Indicadores

	Valores	(%)
Agregados abrangidos pelo RMG	198755	5.3
Pessoas abrangidas pelo RMG	667753	6.5
Despesa Total (10^6 euros/ano)	263.4	
Transferência Média por Agregado participante no programa (Euros/ano)	1325	

Notas: Valores a preços de 2000.
Fonte: IOF 2000. Cálculos efectuados pelo autor a partir dos micro-dados

O programa de Rendimento Mínimo Garantido abrange cerca de 5.3% dos agregados e 6.5% dos indivíduos. O RMG afecta assim, directamente, cerca de 200000 agregados e mais de 650000 pessoas. O montante global de subsídio a conceder ascende, a preços de 2000, a 263 milhões de euros. O subsídio médio/ano por agregado participante no RMG é de cerca de 1325 euros.

Uma primeira leitura que podemos fazer dos números apresentados é a de que um número muito considerável de portuguesas e de portugueses vive em condições de extrema precariedade, dispondo de um rendimento equivalente inferior ao da Pensão Social, sendo por esse facto elegíveis para receber o subsídio do RMG. Leitura complementar é a de que o Rendimento Mínimo Garantido só muito parcialmente atenua as situações de pobreza. Como vimos no Capítulo 3, e tomando como referência uma linha de pobreza correspondente a 60% da mediana, 19% dos indivíduos encontram-se em situação de pobreza. Entre estes, só cerca de um terço são eventualmente elegíveis para o RMG, e o montante de subsídio que recebem mantêm-nos muito aquém do limiar de pobreza.

5.5.1. *Identificação dos beneficiários do RMG*

Os números apresentados no Quadro n.° 5-2, enquanto valores agregados "escondem" profundas diferenças no seu impacto sobre os vários sectores da população. De forma a identificar quais os grupos que mais beneficiam com a implementação do RMG, procedemos à simulação da incidência do RMG de acordo com os vários grupos socioeconómicos considerados no Capítulo 3.

Para as várias categorias de cada um desses grupos, estimou--se a percentagem de agregados e de indivíduos abrangidos pelo RMG, a proporção dos beneficiários totais do RMG, o subsídio médio por agregado participante no programa e a percentagem do subsídio total recebida por cada grupo. Calculou-se ainda o subsídio médio por adulto equivalente (escala OCDE modificada) auferido pelos beneficiários de cada um dos grupos.

O Quadro n.º 5-3 sintetiza os principais resultados obtidos. A análise da incidência do RMG de acordo com a região permite evidenciar quais são as zonas do país onde este programa poderá ter um maior impacto. O primeiro painel do Quadro n.º 5-3 indica--nos que são as regiões autónomas dos Açores e da Madeira aquelas em que uma maior percentagem de famílias e indivíduos são abrangidas pelo RMG. A proporção da população elegível para participar no RMG nestas duas regiões insulares é superior ao dobro da verificada para o Continente ou para qualquer uma das suas regiões. No entanto, e considerando o conjunto de famílias envolvidas no programa, é a região Norte aquela que apresenta um maior número de pessoas inseridas no programa. É igualmente na região Norte que é aplicada a maior proporção do total de subsídios (46%).

A localização Rural/Urbano permite constatar um facto aparentemente contraditório. Embora seja nas regiões rurais que uma maior proporção de indivíduos e famílias é abrangida pelo RMG, o montante de subsídio médio recebido por cada ADP é claramente superior nas regiões urbanas. Esta discrepância pode, eventualmente, indiciar que, embora as situações de pobreza tenham uma maior extensão nas zonas rurais, é nas zonas urbanas que se localizam as situações de maior precariedade.

Os três painéis seguintes do Quadro n.º 5-3 tentam estabelecer a relação entre características demográficas da população e os potenciais efeitos do RMG. O principal resultado da sua análise é o de que são as famílias numerosas e com várias crianças ou as famílias monoparentais aquelas que maior possibilidade têm de vir a ser elegíveis para o RMG.

Quadro n.º 5-3
Simulação do Impacto do Programa de Rendimento Mínimo Garantido
Incidência do RMG sobre Diferentes Grupos Socioeconómicos

	Proporção de ADPs e Indivíduos Elegíveis ADPs	Indivíduos	Distribuição dos Beneficiários	Subsídio Médio	Subsídio Médio por Ad. Equiv.	Distribuição do Subsídio Total
	(%)	(%)	(%)	(Euros)	(Euros)	(%)
Região						
Norte	6.5	7.9	42.9	1557	683	45.8
Centro	6.1	7.3	19.3	1156	592	18.4
Lisboa e Vale do Tejo	3.2	3.8	19.2	1137	584	19.0
Alentejo	3.8	4.4	3.4	858	481	2.8
Algarve	5.6	6.6	3.8	1130	526	3.6
R.A.Açores	11.8	15.8	5.7	1485	590	4.6
R.A.Madeira	13.1	15.5	5.7	1498	701	5.8
Rural/Urbano						
Centros Urbanos	4.0	5.2	40.7	1599	714	46.4
Centros Semi-Urbanos	5.9	6.9	32.7	1215	578	29.6
Áreas Rurais	7.7	9.6	26.6	1087	557	24.0
Idade do Indivíduo de Referência						
Menos de 25 anos	5.7	6.5	4.9	1669	693	5.1
25 a 34 anos	4.4	5.6	12.8	1305	565	9.9
35 a 44 anos	6.8	8.8	31.2	1856	683	31.2
45 a 54 anos	5.1	5.6	17.5	1626	770	20.2
65 a 64 anos	6.7	7.2	16.2	1218	688	19.4
65 ou mais anos	4.1	5.3	17.5	722	441	14.2
Dimensão do ADP						
1 indivíduo	1.5	1.5	1.6	685	685	2.8
2 indivíduos	5.7	5.7	20.6	805	540	21.0
3 indivíduos	4.6	4.6	17.3	1204	625	17.6
4 indivíduos	5.7	5.7	23.6	1344	585	20.1
5 indivíduos	11.0	11.0	17.6	1778	671	15.9
6 ou mais indivíduos	15.7	17.1	19.3	3342	934	22.6
Tipo de ADP						
Indivíduo só <65 anos	3.6	3.6	1.1	838	838	2.4
Indivíduo >=65 anos	0.6	0.6	0.5	303	303	0.4
Casal (< 65 anos)	4.8	4.8	5.3	1017	678	6.9
Casal (>=65 anos)	5.4	5.4	9.8	590	393	7.3
Família monoparental	18.3	22.5	5.5	1425	689	6.4
Casal c /1 filho dep.	4.4	4.4	7.6	1199	620	7.7
Casal c/2 filhos dep.	6.8	6.8	14.5	1353	599	12.4
Casal c/3 + filhos dep.	23.2	24.0	14.9	2088	772	14.5
Outro tipo de ADPs	5.5	6.2	40.8	1669	671	42.0

Simulação do Impacto do Programa de Rendimento Mínimo Garantido
Incidência do RMG sobre Diferentes Grupos Socioeconómicos

	Proporção de ADPs e Indivíduos Elegíveis ADPs	Distribuição dos Indivíduos	Distribuição Beneficiários	Subsídio Médio	Subsídio Médio por Ad. Equiv.	Distribuição do Subsídio Total
	(%)	(%)	(%)	(Euros)	(Euros)	(%)
Instrução do Indivíduo Referência						
Sem qualquer grau	7.9	11.8	26.9	1130	621	28.0
Ensino Básico	5.4	6.8	70.6	1426	619	68.9
Ensino Secundário	1.9	1.9	2.4	1406	765	2.9
Ensino Superior	0.2	0.1	0.1	590	590	0.1
Participação na Actividade Produtiva						
Não Participação	5.9	8.5	29.2	1164	635	35.2
Participação	4.9	6.0	70.8	1433	617	64.8
Categoria Sócio-Ec. do Indivíduo Referência						
Patrões / Isolados agrícolas	16.2	20.7	9.0	1483	695	10.3
Trabalhadores agrícolas	19.9	26.6	5.2	1822	745	5.7
Empresários não agrícolas	5.5	5.7	9.7	1095	514	7.9
Executivos e Quadros	0.0	0.0	0.0	0	0	0.0
Trabalhadores Industria	4.4	5.9	22.4	1491	566	17.6
Trabalhadores serviços	3.3	4.3	15.3	1395	595	13.0
Reformados	4.3	5.4	19.2	751	451	15.6
Outros	14.4	19.9	19.2	1837	899	29.9
Principal Fonte de Receita						
Salários e Ordenados	3.5	4.7	40.4	1394	566	32.2
Trabalho Conta Própria	10.9	10.9	24.9	1210	606	24.8
Rends. Privados exc./Trabalho	5.7	6.4	3.0	1137	686	3.7
Pensões/Benefícios Sociais	4.1	5.2	18.9	774	472	16.1
Outras	31.0	42.5	12.7	2969	1218	23.3
Total	5.3	6.5	100.0	1325	624	100.0

Fonte: IOF 2000. Cálculos efectuados pelo autor a partir dos micro-dados

Não deixa de ser interessante notar que o programa parece ser menos "abrangente" em relação a um sector tradicionalmente considerado como dos mais carentes: o dos indivíduos sós e idosos. A explicação é, no entanto, simples. A população idosa em situação de carência tem acesso à Pensão Social, de montante idêntico ao do

Rendimento Mínimo Garantido, pelo que dificilmente se poderá candidatar ao RMG[118].

O nível de instrução do indivíduo de referência apresenta, como seria de esperar, uma clara associação com a elegibilidade ao RMG. São os agregados cujo representante não possui qualquer nível de instrução aqueles que mais possibilidades têm de ser envolvidos no programa.

A apreciação da incidência do RMG de acordo com a categoria socioeconómica do indivíduo de referência evidencia, em primeiro lugar, a situação de forte fragilidade de recursos das famílias e dos indivíduos cuja actividade se encontra ligada à agricultura. Entre estes, cerca de 20% encontram-se em situação de carência económica, o que lhes possibilita recorrer ao RMG. A população ligada à agricultura representa 14% dos indivíduos abrangidos pelo Programa. Por outro lado, embora só 4.3% dos agregados cujo indivíduo de referência é reformado reúnam as condições de concorrer ao RMG, estes representam 19.2% do total de pessoas envolvidas no programa.

A análise conjunta da incidência do Programa de Rendimento Mínimo Garantido sobre os vários grupos socioeconómicos permite-nos esboçar uma primeira resposta à questão que colocámos no início deste capítulo. Os principais beneficiários do RMG são famílias alargadas com muitas crianças, vivendo predominantemente em zonas rurais, com um baixo nível de instrução e uma fraca ou nula relação com o mercado de trabalho.

5.5.2 *Validação Preliminar dos Resultados da Simulação do RMG*

Confrontando os valores obtidos na simulação com os dados administrativos da execução do RMG anteriormente apresentados

---

[118] Legalmente um indivíduo a viver só e com mais de 65 anos nunca terá acesso ao rendimento mínimo na medida em que o acesso à Pensão Social constitui como que um direito prévio ao RMG. Um idoso com, por exemplo, crianças a cargo poderá solicitar o apoio do RMG como complemento da Pensão Social.

(Quadro n.º 5-1) é possível proceder a uma validação preliminar da simulação do RMG.

Uma primeira constatação é a de que o número de beneficiários estimado pelo modelo de simulação é cerca de 40% superior ao registado nos dados administrativos. A proporção da população elegível para participar no programa de acordo com a microsimulação é de 6.5% do conjunto da população enquanto que a participação efectiva no programa em 2000 é de 4.7%.

O desvio entre a taxa de incidência simulada e a taxa de incidência efectiva alcançada em 2000 surge-nos como perfeitamente plausível dadas as hipóteses subjacentes ao modelo de simulação. O modelo considera que todos os agregados familiares elegíveis para o programa nele de facto participam, isto é, que a taxa de 'take-up' é de 100%. O cenário de referência de aplicação do RMG foi pois concebido como um referencial para a incidência máxima de aplicação do programa, constituindo o limite superior da abrangência do programa em termos de participação da população. Tomando o desvio entre o número de beneficiários resultantes do modelo de simulação e os beneficiários abrangidos pelo programa como um indicador aproximado da taxa de 'take-up', somos conduzidos a um valor próximo dos 72%, valor que se nos afigura plausível dadas as experiências de outros países europeus com programas de natureza semelhantes ao do RMG[119].

Uma segunda leitura que resulta do confronto entre os dados administrativos e os valores simulados é a de que, apesar da simulação identificar uma maior proporção da população elegível para o programa, o montante total de benefícios simulado é muito próximo do valor efectivo do total de transferências do RMG. O desvio entre o montante global de transferências simulado e o efectivamente despendido pelo programa é inferior a 5%.

---

[119] Para uma discussão aprofundada das metodologias de cálculo da taxa de 'take-up' veja-se Harris (1994). Note-se que à medida que o programa se vai consolidando e que o seu conhecimento pelo conjunto da população se vai generalizando é provável que a taxa de 'take-up' suba mais alguns pontos percentuais.

Uma explicação possível para a diferente magnitude dos dois desvios radica no facto de a simulação efectuada assumir como fazendo parte do programa um número significativo de agregados com um rendimento de referência muito próximo do limiar do valor do Rendimento Mínimo Garantido. Nestes casos, o valor do subsídio do RMG a que teoricamente têm direito é pequeno, o que pode constituir um desincentivo à participação efectiva destes agregados no programa.

A hipótese anterior ganha consistência adicional quando confrontamos o valor médio anual das transferências por ADP obtidos na simulação e nos dados administrativos. De acordo com a informação disponível sobre a implementação efectiva do RMG, o valor médio das transferências do programa é de 1544 euros/ano. O valor obtido pela simulação é somente de 1325 euros/ano.

Esta generosidade acrescida do programa relativamente aos valores simulados, reflecte a existência na simulação de agregados com direito a um valor muito reduzido de transferências e que na prática não se integram no programa.

Mas pode, igualmente, traduzir uma limitação da utilização do IOF para simular a população abrangida pelo programa. A unidade demográfica estruturante do IOF é o agregado familiar e é com base nesta variável que a simulação é efectuada. A candidatura ao programa do RMG é baseada no indivíduo e na família. Esta diferença na unidade demográfica de referência pode induzir desvios entre os resultados da simulação e os resultados da efectivação do programa. Se somente alguns membros de um agregado, aqueles com menores recursos, se candidatarem ao programa é plausível admitir que o seu défice de recursos, comparativamente ao rendimento de referência, seja maior do que aquele que resultaria se se considerassem todos os rendimentos do agregado[120].

---

[120] Um indicador que permite corroborar esta análise é a dimensão média das famílias participantes no programa. De acordo com os dados administrativos, a dimensão média das famílias beneficiárias é de 3.0 indivíduos. Na simulação esse valor é ligeiramente superior, cerca de 3.6.

O exercício de simulação da implementação do programa de Rendimento Mínimo Garantido constitui, na linha do estudo desenvolvido por Gouveia e Rodrigues (1999,2002), um trabalho exploratório de quantificação da aplicação do programa e de identificação dos seus potenciais beneficiários. A sua realização decorre num período em que a divulgação de dados sobre a implementação do RMG é ainda muito insuficiente, pelo que a simulação realizada carece da possibilidade de uma efectiva "calibração", através do confronto com resultados reais da aplicação do programa.

Os resultados obtidos afiguram-se-nos, no entanto, extremamente promissores quanto à validade dos seus principais resultados. As limitações do modelo, resultantes das hipóteses assumidas e da fonte de informação estatística utilizada, surgem claramente delimitadas e os seus efeitos são passíveis de identificação.

Uma das insuficiências do modelo resulta da não simulação de alterações comportamentais como resposta à introdução do programa. A ausência de informação fidedigna quanto ao funcionamento do mercado de trabalho e, em particular, a ausência de um conhecimento aprofundado da função oferta de trabalho, implicou que não se pudesse ensaiar neste estudo a modelização das alterações comportamentais resultantes de um potencial efeito desincentivador do RMG sobre o emprego. Embora, como já salientamos, o montante de referência do RMG não se nos afigure como um factor fortemente desincentivador do emprego, a não consideração deste comportamento adaptativo pode produzir enviesamentos nos resultados da simulação do cenário de referência do RMG.

Gouveia e Rodrigues (2002), utilizando um conjunto de hipóteses simplificadoras quanto ao funcionamento de mercado de trabalho, procederam à simulação deste potencial comportamento adaptativo. A principal conclusão a retirar desse estudo, consubstanciado num conjunto de cenários alternativos do impacto do RMG, é a de que a verificar-se um significativo efeito desincentivador do programa sobre o emprego, o seu impacto sobre a incidência da pobreza pode ser nulo ou mesmo negativo[121]. No entanto, todos os cenários ensaiados por estes autores apontam inequivocamente para um forte impacto positivo na redução da intensidade e da severidade da pobreza alcançado com o RMG.

Por último, a não consideração do fenómeno de '*take-up*' e a aceitação implícita que todos os beneficiários do RMG estariam disponíveis para aceitar os programas de inserção que lhe forem propostos conduz a uma sobreavaliação do número de participantes no programa e dos efeitos redistributivos do RMG apresentados nas próximas secções.

5.6. Impacto do RMG na repartição do rendimento

Os efeitos mais imediatos do Programa de Rendimento Mínimo Garantido sobre a distribuição do rendimento podem ser observados no Quadro n.º 5-4. Este ilustra o acréscimo induzido pelo RMG no rendimento médio por adulto equivalente dos vários decis da distribuição inicial do rendimento[122].

O rendimento médio por adulto equivalente sofre um incremento de 0.5%. Como seria de esperar, a principal incidência do programa ocorre na parte inferior da distribuição. O rendimento médio do primeiro decil regista um acréscimo de cerca de 13%. O impacto sobre os restantes decis é praticamente insignificante.

---

[121] Nos cenários correspondentes a valores mais elevados da elasticidade da oferta de trabalho a taxa de pobreza poderia aumentar relativamente à situação inicial.

[122] A distribuição inicial do rendimento por adulto equivalente é obtida subtraindo aos rendimentos totais constantes do IOF o valor declarado do RMG.

Quadro n.º 5-4
Simulação do Impacto do Programa de Rendimento Mínimo Garantido
Rendimento Disponível por Adulto Equivalente
Pré e Pós RMG

Decil	Pré-RMG	Pós-RMG	Tx.Variação (%)
1	2579	2911	12.89
2	3915	3976	1.57
3	4867	4896	0.59
4	5775	5789	0.25
5	6717	6721	0.05
6	7691	7692	0.01
7	8799	8799	0.00
8	10488	10488	0.00
9	13453	13453	0.00
10	24903	24903	0.00
Total	8916	8960	0.49

Notas: Valores em euros a preços de 2000
Fonte: IOF 2000. Cálculos efectuados pelo autor a partir dos micro-dados

O Quadro n.º 5-5 dá-nos a taxa de participação individual no RMG bem como a distribuição dos beneficiários pelos vários decis da distribuição do rendimento disponível por adulto equivalente. No primeiro decil da distribuição, a taxa de participação é de 48%, correspondente a 74% do total dos beneficiários do programa.

Dada a condição de recursos subjacente à elegibilidade para participar no RMG, podemos interrogar-nos sobre como é possível que os efeitos do RMG se repercutam, ainda que de forma diferenciada, pelos seis primeiros decis da distribuição. Como é possível que indivíduos situados no 6.º decil possam auferir, ainda que de forma marginal, transferências do RMG? A explicação radica nos diferentes conceitos de rendimento utilizados na quantificação do rendimento familiar para efeitos de atribuição do RMG e no estabelecimento dos decis do rendimento disponível por adulto equivalente.

Capítulo 5. Simulação do Impacto Redistributivo do Programa... | 287

Quadro n.º 5-5
Simulação do Impacto do Programa de Rendimento Mínimo Garantido
Taxa de Participação e Distribuição dos Beneficiários por Decil

Decil	Taxa de Participação (%)	Distribuição dos Beneficiários (%)
1	48.1	73.5
2	9.4	14.4
3	5.3	8.1
4	1.6	2.4
5	1.0	1.6
6	0.0	0.0
7	0.0	0.0
8	0.0	0.0
9	0.0	0.0
10	0.0	0.0
Total	6.5	100.0

Fonte: IOF 2000. Cálculos efectuados pelo autor a partir dos micro-dados

A diferença fundamental resulta de o programa de RMG não considerar os rendimentos não monetários e, simultaneamente, só considerar 80% dos rendimentos monetários do trabalho. Esta diferença conceptual na definição do rendimento implica que na aferição da elegibilidade para o RMG somente são considerados 74% do total dos rendimentos familiares. Como a diferença entre os dois conceitos não se distribui uniformemente ao longo da escala de rendimento, isso significa que, no limite, um agregado que se encontra na parte inferior da distribuição de acordo com a definição do RMG, e que por isso é elegível para participar no programa recebendo o respectivo subsídio, pode efectivamente situar-se na parte superior da distribuição, se se tomar em consideração o seu rendimento total.

Uma outra questão a que o cenário de referência permite responder é a da eficácia do RMG como instrumento de redução da desigualdade. O Quadro n.º 5-6 confronta as curvas de Lorenz associadas à distribuição individual do rendimento por adulto equivalente antes e depois de aplicação do RMG.

Quadro n.º 5-6
Simulação do Impacto do Programa de Rendimento Mínimo Garantido
Curvas de Lorenz Pré e Pós RMG

Decil	Pré-RMG	Pós-RMG	Tx.Variação
1	0.0289	0.0325	12.35
	(0.0004)	(0.0003)	
2	0.0729	0.0769	5.45
	(0.0007)	(0.0006)	
3	0.1274	0.1317	3.36
	(0.0011)	(0.0010)	
4	0.1922	0.1961	2.00
	(0.0014)	(0.0014)	
5	0.2675	0.2711	1.34
	(0.0018)	(0.0018)	
6	0.3538	0.3570	0.90
	(0.0022)	(0.0022)	
7	0.4529	0.4556	0.59
	(0.0026)	(0.0026)	
8	0.5702	0.5723	0.37
	(0.0029)	(0.0029)	
9	0.7208	0.7222	0.19
	(0.0029)	(0.0029)	
10	1.0000	1.0000	

Notas. Erros Padrão das estimativas entre parêntesis
Fonte: IOF 94/95. Cálculos efectuados pelo autor a partir dos micro-dados

Como seria de esperar, a curva resultante da aplicação do RMG é mais igualitária que a da distribuição anterior à implementação do programa. O que é interessante analisar é até que decil os seus efeitos se fazem sentir de forma significativa. Como se pode observar, o RMG tem um efeito significativo sobre o primeiro decil da distribuição, que ganha mais de 3 pontos percentuais em termos da quota do rendimento total que detém. Esses efeitos vão sendo progressivamente menores à medida que avançamos para escalões de rendimento superiores, sendo praticamente nulos para valores acima da mediana.

Dada a relação entre as curvas de Lorenz pré e pós RMG é de presumir que todas as medidas de desigualdade consideradas evidenciem uma diminuição dos níveis de desigualdade após a aplicação do programa. O que se nos afigura relevante é apreciar a importância dessa diminuição. O Quadro n.º 5-7 ilustra as alterações ocorridas na desigualdade do rendimento como resultado da aplicação do programa.

Quadro n.º 5-7
Simulação do Impacto do Programa de Rendimento Mínimo Garantido
Medidas de Desigualdade Pré e Pós RMG

	Pré-RMG	Pós-RMG	Taxa de Variação
Índice de Gini	0.3508	0.3450	-1.66
	(0.0050)	(0.0049)	
Índice de Atkinson ($\varepsilon=0.5$)	0.1006	0.0963	-4.30
	(0.0028)	(0.0027)	
Índice de Atkinson ($\varepsilon=1.0$)	0.1873	0.1761	-5.97
	(0.0048)	(0.0044)	
Índice de Atkinson ($\varepsilon=2.0$)	0.3885	0.2987	-23.12
	(0.0457)	(0.0059)	
Índice de Entropia Generalizada ($\theta=-1.0$)	0.3177	0.2130	-32.96
	(0.0611)	(0.0060)	
Índice de Entropia Generalizada ($\theta=0$)	0.2074	0.1937	-6.59
	(0.0059)	(0.0054)	
Índice de Entropia Generalizada ($\theta=1.0$)	0.2186	0.2116	-3.19
	(0.0070)	(0.0069)	
Índice de Entropia Generalizada ($\theta=2.0$)	0.2939	0.2878	-2.08
	(0.0132)	(0.0130)	

Notas: Erros Padrão das estimativas entre parêntesis
Fonte: IOF 2000. Cálculos efectuados pelo autor a partir dos micro-dados

Como se pode observar, todos os índices apresentam uma redução dos níveis de desigualdade, redução essa que é tanto maior quanto maior a sensibilidade do índice em relação à parte inferior da distribuição. A forte redução ocorrida no índice de desigualdade de Atkinson (com um grau de aversão à desigualdade dado por $\varepsilon=2$) é reveladora de significativas alterações nos escalões mais baixos de rendimento, o que confirma a análise atrás efectuada nas modificações ocorridas na curva de Lorenz.

Uma apreciação global dos efeitos do RMG em termos do seu impacto equalizador não pode deixar de ser positiva, embora seja discutível se um programa com os objectivos a que o RMG se propõe não deveria ir mais além, induzindo alterações mais significativas na distribuição do rendimento.

Este efeito equalizador do RMG é igualmente detectável, ainda que com menor intensidade, se em vez das transferências simuladas utilizarmos os valores declarados no IOF. O crescimento do rendimento médio por adulto equivalente seria de 0.2% enquanto que os agregados do primeiro decil veriam o seu rendimento disponível acrescido de 6%.

Os índices de desigualdade registariam evolução semelhante com o índice de Gini a diminuir de 35.1% para 34.8%.

Os resultados anteriores são particularmente relevantes na medida em que possibilitam uma leitura mais nítida dos resultados apresentados no Capítulo 3 quanto às alterações ocorridas na década de 90 na distribuição do rendimento e na desigualdade. Na ausência do Programa de Rendimento Mínimo Garantido a curva de Lorenz 1995 dominaria a de 2000 e o agravamento da desigualdade na segunda metade da década seria inequívoco. O RMG revela-se, assim, como um elemento de contenção do agravamento tendencial da desigualdade ocorrido em Portugal ao longo dos anos 90.

5.6.1. *Eficácia do RMG no combate às situações de pobreza*

Os resultados da aplicação do Programa de Rendimento Mínimo Garantido em termos de redução da pobreza constam do Quadro n.º 5-8. Tomando como referência os valores centrais correspondentes a uma linha de pobreza definida como 60% da mediana, o cenário de referência do RMG regista uma redução da pobreza, expressa em termos de número de indivíduos, de 19.3% para 19.0%. Embora esta diminuição possa à primeira vista parecer modesta, ela significa que, graças à implementação do RMG, cerca de 8500 agregados familiares e mais de 31000 pessoas abandonam a situação de pobreza.

Quadro n.º 5-8
Simulação do Impacto do Programa de Rendimento Mínimo Garantido
Medidas de Pobreza Pré e Pós RMG

	Pré-RMG	Pós-RMG	Tx.Variação
Linha de Pobreza (40%)		2900.3	
		(30.8)	
Taxa de Pobreza – F(0)	0.0591	0.0441	-25.39
	(0.0036)	(0.0030)	
Intensidade da Pobreza – F(1)	0.0147	0.0059	-59.45
	(0.0013)	(0.0005)	
Severidade da Pobreza – F(2)	0.0061	0.0013	-79.14
	(0.0008)	(0.0001)	
Linha de Pobreza (50%)		3625.4	
		(38.5)	
Taxa de Pobreza – F(0)	0.1227	0.1138	-7.28
	(0.0048)	(0.0047)	
Intensidade da Pobreza – F(1)	0.0295	0.0199	-32.60
	(0.0017)	(0.0010)	
Severidade da Pobreza – F(2)	0.0117	0.0053	-54.89
	(0.0011)	(0.0003)	
Linha de Pobreza (60%)		4350.4	
		(46.2)	
Taxa de Pobreza – F(0)	0.1926	0.1895	-1.60
	(0.0055)	(0.0058)	
Intensidade da Pobreza – F(1)	0.0508	0.0418	-17.72
	(0.0021)	(0.0015)	
Severidade da Pobreza – F(2)	0.0204	0.0131	-35.99
	(0.0014)	(0.0006)	
Linha de Pobreza (70%)		5075.5	
		(53.9)	
Taxa de Pobreza – F(0)	0.2762	0.2732	-1.08
	(0.0057)	(0.0068)	
Intensidade da Pobreza – F(1)	0.0768	0.0687	-10.58
	(0.0024)	(0.0021)	
Severidade da Pobreza – F(2)	0.0319	0.0242	-24.02
	(0.0018)	(0.0009)	

Notas: Erros Padrão das estimativas entre parêntesis
Fonte: IOF 2000. Cálculos efectuados pelo autor a partir dos micro-dados

A ligeira redução na taxa de incidência não é de surpreender dado o montante estabelecido como valor de referência. O valor da Pensão Social corresponde somente a 34% da linha de pobreza, definida como 60% do rendimento mediano por adulto equivalente. Com um rendimento mínimo definido muito abaixo da linha de pobreza, o impacto do RMG sobre a taxa de pobreza deveria ser nulo, isto é, nenhum pobre deixaria de o ser pelo simples facto de receber transferências do Rendimento Mínimo Garantido. Mais uma vez a diferença entre as categorias de rendimento consideradas na condição de recursos e o total do rendimento familiar explica que alguns agregados que se encontravam ligeiramente abaixo da linha de pobreza, e que, simultaneamente, auferiam de rendimentos não "controlados" pelo RMG, pudessem abandonar a situação de pobreza por auferirem do subsídio do RMG.

Mais significativo que a redução da taxa de pobreza são, porém, as alterações ocorridas na severidade e na intensidade da pobreza. O Quadro n.º 5-8 mostra que a redução na intensidade da pobreza (medida $F(1)$ de Foster) e na severidade da pobreza (medida $F(2)$ de Foster) apresentam reduções de, respectivamente, 18% e 36%. Este afigura-se-nos como um dos objectivos mais conseguidos do programa: melhorar, de forma significativa, as condições de vida das famílias e dos indivíduos mais desprotegidos da sociedade portuguesa.

Mais uma vez se em vez dos impactos simulados do RMG utilizássemos os montantes das transferências do programa declarados no IOF as conclusões não se alterariam. A redução na intensidade e na severidade da pobreza seriam de 8 e 17%, respectivamente.

Se hipoteticamente neutralizássemos o impacto do RMG na distribuição de 2000 então o agravamento da pobreza económica na segunda metade da década de 90, nas suas várias dimensões, teria sido muito mais acentuado. O programa do RMG revela uma clara eficácia na redução da intensidade e na severidade da pobreza económica.

5.6.2. *Eficiência do RMG no combate às situações de pobreza*

A análise da eficácia do Programa de Rendimento Mínimo Garantido no combate às situações de pobreza realizada na secção anterior constitui um indicador crucial do êxito do programa, enquanto medida de discriminação positiva em relação aos indivíduos e às famílias mais desfavorecidas. Essa análise deve, no entanto, ser complementada com uma apreciação do nível de eficiência na aplicação do programa, isto é, com uma avaliação de qual a proporção das transferências do RMG que efectivamente contribuem para a redução da pobreza.

O conceito de eficiência na redução da pobreza ('*poverty reduction efficiency*') associado às transferências sociais foi desenvolvido por Beckerman (1979) e pode ser explicado através da figura seguinte.

Figura n.º 5-1
Modelo de Beckerman para Analise da Eficiência das Transferências Sociais

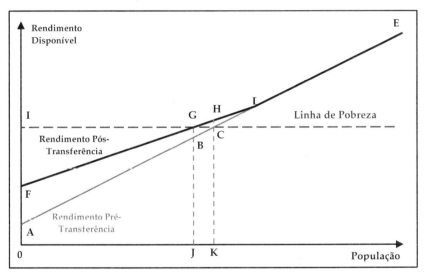

O eixo horizontal representa os indivíduos ou agregados ordenados de forma crescente no rendimento e o eixo vertical os respectivos rendimentos. A linha *AE* representa o rendimento inicial da população enquanto que o rendimento pós-transferências é dado pela linha *FDE*.

Se considerarmos que a linha de pobreza corresponde à distância *OI*, a população pobre é representada na situação inicial pela distância OK. A área ACI traduz o défice de recursos dos indivíduos pobres ('*poverty gap*'), isto é, o montante necessário para que toda a população pobre alcançasse o nível de rendimentos correspondente à linha de pobreza.

A intervenção redistributiva do Estado consubstancia-se num montante de transferências representado pela área AFD. O efeito do programa expresso em termos de redução do número de pobres é dado pela distância JK. A parte das transferências recebida pelas famílias pobres corresponde à área ACGF, enquanto que a parte das transferências auferidas pela população não pobre é dada pelo triângulo CHD. A redução do défice de recursos da população pobre é mensurável pela área ACGF.

Beckerman propõe as duas seguintes medidas de eficiência das transferências na redução da pobreza:

i) Eficiência Vertical do Programa (EVP) – Representa a proporção das transferências totais auferidas pelas famílias que eram pobres antes do programa.

$$EVP = \frac{\text{área } ACHF}{\text{área } ADF}$$

ii) Eficiência na Redução da Pobreza (ERP) – Representa a proporção das transferências que efectivamente contribui para a redução da pobreza, expressa pelo défice de recursos.

$$ERP = \frac{\text{área } ACGF}{\text{área } ADF}$$

O conceito de eficiência na redução da pobreza tem em conta o "desperdício de recursos" associado às transferências para a população não pobre, mas também a *transferência excedentária* para as famílias que inicialmente eram pobres e que após o programa o deixaram de ser. Esta transferência excedentária, que Beckerman designa por '*spillover*', corresponde no gráfico à área GCH. Se a redução da pobreza fosse o único objectivo do programa, a transferência excedentária constituía como que um pagamento em excesso, na medida em que a população situada na Figura n.º 2-1 entre *J* e *K* aufere transferências superiores às que necessitariam para alcançar a linha de pobreza.

O próprio Beckerman reconhece que a utilização de medidas de eficiência não dispensa, antes complementa, as medidas de eficácia do programa de redução da pobreza. Note-se que uma grande eficiência do programa não significa que a pobreza seja fortemente reduzida, nem uma baixa eficiência implica uma redução não significativa da pobreza. As medidas de eficiência somente explicam, dado o montante despendido, porque é que o impacto do programa é um determinado.

No caso de uma medida com as características do Programa de Rendimento Mínimo implementado em Portugal, a imagem gráfica das alterações da distribuição do rendimento deveria ser substancialmente diferente da representada na Figura n.º 2-1. O facto de o rendimento mínimo de referência ser notoriamente inferior à linha de pobreza, deveria implicar que a distribuição pós RMG fosse do tipo da representada na Figura n.º 5-2.

Figura n.º 5-2
Modelo de Beckerman para Analise da Eficiência do Rendimento Mínimo

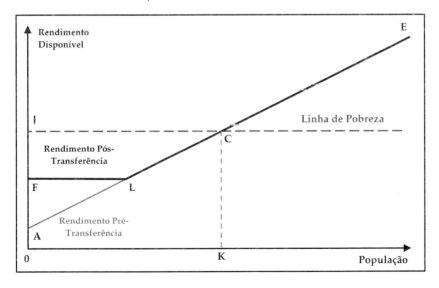

Os efeitos da aplicação do modelo teórico representado na figura anterior seriam os seguintes: na óptica da eficácia da luta contra a pobreza, a redução da incidência da pobreza seria nula, isto é, a taxa de pobreza manter-se-ia inalterada; a redução do défice de recursos da população pobre seria dada pela área *ALF*, a qual corresponderia exactamente ao total de transferências associado ao programa[123]; na perspectiva das medidas de eficiência, o programa seria 100% eficiente, na medida em que todo o montante associado ao RMG seria destinado à população pobre e todo ele seria aplicado na redução do défice de recursos da população pobre.

A implementação prática do RMG aproxima-se, no entanto, mais do modelo representado na Figura n.º 2-1 do que daquele descrito pela Figura n.º 5-2. Mais uma vez, a principal razão radica no facto de a condição de recursos do RMG não entrar em consideração com todas as componentes do rendimento familiar. Embora a imagem exacta das distribuições pré e pós RMG não seja a descrita na Figura n.º 2-1, nomeadamente porque a não linearidade do RMG face à verdadeira distribuição inicial de rendimentos provoca alterações na ordenação dos indivíduos e das famílias, a identificação das principais áreas associadas aos impactos do RMG revela-se útil na avaliação da eficácia e da eficiência do programa.

Analisemos então, tomando como referência aproximada a Figura n.º 2-1, os impactos simulados da aplicação do programa de RMG:

i) O montante global das transferências é de 263.4 milhões de euros/ano (área *AFD*);

ii) O montante global de transferências para a população que inicialmente se situava abaixo da linha de pobreza é de 240.9 milhões de euros/ano (área *ACHF*);

---

[123] Nas duas figuras apresentadas é necessário ter em conta que não se consideram os efeitos redistributivos dos custos do programa sobre a redistribuição do rendimento.

iii) O montante global de transferências para a população que inicialmente não era pobre é de 22.5 milhões de euros/ano (área *CHD*);

iv) A redução da incidência da pobreza é dada pela distância *JK*, passando a taxa de pobreza de 19.3% para 19.0%;

v) A diminuição do défice de recursos da população pobre é de 233.6 milhões de euros/ano (área *ACGF*) passando de 1537.5 (área *ACI*) para 1303.9 milhões de euros/ano (área *FGI*);

vi) O montante de transferência excedentária é de 7.3 milhões de euros/ano, correspondente à área *CHG*.

Os impactos simulados de aplicação do RMG, utilizando como referência o modelo de Beckerman, confirmam a análise efectuada na secção anterior quanto à eficácia do programa no combate à pobreza: uma pequena diminuição na incidência da pobreza acompanhada de uma redução significativa da intensidade da pobreza; o défice de recursos da população pobre sofre um decréscimo de 15.2%.

Os indicadores de eficiência propostos por Beckerman revelam-se igualmente elucidativos quanto ao impacto redistributivo do programa de RMG: a Eficiência Vertical do Programa (EVP) atinge os 92%, significando que cerca de 8% do montante total de transferências é atribuído a famílias que inicialmente se situavam acima da linha de pobreza; a Eficiência na Redução da Pobreza (ERP) é de cerca de 89%, correspondente à proporção das transferências que efectivamente reduz o défice de recursos da população pobre[124].

A avaliação dos indicadores de eficiência, tal como anteriormente a análise da eficácia, afigura-se-nos extremamente encoraja-

---

[124] Se considerarmos os valores do RMG declarados no IOF, as conclusões anteriores quanto à eficiência do programa mantêm-se no essencial válidas. A eficiência vertical do programa reduz-se ligeiramente para 87.2% enquanto que a eficiência na redução da pobreza passa para 82.4%.

dora das potencialidades do RMG enquanto programa de combate às situações de pobreza e de exclusão social. O que estes indicadores traduzem é a necessidade de uma "grelha mais fina" de avaliação dos recursos das famílias e dos indivíduos candidatos ao programa, de forma a ter-se em conta os rendimentos não "controlados" na actual condição de recursos. Seria, assim, possível transferir um maior montante para os indivíduos efectivamente pobres, aumentando a eficácia e a eficiência do programa no combate à pobreza.

5.7. Avaliação Global do Programa

A simulação do Rendimento Mínimo Garantido efectuada neste capítulo possibilita uma avaliação da dimensão do programa, do número de beneficiários envolvidos e das suas principais características, dos custos orçamentais associados às transferências, das alterações induzidas na distribuição do rendimento e nos níveis de desigualdade, tal como do seu impacto nas várias dimensões do fenómeno da pobreza.

A análise dos impactos do RMG na distribuição do rendimento permite sublinhar que um programa governamental, de âmbito nacional, visando combater as situações de pobreza e de exclusão social, pode ter um impacto muito positivo nas famílias em situações de maior precariedade.

Comparando a distribuição do rendimento de 2000 pré-RMG com uma distribuição onde se simula a implementação do Rendimento Mínimo Garantido temos que o impacto do programa nos níveis de desigualdade e na taxa de pobreza é reduzido. O índice de Gini reduz-se de 0.351 para 0.345 enquanto que a prevalência da pobreza sofre um decréscimo de 19.3% para 19.0%.

A apreciação dos efeitos do RMG sobre a severidade e a intensidade da pobreza permite, no entanto, identificar aquela que é a principal potencialidade do programa: atenuar significativamente as situações de maior precariedade. O Rendimento Mínimo Garantido surge, assim, como um programa que, mais do que reduzir a prevalência da pobreza, visa atenuar as suas formas mais extremas. Os resultados alcançados através da simulação dos efeitos do RMG na distribuição do rendimento indicam que este é, sem dúvida, um programa com potencial para ser bem-sucedido na prossecução desse objectivo.

A simulação do RMG permite igualmente evidenciar eventuais insuficiências e lacunas na concepção do programa que, a serem corrigidas, possibilitarão um acréscimo da sua eficácia e da sua eficiência. A análise efectuada na secção 5.6 quanto ao âmbito restrito do conceito de rendimento subjacente à condição de recursos do RMG parece-nos constituir um bom exemplo de como a metodologia de construção do cenário de referência pode evidenciar melhoramentos e ajustamentos a introduzir no programa.

Capítulo 6:

Conclusão

O objectivo desta dissertação foi o de proceder à investigação sistemática das principais alterações ocorridas na distribuição do rendimento em Portugal ao longo dos anos noventa do século XX.
Partindo de uma abordagem integrada das diferentes ópticas de observação da distribuição do rendimento (bem-estar social, desigualdade e pobreza económica) procurámos responder a três questões fundamentais:

i) Quais as principais alterações que ocorreram na distribuição dos rendimentos ao longo dos anos 90 em Portugal?

ii) Quais os principais factores explicativos das transformações verificadas e quais os principais determinantes da desigualdade e da pobreza?

iii) Qual o impacto das políticas redistributivas na distribuição do rendimento e, em particular, na redução da desigualdade e no atenuar das situações de pobreza?

Ao longo dos vários capítulos da dissertação tivemos já oportunidade de enunciar as principais respostas às questões acima expressas, através de resultados específicos obtidos no desenvolvimento do trabalho. Justifica-se, porém, que sistematizemos e sublinhemos agora esses resultados e que procedamos a uma reflexão sobre a realidade que deles emerge. O diagnóstico realizado somente estará completo se dele for possível extrair ilações que sirvam de suporte a uma política social efectiva, que vise reduzir as assimetrias na distribuição do rendimento, aliviar o fenómeno da pobreza e aumentar de forma equitativa o nível de vida da população.

De forma a evidenciar os aspectos mais marcantes da distribuição do rendimento em Portugal e da sua alteração ao longo do período 1989-2000, os diversos resultados alcançados foram agrupados em quatro grandes vectores de análise. Nestes se estruturam as principais conclusões recolhidas ao longo da dissertação, ainda que de uma forma transversal relativamente à sequência com que essas conclusões emergiram dos diferentes capítulos. A preocupação que presidiu à sua organização foi, predominantemente, a de realçar a articulação entre o diagnóstico realizado e a sua utilização instrumental como fundamento de políticas sociais.

Uma última observação prende-se com a fiabilidade dos resultados obtidos e, consequentemente, das conclusões que se vão enunciar. Ao longo da dissertação, diversos testes estatísticos e ensaios de sensibilidade às opções metodológicas implementadas, permitem afirmar que as principais tendências detectadas são suficientemente robustas face à informação e aos métodos utilizados.

A) Portugal – uma sociedade com fortes assimetrias sociais e com elevados níveis de pobreza económica

O primeiro vector de análise assenta, necessariamente, no reconhecimento de que Portugal é hoje um país com elevados índices de desigualdade e de pobreza económica. Tomando como referência o ano de 2000, a análise efectuada no capítulo 3 estima um índice de Gini perto dos 35% e uma taxa de incidência da pobreza superior a 19%.

Estes valores colocam Portugal como o país mais desigual e com maior taxa de pobreza no conjunto dos 15 países que, em 2000, constituíam a União Europeia. Um estudo recente do Eurostat[125] evidenciava que o nível de desigualdade, medido pelo índice de Gini, era em Portugal 25% superior ao da média europeia e que a taxa de incidência da pobreza era cerca de 14% superior ao do conjunto dos 15 países da UE.

Mais importante do que a magnitude dos números, ou a posição relativa de Portugal no contexto Europeu, os indicadores anteriores traduzem uma sociedade profundamente desigual onde quase dois milhões de portugueses apresentam uma situação de carência de recursos económicos que permite classificá-los como pobres.

A dimensão do fenómeno da desigualdade e da pobreza aqui realçada não é nem especifica do período que estamos a analisar nem um facto novo para os investigadores com preocupações nesta área. A reafirmação desta realidade, assente num estudo compreensivo e actualizado, possibilitará, contudo, reforçar a consciência social de que a desigualdade e a pobreza são um dos mais graves problemas nacionais.

B) **Ao longo da década de 90, apesar da melhoria das condições de vida do conjunto da população, as desigualdades acentuaram-se e o fenómeno da pobreza manteve-se extremamente elevado**

Uma primeira conclusão que se pode extrair da análise das principais alterações ocorridas na distribuição do rendimento por adulto equivalente em Portugal, ao longo dos anos 90, é a de que se

---

[125] EUROSTAT (2003b), "Poverty and Social Exclusion in the EU after Laeken – Part 1", Statistics in Focus – Population and Social Conditions n.º 8/2003. O estudo do Eurostat é realizado com base no Painel dos Agregados Familiares e para o ano de 1999. A distribuição do rendimento utilizada pelo Eurostat para a construção dos diferentes índices tem em conta, exclusivamente, os rendimentos monetários.

verificou um acréscimo do rendimento real, cujos efeitos se propagam ao longo de toda a distribuição do rendimento e que se traduziu num claro aumento do bem-estar social do conjunto da população. A evolução positiva dos diferentes índices de bem-estar social registada e a comparação entre as curvas de Lorenz generalizadas confirmam, inequivocamente, a melhoria das condições de vida da população.

Uma segunda conclusão é a de que esse crescimento não beneficiou de igual forma todos os sectores da população, isto é, nem todos os indivíduos beneficiaram de igual forma da melhoria do bem-estar proporcionado pelo crescimento real do rendimento. Tomando como referência o rendimento médio dos vários decis da população, constata-se que o crescimento do rendimento real da parte inferior da distribuição foi de 2.2% ao ano, enquanto que os indivíduos e as famílias situados na parte superior da distribuição registaram um aumento de 3.7% ao ano. O crescimento ocorrido ao longo do período 1989-2000 foi claramente assimétrico e traduziu-se num forte agravamento da desigualdade na distribuição dos rendimentos.

Entre 1989 e 2000 todos os índices de desigualdade revelam um significativo agravamento da desigualdade. Os índices mais sensíveis à parte superior da distribuição do rendimento são aqueles que revelam um maior crescimento: o índice de Atkinson com $\varepsilon = 0.5$ sobe 20.4% e o índice de entropia generalizada com $\theta = 2$ cresce 24.8%, por exemplo. O índice de Gini, apesar de um crescimento mais modesto, sofre um aumento superior a 3 pontos percentuais, passando de 31.7% em 1989 para 34.8% em 2000.

A "análise cruzada" da evolução dos indicadores de bem-estar social e dos indicadores de desigualdade possibilita uma nova interpretação do padrão de crescimento verificado ao longo dos anos 90 em Portugal. Assistiu-se a uma melhoria contínua do nível de bem-estar dos portugueses, melhoria essa claramente sustentada pelo crescimento económico, a qual foi suficiente para neutralizar o impacto negativo do acréscimo da desigualdade sobre o bem-estar. A sociedade portuguesa tornou-se mais rica, o nível de vida do conjunto da população subiu mas, simultaneamente, tornou-se mais desigual e a posição relativa dos indivíduos de menores rendimentos deteriorou-se.

O acentuar da desigualdade económica assume uma importância acrescida na medida que representa uma completa inversão da tendência registada no país nas décadas anteriores, onde se verificou uma diminuição da assimetria na distribuição do rendimento[126].

Mas não é exclusivamente na intensidade da desigualdade que é possível detectar alterações significativas. Também o padrão da desigualdade revela mutações importantes. A diminuição da desigualdade ao longo da década de 80 encontra-se profundamente associada a um crescimento mais acentuado dos rendimentos na parte inferior da distribuição (Rodrigues, 1996). Nos anos 90, o agravamento da desigualdade é predominantemente suscitado por alterações ocorridas na parte superior da distribuição, onde se encontram os agregados que mais beneficiaram do crescimento económico.

O padrão de crescimento verificado reflecte-se, ainda que de forma contraditória, nas várias abordagens da pobreza económica. Por um lado, o ritmo de crescimento verificado foi suficientemente elevado para que todos os grupos sociais dele beneficiassem. Assim, verifica-se a redução de qualquer medida de pobreza absoluta, sustentada por uma linha de pobreza inalterada ao longo do tempo. Por outro lado, o modelo de crescimento foi suficientemente desigual para que a posição relativa dos indivíduos de menor rendimento se deteriorasse, o que se reflecte no inevitável crescimento das medidas de pobreza relativa[127].

---

[126] Portugal parece, assim, contrariar a hipótese de Kuznets (1953) de que o padrão da desigualdade segue uma evolução em forma de "U" invertido, com a desigualdade a crescer nas primeiras etapas do crescimento económico e a reduzir-se nas fases subsequentes.

[127] A evolução da desigualdade e da pobreza não são, necessariamente, coincidentes. As alterações ocorridas em Portugal ao longo da década de 90 pare-

Se considerarmos como referência uma linha de pobreza relativa correspondente a 60% do rendimento mediano por adulto equivalente a incidência da pobreza sobe de 17.6% em 1989 para 19.1% em 2000. O défice de recursos médio da população pobre sofre, igualmente, um acréscimo de cerca de 40%.

Os resultados apresentados até ao momento das alterações ocorridas na distribuição do rendimento em Portugal incidem sobre o conjunto dos anos 90. No entanto, o padrão de crescimento verificado e as mutações ocorridas na desigualdade e na pobreza são substancialmente diferentes na primeira e na segunda metade da década.

Na primeira metade dos anos 90 (1989-95) registou-se uma taxa de crescimento média anual do rendimento por adulto equivalente de 2.68%, mas esse crescimento é mais acentuado nas famílias que se situam na parte superior da distribuição. São predominantemente os agregados de rendimentos mais elevados os que mais beneficiam desse crescimento. Em particular, o acréscimo do rendimento é tanto maior quanto mais elevado for o decil a que pertencem os agregados. O último decil tem um acréscimo de rendimento três vezes superior ao do primeiro decil, sendo este último inferior a 55% do crescimento médio. A distribuição do rendimento tornou-se, assim, mais assimétrica neste período. Todos os índices de desigualdade registam um acentuado crescimento. Os diferentes indicadores de pobreza económica apresentam igualmente um acréscimo, ainda que menos marcado.

Na segunda metade da década, 1995-2000, manteve-se a tendência, ainda que menos acentuada, para um forte crescimento dos rendimentos dos agregados e dos indivíduos situados na parte superior da escala dos rendimentos. No entanto, este crescimento foi acompanhado de um forte incremento dos rendimentos das

---

cem, contudo, sugerir que o elevado nível de desigualdade constitui um dos factores explicativos da pobreza económica, quando esta se expressa em termos de uma linha de pobreza relativa.

famílias mais pobres. O primeiro decil da distribuição é aquele que regista um maior crescimento médio. Este carácter 'bipolar' do processo de crescimento ocorrido na segunda metade dos anos 90, com o primeiro e o último decis a terem ganhos em termos das respectivas 'quotas' de rendimento, repercute-se directamente nos indicadores de desigualdade e de pobreza. As diferenças no nível de desigualdade e de pobreza são praticamente nulas[128].

A imagem que emerge da conjugação destes dois sub-períodos para as alterações ocorridas na distribuição do rendimento ao longo da década de 90 é relativamente clara: ao longo da primeira metade da década assistiu-se a um modelo de crescimento que beneficiou os indivíduos e as famílias de maiores rendimentos, penalizou os indivíduos dos escalões inferiores da distribuição, acentuou fortemente as desigualdades sociais e manteve os níveis de pobreza extremamente elevados; na segunda metade dos anos 90, como consequência da implementação de novas políticas sociais dirigidas aos sectores da população mais carenciados (como o Rendimento Mínimo Garantido), foi possível conter a tendência anterior mas não se conseguiu a sua inversão.

C) **A desigualdade e a pobreza têm um carácter estrutural, associado ao modelo de crescimento económico e às alterações na estrutura demográfica ocorridas na sociedade portuguesa**

A leitura a que procedemos das principais alterações registadas na distribuição pessoal do rendimento, na desigualdade e na pobreza permite constatar que o crescimento económico que se verificou em Portugal ao longo dos anos 90 contribuiu para a melhoria do bem-estar social da generalidade da população, mas

---

[128] Apesar dos testes efectuados quanto às diferenças entre os indicadores de desigualdade e pobreza em 1995 e 2000 não permitirem rejeitar a hipótese da sua estabilidade, é claramente visível que os indicadores mais sensíveis à parte inferior da distribuição sugerem uma melhoria da desigualdade e da pobreza.

não impediu o aumento das desigualdades nem possibilitou uma diminuição dos elevados níveis de pobreza existentes. Uma leitura mais atenta permite mesmo avançar a ideia de que o padrão de crescimento prevalecente foi ele próprio gerador de novos factores de desigualdade e de pobreza.

De forma a aprofundar o conhecimento dos mecanismos em que assenta o binómio crescimento/distribuição tentámos igualmente identificar quais os principais determinantes das alterações ocorridas e compreender quais os principais mecanismos geradores da desigualdade e da pobreza. A metodologia seguida consistiu na análise da evolução verificada nos diferentes grupos sociais existentes na sociedade e, simultaneamente, na observação do comportamento das principais fontes de rendimento dos agregados familiares.

Um primeiro factor explicativo ensaiado foi a localização geográfica da população, considerando quer a região quer as características rural/urbano do local de residência do agregado.

A segmentação do local de residência entre áreas rurais e urbanas surge claramente associada às principais alterações ocorridas na distribuição do rendimento. O declínio da população vivendo em áreas rurais (ao longo da década a percentagem da população rural decresce cerca de quatro pontos percentuais) é acompanhado de uma diminuição do seu rendimento relativo face às áreas urbanas. O rendimento médio por adulto equivalente das Áreas Rurais representava em 1989 72% do rendimento médio dos Centros Urbanos, descendo esse valor para 61% em 2000. Saliente-se ainda que entre 1989 e 1995 verifica-se nas áreas rurais uma diminuição do rendimento médio por adulto equivalente.

Os diferentes índices de desigualdade apontam inequivocamente para uma maior assimetria na distribuição do rendimento nas áreas urbanas, as quais registam não só níveis de desigualdade claramente superiores ao do conjunto do país, mas igualmente um ritmo superior de crescimento dessa desigualdade.

A incidência da pobreza nas áreas rurais era, em qualquer dos anos considerado, mais do que o dobro da registada nos centros urbanos, com cerca de 1/3 da população em situação de pobreza. E, enquanto nos centros urbanos e semi-urbanos a taxa de pobreza não sofreu alterações muito significativas, o agravamento da incidência da pobreza nas áreas rurais foi de 23%, aumentando cerca de 6 pontos percentuais durante o período. No que concerne aos indicadores de intensidade e severidade da pobreza, as áreas rurais são também particularmente penalizadas, apresentando valores muito superiores aos do conjunto da população.

A análise efectuada parece sugerir um "trade-off" entre pobreza e desigualdade quando confrontamos as regiões rurais e urbanas, com a predominância de elevados índices de pobreza nas primeiras e altos níveis de desigualdade nas segundas. A associação entre uma forte assimetria dos rendimentos e as áreas urbanas permite antecipar, desde já, uma relação estreita entre desigualdade e formas de actividade mais "modernas" e dinâmicas, assentes predominantemente numa relação salarial. Os níveis de pobreza superiores das regiões rurais apontam para uma clara manutenção dos factores tradicionais de pobreza, acompanhados e reforçados pela emergência de novos factores de pobreza.

Apesar das diferenças significativas registadas nos níveis de rendimento e de desigualdade, as regiões actualmente consideradas (NUT2) não parecem desempenhar um papel importante na explicação do nível global de desigualdade. No que concerne à pobreza económica sublinhe-se o caso das regiões autónomas dos Açores e da Madeira que são, simultaneamente, as regiões com menor rendimento médio e com maior incidência do fenómeno de pobreza. Embora a taxa de pobreza se tenha reduzido entre 1989 e 2000 de forma muito significativa nestas duas regiões insulares, quer os Açores quer a Madeira continuam a apresentar em 2000 uma taxa de pobreza muito superior à do conjunto do país.

As alterações demográficas ocorridas ao longo da década de 90 foram igualmente estudadas de forma a evidenciar a sua relação com as transformações verificadas na distribuição do rendimento.

O facto mais marcante das alterações ocorridas ao longo da década é, indubitavelmente, o envelhecimento da população. A percentagem de indivíduos com mais de 65 anos sobe, entre 1989 e 2000, de 14.9% para 22.4%. A proporção de indivíduos vivendo em agregados cujo indivíduo de referência tem 65 ou mais anos sofre uma evolução semelhante. Os agregados constituídos exclusivamente por idosos registam igualmente um incremento significativo. Um segundo aspecto relevante é o baixo nível de rendimento evidenciado pelos agregados cujo indivíduo de referência é idoso, ou constituídos exclusivamente por idosos, comparativamente aos demais agregados.

Dado que o envelhecimento da população é transversal face aos diferentes grupos sociais, estes tipos de agregado evidenciam uma grande heterogeneidade e apresentam, geralmente, níveis de desigualdade superiores ao do conjunto da população[129]. A característica mais proeminente é, contudo, o elevado nível de precariedade que evidenciam face às diferentes dimensões do fenómeno da pobreza.

A incidência da pobreza é sempre superior a 35% para este grupo de agregados. A conjugação de elevadas taxas de pobreza dos agregados cujo indivíduo de referência tem idade igual ou superior a 65 anos com o acréscimo proporcional deste tipo de agregados no conjunto da população conduz a que, em 2000, cerca de 42.5% dos pobres sejam caracterizados por terem como indivíduo de referência um indivíduo idoso.

O caso dos agregados compostos exclusivamente por um idoso é particularmente relevante, na medida em que cerca de metade da população idosa vivendo só se encontra abaixo do limiar de pobreza. É, igualmente, neste grupo que se registam as maiores taxas de intensidade e de severidade da pobreza, o que nos permite afir-

---

[129] Não é somente o nível de heterogeneidade que induz os elevados níveis de desigualdade nestes dois tipos de agregados, mas igualmente o facto de neles se concentrarem grande parte dos agregados de menores rendimentos.

mar estarmos perante um dos segmentos mais vulneráveis de toda a sociedade portuguesa.

A observação das transformações ocorridas na estrutura demográfica da população portuguesa permite detectar ainda outros factores com impacto na distribuição do rendimento. A diminuição média da dimensão dos agregados, a forte diminuição dos agregados mais numerosos e a redução da proporção de agregados com crianças tem igualmente efeitos redistributivos significativos. Particularmente significativo é, ainda, o elevado grau de precariedade dos agregados mais numerosos e das famílias monoparentais, com taxas de incidência da pobreza muito acentuadas.

O grau de instrução dos diferentes indivíduos medido pelas suas habilitações escolares revelou-se, ao longo deste estudo, como a principal variável de discriminação dos níveis de rendimento e de pobreza. A segmentação da população pelo seu nível de escolaridade permite constatar não somente a relação directa entre o nível de ensino alcançado e o nível de rendimento auferido mas, igualmente, que o efeito discriminante do nível educacional aumentou ao longo da década em estudo. O nível de escolaridade constitui, de igual modo, o principal factor explicativo da desigualdade. Em 1989, o nível de instrução do representante do agregado explicava cerca de um quarto da desigualdade total, tendo esse valor subido para perto dos 40% em 2000.

A prevalência da pobreza revela-se extremamente elevada entre os agregados cujo representante possui um nível de instrução inferior ao ensino básico, com taxas de pobreza próximas dos 50%. A incidência da pobreza nos agregados com o ensino básico, apresenta valores ligeiramente abaixo dos valores médios da população. Estes dois grupos educacionais congregam a quase totalidade da população pobre.

A correcta avaliação da interacção entre as transformações ocorridas no nível de educação da população e as alterações verificadas na repartição do rendimento apresenta, porém, aspectos complexos que exigem uma análise cuidada. O aumento, inequívoco, do nível de instrução da população ocorrido entre 1989 e 2000 exerceu um impacto positivo sobre a pobreza. A educação deve desempenhar um papel estratégico no combate às situações de pobreza, enquanto elemento potenciador de uma maior integração social e de uma melhor inserção no mercado de trabalho. Os altos níveis de desigualdade, que até ao presente têm estado associados às diferenças educacionais, somente poderão ser reduzidos através dum progressivo aumento do nível de instrução do conjunto da população e de políticas redistributivas que operem a jusante do sistema educativo.

A compreensão dos diversos mecanismos de criação dos rendimentos familiares constitui um elemento fundamental para a interpretação das alterações ocorridas na sua distribuição. Para tal torna-se necessário identificar a ligação dos indivíduos e das famílias à actividade produtiva, as principais transformações ocorridas na estrutura do emprego e, ainda, o peso de cada fonte de rendimento no rendimento disponível das famílias.

Uma primeira observação é a de que o número de indivíduos residindo em agregados totalmente excluídos da actividade produtiva aumentou em cinco pontos percentuais entre 1989 e 2000, representando neste último ano 22.4% da população. Estes agregados apresentam, ao longo de todo o período, níveis de incidência de pobreza superiores a 40%. Apesar da taxa de pobreza deste grupo ter registado uma redução muito significativa entre 1989 e 2000, a permanência de elevados índices de intensidade e severidade da pobreza não podem deixar de traduzir uma situação de precariedade económica acentuada.

O crescente "desligar" da actividade produtiva de um conjunto significativo da população é corroborado pelo aumento da população pertencente a agregados cujo indivíduo de referência é reformado ou a agregados cuja principal fonte de rendimento é constituída por pensões.

A análise dos rendimentos destes agregados confirma a análise anteriormente feita em relação aos agregados constituídos predominantemente por idosos: um baixo nível médio de rendimento por adulto equivalente e elevadas taxas de incidência e intensidade da pobreza.

Dois indicadores muito simples atestam esta ligação estreita entre agregados dependentes de pensões e o fenómeno da pobreza económica em Portugal. Em primeiro lugar, as pensões constituem, ao longo de toda a década, a principal fonte de rendimento do conjunto da população pobre. Em segundo lugar, cerca de 43% dos indivíduos pobres estavam em 2000 inseridos em agregados cujo indivíduo de referência era Reformado.

Uma leitura correcta desta forte relação entre famílias que dependem de pensões e famílias em situação de elevada precariedade económica exige, porém, que se tenha em conta as diferentes dinâmicas que confluem na evolução deste grupo populacional. O acréscimo do peso dos reformados no conjunto da sociedade portuguesa ao longo dos anos 90 foi acompanhado de uma ligeira melhoria do seu rendimento relativo face aos demais grupos e de um aumento da sua heterogeneidade. A desigualdade no interior deste grupo foi sempre superior ao do conjunto da população, tendo crescido significativamente ao longo da década.

Qualquer política social efectiva de combate à pobreza e à exclusão social terá que dar particular atenção a este grupo social, promovendo o acréscimo sustentado dos rendimentos e a dignificação das condições de vida dos seus membros em situação de precariedade mas, simultaneamente, terá que ter em conta a sua crescente heterogeneidade.

A observação da evolução ocorrida nas diferentes categorias socioeconómicas possibilitou, ainda, realçar o forte decréscimo da proporção da população ligada à actividade agrícola. A incidência da pobreza entre os agregados e indivíduos ligados à actividade agrícola acentua-se ao longo de toda a década, mas em particular entre 1995 e 2000, fazendo com que no fim do período estes constituam a categoria socioeconómica mais vulnerável ao fenómeno da pobreza, sendo de destacar que os agregados cujo indivíduo de referência é trabalhador agrícola registam, em 2000, uma prevalência da pobreza perto dos 50%.

A apreciação da estrutura dos rendimentos familiares e da sua evolução ao longo do período em estudo permite evidenciar a influência que as diferentes componentes do rendimento desempenham na distribuição do rendimento.

A manutenção da importância do rendimento não monetário na estrutura dos rendimentos familiares constitui um dos traços característicos da distribuição do rendimento em Portugal. Apesar do ligeiro decréscimo ocorrido ao longo da década, o peso desta componente do rendimento nos orçamentos familiares permanece acima dos 10%. Ainda que constituídos por componentes muito heterogéneos entre si, os rendimentos não monetários parecem desempenhar predominantemente um papel supletivo e de reforço dos rendimentos mais baixos, desempenhando na sociedade portuguesa um papel atenuador das desigualdades e da pobreza económica. A omissão destes rendimentos não altera as principais características da distribuição do rendimento e da sua evolução, mas traduz-se, necessariamente, numa sobrestimação dos indicadores de desigualdade e de pobreza.

A evolução dos salários e ordenados surge claramente associada ao acréscimo registado na desigualdade ao longo da década e, em particular, entre 1989 e 1995. Constituindo os salários a componente de maior importância na estrutura do rendimento familiar, o seu comportamento reflecte-se, de forma quase directa, na distribuição do rendimento. O agravamento da desigualdade salarial, assente na coexistência de baixos salários e no aumento das disparidades na parte superior da distribuição, constituiu o principal factor impulsionador do aumento das desigualdades.

Um outro elemento caracterizador das alterações na estrutura dos rendimentos familiares é o acréscimo significativo da importância das transferências sociais (excluindo pensões) entre a população pobre. Como resultado da implementação de novas políticas sociais dirigidas à população mais desprotegida, em particular entre 1995 e 2000, o peso desta rubrica no rendimento disponível das famílias pobres mais que duplica. Este incremento não pode ser indissociável da contenção do agravamento das várias dimensões da pobreza económica no período 1995-2000.

Tentando uma visão de síntese pode afirmar-se que os principais factores explicativos da desigualdade e da pobreza em Portugal se alicerçam em elementos estruturantes do modelo de crescimento económico seguido e das alterações registadas na estrutura da população.

Um modelo de crescimento profundamente desigual, assente na coexistência de baixos salários e de profundas assimetrias nos salários mais elevados, um acentuar do fosso que separa as áreas rurais das urbanas como consequência do declínio da actividade agrícola e da concentração nas grandes cidades, constituem elementos potenciadores do aumento da desigualdade e do acentuar dos factores de pobreza. O progressivo envelhecimento da população, associado a um crescente "desligar" da actividade produtiva de largos sectores da população e à insuficiência dos esquemas de protecção social existentes, constitui uma outra causa de agravamento da desigualdade e da exclusão social.

D) É possível actuar de forma eficaz contra a desigualdade e a pobreza

A natureza estrutural das desigualdades e da pobreza económica em Portugal evidenciada ao longo desta dissertação determina que a sua superação não possa resultar exclusivamente do progresso económico, antes exige a implementação de políticas activas que, sem descurar o crescimento e a modernização da economia, promovam igualmente uma sociedade mais equitativa e com menos precariedade social.

Ao longo da década de 90 os instrumentos tradicionais da política redistributiva (impostos e transferências sociais) desempenharam um papel importante na contenção do aumento da desigualdade e da pobreza. Saliente-se, em particular, a eficácia acrescida do efeito igualizador dos impostos directos. Na ausência desses efeitos, a desigualdade total por adulto equivalente teria aumentado de forma muito mais acentuada, mesmo no período de 1995 a 2000. A análise dos efeitos redistributivos das várias componentes das transferências sociais revela, igualmente, um aumento da sua eficácia no combate às situações de pobreza.

A simulação, efectuada no capítulo 5, dos impactos redistributivos do Programa de Rendimento Mínimo Garantido permite evidenciar que um programa governamental visando combater as situações de pobreza e de exclusão social, teve um impacto muito positivo na distribuição do rendimento e, em particular, nas famílias em situações de maior precariedade.

Os resultados alcançados demonstram, inequivocamente, aquela que é a principal potencialidade do programa: uma redução significativa da intensidade e da severidade da pobreza. O défice de recursos da população pobre sofre um decréscimo superior a 15%. O Rendimento Mínimo Garantido surge, assim, como um programa que, mais do que reduzir a prevalência da pobreza, visa atenuar as suas formas mais extremas.

Note-se, no entanto, que o impacto do RMG sobre a pobreza é superior aos efeitos gerados pelos montantes de transferências associados ao programa. Um dos objectivos em que assenta a concepção do programa é o de que este venha a permitir uma efectiva inserção social dos beneficiários na sociedade para que estes deixem de necessitar do apoio financeiro do programa.

A análise dos indicadores de eficiência propostos por Beckerman revela-se igualmente elucidativa quanto ao impacto redistributivo do RMG: a eficiência vertical do programa atinge os 92%, significando que somente cerca de 8% do montante total de transferências é atribuído a famílias que inicialmente se situavam acima da linha de pobreza; a eficiência na redução da pobreza é de cerca de 89%, correspondente à proporção das transferências que efectivamente reduz o défice de recursos da população pobre.

A avaliação dos diferentes indicadores de eficácia e de eficiência do Programa de Rendimento Mínimo Garantido demonstra que um programa concebido explicitamente para atenuar as situações de maior precariedade económica e de exclusão social pode ser bem-sucedido, gerando efeitos positivos sobre a distribuição do rendimento.

Mas o estudo efectuado sobre a aplicação do RMG também permite concluir que os elevados índices de desigualdade e de pobreza actualmente vigentes em Portugal não são uma inevitabilidade. Políticas sociais assentes num reforço dos direitos sociais, numa correcta identificação dos sectores mais desprotegidos da sociedade e em políticas redistributivas eficazes e eficientes podem inverter a situação existente e assegurar uma distribuição do rendimento mais equitativa. Para tal é necessário, igualmente, que a política económica seja capaz de conjugar a preocupação de crescimento e modernização da economia, com a vontade de criar uma sociedade mais justa e com menor precariedade.

Por último, saliente-se que o trabalho desenvolvido e as conclusões alcançadas ao longo desta dissertação permitem colocar novas questões sobre a distribuição do rendimento em Portugal. Em particular, na continuidade da investigação agora iniciada, duas áreas de investigação emergem como temas de interesse futuro que permitirão consolidar e aprofundar o estudo agora apresentado.

Em primeiro lugar, a articulação entre uma análise centrada nos recursos económicos das famílias e dos indivíduos e uma abordagem pluridimensional que tenha em conta as condições de vida e de participação civil, social e política da população.

Em segundo lugar, o desenvolvimento de modelos de microsimulação que possibilitem medir o impacto sobre os rendimentos das famílias e sobre a distribuição do rendimento, resultantes de alterações na política social. A experiência portuguesa de construção e utilização do modelo Euromod[130] constitui um bom exemplo de como a micro-simulação pode contribuir para a avaliação das políticas sociais e para ensaiar a formulação de novas políticas.

---

[130] Sobre o modelo Euromod veja-se Sutherland (2001) e Rodrigues *et al.* (2005).

Anexo I
Dominância de "Rank", de Lorenz e de Lorenz Generalizada para Diferentes Tipos de Distribuição do Rendimento

Quadro n.º A1-1
Distribuição do Rendimento Disponível dos ADP's
Dominância de "Rank"

Decil	1989	1995	2000	t 95-89	t 00-95	t 00-89
1	2665	3006	3317	6.52	5.60	12.41
	(34.7)	(39.1)	(39.5)			
2	4607	4942	5194	4.19	3.11	7.47
	(54.7)	(58.3)	(56.5)			
3	6458	6844	6978	3.83	1.22	4.98
	(66.4)	(75.6)	(80.5)			
4	8155	8833	9120	5.89	2.09	7.87
	(68.5)	(92.5)	(101.8)			
5	9937	10940	11439	7.71	3.24	10.63
	(81.1)	(101.7)	(115.6)			
6	11890	13145	13850	8.82	4.38	13.38
	(89.0)	(111.1)	(116.3)			
7	14006	15854	16489	10.89	3.20	14.96
	(91.8)	(142.7)	(138.3)			
8	16696	19501	19937	14.02	1.86	15.57
	(118.9)	(160.9)	(170.9)			
9	21034	25013	25907	13.41	2.45	15.10
	(171.7)	(241.9)	(273.3)			
10	34385	43870	47443	11.18	3.46	14.52
	(482.1)	(698.0)	(759.1)			
Total	12981	15192	15959	14.38	4.14	18.25
	(89.4)	(125.1)	(136.5)			

Notas: Valores em Euros a preços de 2000. Erros Padrão das estimativas entre parêntesis

Fonte: IOF 89/90, 94/95 e 2000. Cálculos efectuados pelo autor a partir dos micro-dados

Quadro n.º A1-2
Distribuição do Rendimento Disponível dos ADP's
Dominância de Lorenz

Decil	1989	1995	2000	t 95-89	t – ratio t 00-95	t 00-89
1	0.0205	0.0198	0.0208	-2.03	2.79	0.77
	(0.0003)	(0.0003)	(0.0003)			
2	0.0561	0.0523	0.0534	-4.50	1.29	-3.27
	(0.0006)	(0.0006)	(0.0006)			
3	0.1058	0.0974	0.0971	-6.22	-0.22	-6.47
	(0.0009)	(0.0010)	(0.0009)			
4	0.1686	0.1555	0.1542	-6.99	-0.68	-7.65
	(0.0013)	(0.0014)	(0.0014)			
5	0.2451	0.2276	0.2259	-7.31	-0.67	-7.89
	(0.0016)	(0.0018)	(0.0018)			
6	0.3369	0.3140	0.3127	-7.88	-0.43	-8.19
	(0.0019)	(0.0022)	(0.0022)			
7	0.4446	0.4184	0.4160	-7.74	-0.67	-8.30
	(0.0022)	(0.0025)	(0.0026)			
8	0.5733	0.5471	0.5416	-6.90	-1.33	-8.21
	(0.0025)	(0.0029)	(0.0030)			
9	0.7352	0.7113	0.7031	-6.01	-1.91	-8.05
	(0.0026)	(0.0030)	(0.0030)			
10	1.0000	1.0000	1.0000			

Notas: Valores em Euros a preços de 2000. Erros Padrão das estimativas entre parêntesis
Fonte: IOF 89/90, 94/95 e 2000. Cálculos efectuados pelo autor a partir dos micro-dados

Quadro n.º A1-3
Distribuição do Rendimento Disponível dos ADP's
Dominância de Lorenz Generalizada

Decil	1989	1995	2000	t 95-89	t – ratio t 00-95	T 00-89
1	267	301	333	6.49	5.75	12.56
	(3.5)	(3.9)	(3.9)			
2	728	795	852	5.53	4.53	10.29
	(8.2)	(9.0)	(8.8)			
3	1373	1480	1549	5.12	3.17	8.40
	(13.9)	(15.5)	(15.7)			
4	2188	2362	2461	5.72	2.91	8.69
	(19.6)	(23.3)	(24.4)			
5	3182	3458	3605	6.71	3.17	9.84
	(26.2)	(31.6)	(34.1)			
6	4374	4771	4990	7.58	3.69	11.27
	(33.2)	(40.5)	(43.4)			
7	5771	6357	6638	8.98	3.77	12.88
	(40.1)	(51.5)	(54.1)			
8	7441	8311	8643	10.86	3.60	14.54
	(48.7)	(63.5)	(66.7)			
9	9543	10806	11220	12.53	3.52	15.95
	(60.5)	(80.5)	(85.9)			
10	12981	15192	15959	14.38	4.14	18.25
	(89.4)	(125.1)	(136.5)			

Notas: Valores em Euros a preços de 2000. Erros Padrão das estimativas entre parêntesis

Fonte: IOF 89/90, 94/95 e 2000. Cálculos efectuados pelo autor a partir dos micro-dados

Quadro n.º A1-4
Distribuição do Rendimento Disponível dos ADP's
Proporções do Rendimento auferidas por cada Decil

Decil	1989	1995	2000	t 95-89	t – ratio t 00-95	t 00-89
1	0.0205	0.0198	0.0208	-2.03	2.79	0.77
	(0.0003)	(0.0003)	(0.0003)			
2	0.0355	0.0325	0.0325	-5.61	0.00	-5.72
	(0.0004)	(0.0004)	(0.0004)			
3	0.0497	0.0451	0.0437	-7.43	-2.12	-9.51
	(0.0004)	(0.0004)	(0.0005)			
4	0.0628	0.0581	0.0571	-7.00	-1.37	-8.29
	(0.0004)	(0.0005)	(0.0005)			
5	0.0766	0.0721	0.0717	-6.16	-0.48	-6.43
	(0.0005)	(0.0005)	(0.0006)			
6	0.0918	0.0864	0.0868	-7.06	0.42	-6.51
	(0.0005)	(0.0006)	(0.0006)			
7	0.1076	0.1044	0.1033	-3.83	-1.22	-5.23
	(0.0005)	(0.0007)	(0.0006)			
8	0.1287	0.1286	0.1256	-0.07	-3.00	-3.28
	(0.0006)	(0.0007)	(0.0007)			
9	0.1619	0.1642	0.1615	1.80	-1.97	-0.33
	(0.0008)	(0.0010)	(0.0010)			
10	0.2648	0.2887	0.2969	6.01	1.91	8.05
	(0.0026)	(0.0030)	(0.0030)			

Notas: Erros Padrão das estimativas entre parêntesis
Fonte: IOF 89/90, 94/95 e 2000. Cálculos efectuados pelo autor a partir dos micro-dados

Quadro n.º A1-5
Distribuição do Rendimento Disponível dos ADP's *Per Capita*
Dominância de "Rank"

Decil	1989	1995	2000	t 95-89	t – ratio t 00-95	t 00-89
1	1417	1589	1881	8.04	11.18	19.21
	(13.5)	(16.7)	(20.1)			
2	2024	2300	2709	12.50	15.33	28.20
	(13.4)	(17.5)	(20.2)			
3	2456	2814	3302	13.68	15.36	28.78
	(16.4)	(20.4)	(24.4)			
4	2901	3312	3880	14.32	16.41	30.79
	(17.8)	(22.5)	(26.3)			
5	3357	3840	4467	14.38	15.83	30.90
	(20.6)	(26.5)	(29.5)			
6	3874	4444	5125	14.86	14.97	29.43
	(24.6)	(29.4)	(34.6)			
7	4493	5195	6028	14.20	13.02	26.92
	(28.4)	(40.5)	(49.4)			
8	5317	6296	7268	14.61	11.73	26.86
	(38.1)	(55.1)	(61.8)			
9	6767	8286	9558	14.33	8.80	21.75
	(58.4)	(88.5)	(114.2)			
10	11724	16129	19216	12.18	6.58	18.46
	(194.7)	(304.8)	(356.2)			
Total	4433	5420	6342	17.79	12.77	30.17
	(30.6)	(46.3)	(55.4)			

Notas: Valores em Euros a preços de 2000. Erros Padrão das estimativas entre parêntesis
Fonte: IOF 89/90, 94/95 e 2000. Cálculos efectuados pelo autor a partir dos micro-dados

Quadro n.º A1-6
Distribuição do Rendimento Disponível dos ADP's *Per Capita*
Dominância de Lorenz

Decil	1989	1995	2000	t 95-89	t – ratio t 00-95	t 00-89
1	0.0320	0.0294	0.0297	-5.43	0.65	-4.69
	(0.0003)	(0.0004)	(0.0004)			
2	0.0777	0.0718	0.0725	-6.28	0.71	-5.45
	(0.0006)	(0.0007)	(0.0007)			
3	0.1331	0.1236	0.1245	-6.51	0.54	-5.85
	(0.0010)	(0.0011)	(0.0011)			
4	0.1986	0.1847	0.1856	-6.94	0.40	-6.42
	(0.0013)	(0.0015)	(0.0015)			
5	0.2742	0.2556	0.2561	-7.24	0.18	-6.96
	(0.0017)	(0.0020)	(0.0020)			
6	0.3617	0.3376	0.3369	-7.55	-0.22	-7.72
	(0.0021)	(0.0024)	(0.0025)			
7	0.4630	0.4334	0.4319	-7.80	-0.37	-8.14
	(0.0024)	(0.0029)	(0.0029)			
8	0.5829	0.5496	0.5467	-7.64	-0.61	-8.25
	(0.0028)	(0.0033)	(0.0034)			
9	0.7355	0.7025	0.6973	-6.99	-1.01	-8.19
	(0.0030)	(0.0036)	(0.0035)			
10	1.0000	1.0000	1.0000			

Notas: Valores em Euros a preços de 2000. Erros Padrão das estimativas entre parêntesis
Fonte: IOF 89/90, 94/95 e 2000. Cálculos efectuados pelo autor a partir dos micro-dados

Quadro n.º A1-7
Distribuição do Rendimento Disponível dos ADP's *Per Capita*
Dominância de Lorenz Generalizada

Decil	1989	1995	2000	t 95-89	t – ratio t 00-95	T 00-89
1	142	159	188	8.10	11.18	19.27
	(1.3)	(1.7)	(2.0)			
2	344	389	460	11.38	14.73	26.23
	(2.4)	(3.1)	(3.7)			
3	590	670	789	13.25	16.14	29.38
	(3.8)	(4.8)	(5.7)			
4	880	1001	1177	14.46	17.26	31.71
	(5.2)	(6.6)	(7.8)			
5	1215	1385	1624	15.38	17.93	33.47
	(6.8)	(8.7)	(10.1)			
6	1603	1830	2136	16.16	18.17	34.38
	(8.8)	(11.0)	(12.8)			
7	2052	2349	2739	16.65	17.90	34.54
	(10.9)	(14.1)	(16.6)			
8	2584	2979	3467	17.30	17.42	34.88
	(13.8)	(18.2)	(21.3)			
9	3260	3808	4422	17.89	15.89	33.48
	(17.9)	(24.8)	(29.7)			
10	4133	5420	6342	17.79	12.77	30.17
	(30.6)	(46.3)	(55.4)			

Notas: Valores em Euros a preços de 2000. Erros Padrão das estimativas entre parêntesis
Fonte: IOF 89/90, 94/95 e 2000. Cálculos efectuados pelo autor a partir dos micro-dados

Quadro n.º A1-8
Distribuição do Rendimento Disponível dos ADP's *Per Capita*
Proporções do Rendimento auferidas por cada Decil

Decil	1989	1995	2000	t 95-89	t – ratio t 00-95	t 00-89
1	0.0320	0.0294	0.0297	-5.43	0.65	-4.69
	(0.0003)	(0.0004)	(0.0004)			
2	0.0457	0.0424	0.0428	-6.21	0.68	-5.44
	(0.0003)	(0.0004)	(0.0004)			
3	0.0554	0.0519	0.0520	-5.95	0.20	-5.66
	(0.0004)	(0.0004)	(0.0005)			
4	0.0655	0.0611	0.0611	-6.90	0.02	-6.81
	(0.0004)	(0.0005)	(0.0005)			
5	0.0756	0.0708	0.0705	-6.87	-0.46	-7.37
	(0.0005)	(0.0005)	(0.0005)			
6	0.0874	0.0821	0.0808	-7.11	-1.56	-8.76
	(0.0005)	(0.0006)	(0.0006)			
7	0.1014	0.0958	0.0950	-6.58	-0.83	-7.42
	(0.0005)	(0.0006)	(0.0007)			
8	0.1199	0.1161	0.1148	-3.81	-1.31	-5.31
	(0.0006)	(0.0008)	(0.0007)			
9	0.1527	0.1529	0.1506	0.16	-1.52	-1.47
	(0.0009)	(0.0010)	(0.0011)			
10	0.2645	0.2975	0.3027	6.99	1.01	8.19
	(0.0030)	(0.0036)	(0.0035)			

Notas: Erros Padrão das estimativas entre parêntesis
Fonte: IOF 89/90, 94/95 e 2000. Cálculos efectuados pelo autor a partir dos micro-dados

Quadro n.º A1-9
Distribuição do Rendimento Disponível dos ADP's por Adulto Equivalente
Dominância de *"Rank"*

Decil	1989	1995	2000	t – ratio t 95-89	t 00-95	t 00-89
1	2006	2247	2613	8.13	10.73	18.87
	(19.4)	(22.4)	(25.7)			
2	2966	3258	3713	8.37	11.46	20.20
	(22.5)	(26.7)	(29.4)			
3	3683	4086	4570	9.61	10.28	20.28
	(27.0)	(32.1)	(34.4)			
4	4422	4837	5443	9.06	11.25	19.77
	(30.5)	(34.2)	(41.7)			
5	5171	5653	6396	9.16	11.57	20.82
	(32.3)	(41.4)	(49.2)			
6	5924	6598	7477	11.54	12.65	25.18
	(34.6)	(47.0)	(51.1)			
7	6855	7765	8667	12.52	10.30	23.02
	(43.6)	(58.2)	(65.6)			
8	8087	9351	10404	12.81	8.66	22.28
	(53.6)	(82.8)	(89.1)			
9	10190	12161	13473	12.84	6.76	19.02
	(88.4)	(125.5)	(148.2)			
10	17056	22277	25742	11.75	6.17	17.49
	(254.1)	(364.4)	(426.8)			
Total	6635	7823	8846	15.81	10.84	26.42
	(43.2)	(61.4)	(71.7)			

Notas: Valores em Euros a preços de 2000. Erros Padrão das estimativas entre parëntesis
Fonte: IOF 89/90, 94/95 e 2000. Cálculos efectuados pelo autor a partir dos micro-dados

Quadro n.º A1-10
Distribuição do Rendimento Disponível dos ADP's por Adulto Equivalente
Dominância de Lorenz

Decil	1989	1995	2000	t 95-89	t – ratio t 00-95	t 00-89
1	0.0303	0.0287	0.0295	-3.41	1.75	-1.56
	(0.0003)	(0.0003)	(0.0003)			
2	0.0751	0.0704	0.0715	-5.32	1.26	-3.96
	(0.0006)	(0.0006)	(0.0007)			
3	0.1304	0.1226	0.1232	-5.74	0.44	-5.23
	(0.0009)	(0.0010)	(0.0010)			
4	0.1971	0.1845	0.1847	-6.74	0.10	-6.54
	(0.0013)	(0.0014)	(0.0014)			
5	0.2751	0.2567	0.2570	-7.69	0.11	-7.45
	(0.0016)	(0.0018)	(0.0018)			
6	0.3645	0.3410	0.3417	-8.06	0.21	-7.67
	(0.0019)	(0.0022)	(0.0023)			
7	0.4676	0.4404	0.4396	-7.96	-0.20	-8.02
	(0.0022)	(0.0026)	(0.0027)			
8	0.5897	0.5598	0.5571	-7.73	-0.66	-8.27
	(0.0025)	(0.0029)	(0.0030)			
9	0.7430	0.7153	0.7098	-6.85	-1.27	-8.15
	(0.0027)	(0.0030)	(0.0031)			
10	1.0000	1.0000	1.0000			

Notas: Valores em Euros a preços de 2000. Erros Padrão das estimativas entre parêntesis
Fonte: IOF 89/90, 94/95 e 2000. Cálculos efectuados pelo autor a partir dos micro-dados

Quadro n.º A1-11
Distribuição do Rendimento Disponível dos ADP's por Adulto Equivalente
Dominância de Lorenz Generalizada

Decil	1989	1995	2000	t 95-89	t – ratio t 00-95	T 00-89
1	201	225	261	8.15	10.72	18.86
	(1.9)	(2.2)	(2.6)			
2	498	551	633	8.92	12.24	21.39
	(3.8)	(4.5)	(5.0)			
3	865	959	1090	9.99	12.34	22.66
	(6.1)	(7.2)	(7.9)			
4	1308	1443	1634	10.35	12.69	23.06
	(8.6)	(9.9)	(11.3)			
5	1825	2008	2273	10.58	13.13	23.74
	(11.1)	(13.2)	(15.2)			
6	2418	2668	3023	11.42	13.81	25.46
	(13.8)	(16.9)	(19.3)			
7	3103	3445	3889	12.49	13.70	26.45
	(17.1)	(21.4)	(24.3)			
8	3912	4379	4928	13.45	13.22	27.14
	(21.0)	(27.6)	(31.0)			
9	4930	5595	6279	14.56	12.29	27.08
	(27.2)	(36.7)	(41.7)			
10	6635	7823	8846	15.81	10.84	26.42
	(43.2)	(61.4)	(71.7)			

Notas: Valores em Euros a preços de 2000. Erros Padrão das estimativas entre parêntesis

Fonte: IOF 89/90, 94/95 e 2000. Cálculos efectuados pelo autor a partir dos micro-dados

Quadro n.º A1-12
Distribuição do Rendimento Disponível dos ADP's por Adulto Equivalente
Proporções do Rendimento auferidas por cada Decil

Decil	1989	1995	2000	t 95-89	t – ratio t 00-95	t 00-89
1	0.0303	0.0287	0.0295	-3.41	1.75	-1.56
	(0.0003)	(0.0003)	(0.0003)			
2	0.0448	0.0416	0.0420	-6.25	0.67	-5.53
	(0.0003)	(0.0004)	(0.0004)			
3	0.0554	0.0522	0.0517	-5.46	-0.87	-6.41
	(0.0004)	(0.0004)	(0.0004)			
4	0.0667	0.0619	0.0615	-7.76	-0.66	-8.22
	(0.0004)	(0.0004)	(0.0005)			
5	0.0780	0.0722	0.0723	-8.75	0.10	-8.42
	(0.0004)	(0.0005)	(0.0005)			
6	0.0894	0.0843	0.0847	-7.26	0.51	-6.65
	(0.0005)	(0.0005)	(0.0005)			
7	0.1031	0.0993	0.0979	-4.89	-1.67	-6.64
	(0.0005)	(0.0006)	(0.0006)			
8	0.1220	0.1195	0.1174	-2.86	-2.06	-5.19
	(0.0006)	(0.0007)	(0.0007)			
9	0.1533	0.1554	0.1527	1.67	-2.02	-0.47
	(0.0008)	(0.0009)	(0.0010)			
10	0.2570	0.2847	0.2902	6.85	1.27	8.15
	(0.0027)	(0.0030)	(0.0031)			

Notas: Erros Padrão das estimativas entre parêntesis
Fonte: IOF 89/90, 94/95 e 2000. Cálculos efectuados pelo autor a partir dos micro-dados

Quadro n.º A1-13
Distribuição Individual do Rendimento Disponível *Per capita*
Dominância de *"Rank"*

Decil	1989	1995	2000	t 95-89	t – ratio t 00-95	t 00-89
1	1310	1459	1737	6.62	10.45	17.32
	(14.3)	(17.4)	(20.1)			
2	1947	2203	2587	11.46	14.07	25.88
	(13.4)	(17.8)	(20.8)			
3	2366	2709	3159	13.96	14.82	28.29
	(15.3)	(19.2)	(23.5)			
4	2788	3199	3731	14.94	16.12	30.87
	(17.3)	(21.4)	(25.2)			
5	3217	3690	4295	14.78	16.18	31.76
	(19.7)	(25.2)	(27.6)			
6	3704	4274	4902	15.49	14.49	30.70
	(22.3)	(29.2)	(32.0)			
7	4281	4958	5699	15.64	13.20	27.69
	(25.9)	(34.7)	(44.2)			
8	5027	5950	6863	14.97	11.83	27.37
	(34.3)	(51.2)	(57.6)			
9	6344	7724	8830	14.30	8.99	22.75
	(55.4)	(79.0)	(94.2)			
10	10704	14193	17105	11.71	7.44	18.45
	(166.9)	(246.7)	(304.1)			
Total	4169	5035	5887	17.98	13.63	30.95
	(27.4)	(39.7)	(48.3)			

Notas: Valores em Euros a preços de 2000. Erros Padrão das estimativas entre parentesis
Fonte: IOF 89/90, 94/95 e 2000. Cálculos efectuados pelo autor a partir dos micro-dados

Quadro n.º A1-14
Distribuição Individual do Rendimento Disponível *Per capita*
Dominância de Lorenz

Decil	1989	1995	2000	t 95-89	t – ratio t 00-95	t 00-89
1	0.0315	0.0290	0.0296	-4.90	1.18	-3.67
	(0.0004)	(0.0004)	(0.0004)			
2	0.0781	0.0728	0.0735	-5.70	0.75	-4.84
	(0.0006)	(0.0007)	(0.0007)			
3	0.1350	0.1266	0.1272	-5.88	0.40	-5.35
	(0.0009)	(0.0011)	(0.0011)			
4	0.2018	0.1901	0.1904	-6.09	0.19	-5.76
	(0.0013)	(0.0014)	(0.0015)			
5	0.2790	0.2634	0.2635	-6.34	0.05	-6.14
	(0.0016)	(0.0018)	(0.0019)			
6	0.3678	0.3483	0.3467	-6.50	-0.47	-6.85
	(0.0020)	(0.0023)	(0.0024)			
7	0.4705	0.4468	0.4436	-6.70	-0.83	-7.44
	(0.0023)	(0.0027)	(0.0028)			
8	0.5911	0.5648	0.5601	-6.52	-1.08	-7.52
	(0.0026)	(0.0030)	(0.0032)			
9	0.7433	0.7182	0.7105	-5.85	-1.66	-7.53
	(0.0028)	(0.0032)	(0.0033)			
10	1.0000	1.0000	1.0000			

Notas: Valores em Euros a preços de 2000. Erros Padrão das estimativas entre parêntesis
Fonte: IOF 89/90, 94/95 e 2000. Cálculos efectuados pelo autor a partir dos micro-dados

Quadro n.º A1-15
Distribuição Individual do Rendimento Disponível *Per capita*
Dominância de Lorenz Generalizada

Decil	1989	1995	2000	t 95-89	t – ratio t 00-95	T 00-89
1	131	146	174	6.58	10.69	17.57
	(1.4)	(1.7)	(2.0)			
2	326	366	433	9.98	13.53	23.79
	(2.5)	(3.2)	(3.7)			
3	563	638	749	12.41	15.13	27.57
	(3.7)	(4.7)	(5.6)			
4	841	957	1121	14.05	16.40	30.39
	(5.1)	(6.5)	(7.7)			
5	1163	1326	1551	15.19	17.38	32.69
	(6.7)	(8.4)	(9.8)			
6	1533	1754	2041	16.20	17.65	34.13
	(8.4)	(10.7)	(12.3)			
7	1961	2250	2611	17.06	17.60	34.63
	(10.4)	(13.3)	(15.6)			
8	2464	2844	3297	17.73	17.23	35.10
	(12.9)	(17.1)	(19.9)			
9	3098	3616	4183	18.25	16.08	34.30
	(16.8)	(22.9)	(26.8)			
10	4169	5035	5887	17.98	13.63	30.95
	(27.4)	(39.7)	(48.3)			

Notas: Valores em Euros a preços de 2000. Erros Padrão das estimativas entre parêntesis
Fonte: IOF 89/90, 94/95 e 2000. Cálculos efectuados pelo autor a partir dos micro-dados

Quadro n.º A1-16
Distribuição Individual do Rendimento Disponível *Per capita*
Proporções do Rendimento auferidas por cada Decil

Decil	1989	1995	2000	t – ratio t 95-89	t – ratio t 00-95	t – ratio t 00-89
1	0.0315	0.0290	0.0296	-4.90	1.18	-3.67
	(0.0004)	(0.0004)	(0.0004)			
2	0.0467	0.0438	0.0439	-5.56	0.24	-5.22
	(0.0003)	(0.0004)	(0.0004)			
3	0.0568	0.0539	0.0537	-5.20	-0.24	-5.32
	(0.0004)	(0.0004)	(0.0004)			
4	0.0668	0.0634	0.0632	-5.51	-0.32	-5.74
	(0.0004)	(0.0005)	(0.0005)			
5	0.0772	0.0734	0.0731	-5.75	-0.37	-6.09
	(0.0004)	(0.0005)	(0.0005)			
6	0.0888	0.0849	0.0832	-5.50	-2.16	-7.78
	(0.0005)	(0.0005)	(0.0005)			
7	0.1027	0.0985	0.0968	-5.45	-1.96	-7.39
	(0.0005)	(0.0006)	(0.0006)			
8	0.1205	0.1181	0.1165	-2.70	-1.56	-4.42
	(0.0006)	(0.0007)	(0.0007)			
9	0.1522	0.1534	0.1505	0.93	-2.17	-1.36
	(0.0009)	(0.0010)	(0.0009)			
10	0.2567	0.2818	0.2895	5.85	1.66	7.53
	(0.0028)	(0.0032)	(0.0033)			

Notas: Erros Padrão das estimativas entre parêntesis
Fonte: IOF 89/90, 94/95 e 2000. Cálculos efectuados pelo autor a partir dos micro-dados

Quadro n.º A1-17
Distribuição Individual do Rendimento Disponível por Adulto Equivalente
Dominância de *"Rank"*

Decil	1989	1995	2000	t 95-89	t – ratio t 00-95	t 00-89
1	2150	2339	2726	5.56	10.23	16.24
	(22.1)	(25.8)	(27.7)			
2	3189	3473	3943	7.69	10.66	18.77
	(22.8)	(29.1)	(33.1)			
3	3908	4335	4887	10.31	11.04	20.98
	(26.4)	(31.9)	(38.5)			
4	4622	5074	5784	10.34	13.90	23.78
	(29.1)	(32.6)	(39.3)			
5	5330	5862	6721	10.72	13.46	24.02
	(29.6)	(39.9)	(49.8)			
6	6032	6771	7692	12.68	14.26	29.90
	(33.9)	(47.4)	(44.0)			
7	6932	7868	8799	14.05	11.82	25.75
	(41.8)	(51.9)	(59.3)			
8	8096	9347	10488	13.40	9.49	22.90
	(50.8)	(78.3)	(91.3)			
9	10123	12038	13453	12.98	7.77	20.51
	(86.5)	(119.5)	(137.4)			
10	16719	21525	24903	11.56	6.41	17.60
	(235.9)	(342.4)	(400.6)			
Total	6709	7860	8937	16.14	12.01	28.01
	(41.1)	(58.3)	(68.1)			

Notas: Valores em Euros a preços de 2000. Erros Padrão das estimativas entre parêntesis
Fonte: IOF 89/90, 94/95 e 2000. Cálculos efectuados pelo autor a partir dos micro-dados

Quadro n.º A1-18
Distribuição Individual do Rendimento Disponível por Adulto Equivalente
Dominância de Lorenz

Decil	1989	1995	2000	t 95-89	t – ratio t 00-95	t 00-89
1	0.0321	0.0298	0.0305	-4.79	1.55	-3.27
	(0.0003)	(0.0003)	(0.0003)			
2	0.0796	0.0739	0.0746	-6.16	0.71	-5.41
	(0.0006)	(0.0007)	(0.0007)			
3	0.1379	0.1291	0.1293	-6.36	0.15	-6.14
	(0.0009)	(0.0010)	(0.0010)			
4	0.2067	0.1938	0.1941	-6.98	0.12	-6.75
	(0.0012)	(0.0014)	(0.0014)			
5	0.2862	0.2682	0.2693	-7.68	0.41	-7.10
	(0.0015)	(0.0018)	(0.0018)			
6	0.3762	0.3545	0.3553	-7.70	0.28	-7.26
	(0.0018)	(0.0021)	(0.0022)			
7	0.4794	0.4546	0.4542	-7.54	-0.11	-7.53
	(0.0021)	(0.0025)	(0.0026)			
8	0.6002	0.5735	0.5712	-7.26	-0.57	-7.77
	(0.0024)	(0.0028)	(0.0029)			
9	0.7510	0.7266	0.7215	-6.43	-1.24	-7.74
	(0.0025)	(0.0029)	(0.0029)			
10	1.0000	1.0000	1.0000			

Notas: Valores em Euros a preços de 2000. Erros Padrão das estimativas entre parêntesis
Fonte: IOF 89/90, 94/95 e 2000. Cálculos efectuados pelo autor a partir dos micro-dados

Quadro n.º A1-19
Distribuição Individual do Rendimento Disponível por Adulto Equivalente
Dominância de Lorenz Generalizada

Decil	1989	1995	2000	t – ratio t 95-89	t 00-95	T 00-89
1	215	234	273	5.54	10.23	16.23
	(2.2)	(2.6)	(2.8)			
2	534	581	667	7.32	11.48	19.29
	(4.1)	(5.0)	(5.5)			
3	925	1015	1156	9.11	12.17	21.51
	(6.2)	(7.6)	(8.7)			
4	1387	1523	1734	10.22	13.43	23.65
	(8.6)	(10.2)	(11.9)			
5	1920	2108	2407	10.93	14.37	25.26
	(10.9)	(13.4)	(15.9)			
6	2524	2786	3176	12.08	15.14	27.70
	(13.5)	(17.0)	(19.3)			
7	3217	3573	4059	13.34	15.35	29.10
	(16.6)	(21.0)	(23.7)			
8	4027	4508	5105	14.33	14.74	29.48
	(20.3)	(26.7)	(30.4)			
9	5039	5711	6448	15.26	13.75	29.28
	(26.3)	(35.3)	(40.3)			
10	6709	7860	8937	16.14	12.01	28.01
	(41.1)	(58.3)	(68.1)			

Notas: Valores em Euros a preços de 2000. Erros Padrão das estimativas entre parêntesis
Fonte: IOF 89/90, 94/95 e 2000. Cálculos efectuados pelo autor a partir dos micro-dados

Quadro n.º A1-20
Distribuição Individual do Rendimento Disponível por Adulto Equivalente
Proporções do Rendimento auferidas por cada Decil

Decil	1989	1995	2000	t 95-89	t – ratio t 00-95	t 00-89
1	0.0321	0.0298	0.0305	-4.79	1.55	-3.27
	(0.0003)	(0.0003)	(0.0003)			
2	0.0475	0.0442	0.0441	-6.45	-0.14	-6.54
	(0.0003)	(0.0004)	(0.0004)			
3	0.0583	0.0552	0.0547	-5.58	-0.75	-6.25
	(0.0004)	(0.0004)	(0.0004)			
4	0.0689	0.0647	0.0647	-7.06	0.02	-6.89
	(0.0004)	(0.0004)	(0.0004)			
5	0.0794	0.0744	0.0752	-8.01	1.15	-6.49
	(0.0004)	(0.0005)	(0.0005)			
6	0.0900	0.0863	0.0861	-5.62	-0.26	-6.00
	(0.0004)	(0.0005)	(0.0005)			
7	0.1033	0.1001	0.0989	-4.33	-1.62	-6.04
	(0.0005)	(0.0005)	(0.0005)			
8	0.1208	0.1189	0.1170	-2.25	-2.01	-4.44
	(0.0005)	(0.0007)	(0.0007)			
9	0.1508	0.1531	0.1503	1.87	-2.21	-0.44
	(0.0008)	(0.0009)	(0.0009)			
10	0.2490	0.2734	0.2785	6.43	1.24	7.74
	(0.0025)	(0.0029)	(0.0029)			

Notas: Erros Padrão das estimativas entre parêntesis

Fonte: IOF 89/90, 94/95 e 2000. Cálculos efectuados pelo autor a partir dos micro-dados

Anexo II
Sensibilidade das Medidas de Pobreza Monetária face a Diferentes Tipos de Distribuição do Rendimento

Quadro n.º A2-1
Distribuição do Rendimento Disponível dos ADP's
Medidas de Pobreza

	1989	1995	2000	t 95-89	t – ratio t 00-95	t 00-89
Linha de Pobreza	6520	7201	7581			
(60% da Mediana)	(57.3)	(89.8)	(103.5)			
Incidência da Pobreza – F(0)	0.2523	0.2686	0.2808	2.75	1.75	4.61
	(0.0035)	(0.0048)	(0.0051)			
Intensidade da Pobreza – F(1)	0.0926	0.0959	0.0964	1.12	0.14	1.24
	(0.0017)	(0.0024)	(0.0025)			
Severidade da Pobreza – F(2)	0.0458	0.0462	0.0441	0.12	-0.64	-0.62
	(0.0016)	(0.0022)	(0.0023)			
Défice de Recursos Médio da População Pobre	604	690	731	3.36	1.20	4.40
	(13.8)	(21.8)	(25.3)			

Notas: Valores em Euros a preços de 2000. Erros Padrão das estimativas entre parêntesis
Fonte: IOF 89/90, 94/95 e 2000. Cálculos efectuados pelo autor a partir dos micro-dados

Quadro n.º A2-2
Distribuição do Rendimento Disponível dos ADP's *Per capita*
Medidas de Pobreza

	1989	1995	2000	t 95-89	t – ratio t 00-95	t 00-89
Linha de Pobreza	2156	2481	2871			
(60% da Mediana)	(15.0)	(24.2)	(28.2)			
Incidência da Pobreza – F(0)	0.1793	0.1840	0.1757	0.76	-1.16	-0-57
	(0.0037)	(0.0049)	(0.0051)			
Intensidade da Pobreza – F(1)	0.0409	0.0436	0.0407	1.37	-1.25	-0.08
	(0.0011)	(0.0016)	(0.0016)			
Severidade da Pobreza – F(2)	0.0146	0.0160	0.0145	1.26	-1.15	-0.08
	(0.0006)	(0.0009)	(0.0009)			
Défice de Recursos Médio da População Pobre	88	108	117	3.69	1.23	4.77
	(2.8)	(4.7)	(5.3)			

Notas: Valores em Euros a preços de 2000. Erros Padrão das estimativas entre parêntesis
Fonte: IOF 89/90, 94/95 e 2000. Cálculos efectuados pelo autor a partir dos micro-dados

Quadro n.º A2-3
Distribuição do Rendimento Disponível dos ADP's por Adulto Equivalente
Medidas de Pobreza

	1989	1995	2000	t 95-89	t – ratio t 00-95	t 00-89
Linha de Pobreza	3325	3669	4154			
(60% da Mediana)	(22.5)	(38.0)	(45.6)			
Incidência da Pobreza – F(0)	0.1992	0.2003	0.1994	0.18	-0.12	0.03
	(0.0036)	(0.0049)	(0.0054)			
Intensidade da Pobreza – F(1)	0.0505	0.0500	0.0477	-0.25	-0.89	-1.28
	(0.0012)	(0.0018)	(0.0018)			
Severidade da Pobreza – F(2)	0.0190	0.0183	0.0168	-0.53	-1.11	-1.85
	(0.0007)	(0.0010)	(0.0009)			
Défice de Recursos Médio da População Pobre	168	183	198	1.73	1.27	2.99
	(4.7)	(7.6)	(8.9)			

Notas: Valores em Euros a preços de 2000. Erros Padrão das estimativas entre parêntesis
Fonte: IOF 89/90, 94/95 e 2000. Cálculos efectuados pelo autor a partir dos micro-dados

Quadro n.º A2-4
Distribuição Individual do Rendimento Disponível *Per capita*
Medidas de Pobreza

	1989	1995	2000	t 95-89	t – ratio t 00-95	t 00-89
Linha de Pobreza	2072	2376	2748			
(60% da Mediana)	(15.7)	(25.5)	(28.7)			
Incidência da Pobreza – F(0)	0.1798	0.1830	0.1785	0.46	-0.56	-0.18
	(0.0041)	(0.0056)	(0.0058)			
Intensidade da Pobreza – F(1)	0.0432	0.0462	0.0433	1.21	-1.01	0.04
	(0.0014)	(0.0021)	(0.0020)			
Severidade da Pobreza – F(2)	0.0167	0.0183	0.0164	1.01	-1.03	-0.20
	(0.0008)	(0.0014)	(0.0012)			
Défice de Recursos Médio da População Pobre	90	110	119	3.22	1.12	4.27
	(3.2)	(5.4)	(6.1)			

Notas: Valores em Euros a preços de 2000. Erros Padrão das estimativas entre parêntesis
Fonte: IOF 89/90, 94/95 e 2000. Cálculos efectuados pelo autor a partir dos micro-dados

Quadro n.º A2-5
Distribuição Individual do Rendimento Disponível por Adulto Equivalente
Medidas de Pobreza

	1989	1995	2000	t – ratio t 95-89	t 00-95	t 00-89
Linha de Pobreza	3393	3777	4356			
(60% da Mediana)	(23.2)	(40.3)	(46.1)			
Incidência da Pobreza – F(0)	0.1764	0.1829	0.1910	0.99	1.05	2.17
	(0.0038)	(0.0054)	(0.0056)			
Intensidade da Pobreza – F(1)	0.0433	0.0465	0.0470	1.43	0.19	1.67
	(0.0012)	(0.0019)	(0.0019)			
Severidade da Pobreza – F(2)	0.0163	0.0176	0.0170	0.99	-0.41	0.55
	(0.0006)	(0.0011)	(0.0010)			
Défice de Recursos Médio da População Pobre	147	176	205	3.07	2.36	5.56
	(4.6)	(8.1)	(9.3)			

Notas: Valores em Euros a preços de 2000. Erros Padrão das estimativas entre parêntesis
Fonte: IOF 89/90, 94/95 e 2000. Cálculos efectuados pelo autor a partir dos micro-dados

Anexo III
Sensibilidade das Medidas de Desigualdade e de Pobreza Face a Diferentes Escalas de Equivalência

Quadro n.º A3-1
Sensibilidade das Medidas de Desigualdade e de Pobreza Face a Diferentes Escalas de Equivalência

1989	Elasticidade de Equivalência										
	0.00	0.05	0.15	0.25	0.35	0.45	0.55	0.65	0.75	0.85	0.95	1.00
Índice de Gini	0.3356	0.3324	0.3267	0.3221	0.3187	0.3164	0.3154	0.3157	0.3173	0.3204	0.3249	0.3277
Índice de Atkinson ($\varepsilon=0.5$)	0.0926	0.0908	0.0875	0.0849	0.0830	0.0817	0.0811	0.0813	0.0822	0.0839	0.0864	0.0879
Índice de Atkinson ($\varepsilon=1.0$)	0.1808	0.1768	0.1696	0.1637	0.1592	0.1560	0.1543	0.1540	0.1552	0.1579	0.1621	0.1648
Índice de Atkinson ($\varepsilon=2.0$)	0.3541	0.3449	0.3284	0.3145	0.3033	0.2951	0.2899	0.2877	0.2886	0.2926	0.2995	0.3041
Índice de Entropia Generalizada ($\theta=-1.0$)	0.2742	0.2633	0.2445	0.2294	0.2177	0.2093	0.2041	0.2020	0.2029	0.2068	0.2138	0.2185
Índice de Entropia Generalizada ($\theta=0$)	0.1995	0.1945	0.1859	0.1788	0.1734	0.1696	0.1675	0.1672	0.1686	0.1718	0.1769	0.1801
Índice de Entropia Generalizada ($\theta=1.0$)	0.1917	0.1884	0.1826	0.1782	0.1750	0.1732	0.1728	0.1739	0.1765	0.1808	0.1867	0.1904
Índice de Entropia Generalizada ($\theta=2.0$)	0.2571	0.2342	0.2296	0.2266	0.2254	0.2259	0.2283	0.2328	0.2395	0.2487	0.2606	0.2676
Incidência da Pobreza – F(0)	0.2180	0.2140	0.2055	0.1965	0.1868	0.1819	0.1797	0.1764	0.1760	0.1740	0.1768	0.1798
Intensidade da Pobreza – F(1)	0.0708	0.0679	0.0625	0.0574	0.0527	0.0491	0.0461	0.0435	0.0426	0.0417	0.0421	0.0432
Severidade da Pobreza – F(2)	0.0333	0.0314	0.0277	0.0245	0.0216	0.0194	0.0177	0.0164	0.0160	0.0157	0.0161	0.0167

Quadro n.º A3-2
Sensibilidade das Medidas de Desigualdade e de Pobreza Face a Diferentes Escalas de Equivalência

1995	Elasticidade de Equivalência											
	0.00	0.05	0.15	0.25	0.35	0.45	0.55	0.65	0.75	0.85	0.95	1.00
Índice de Gini	0.3673	0.3641	0.3584	0.3537	0.3500	0.3474	0.3460	0.3459	0.3472	0.3499	0.3540	0.3566
Índice de Atkinson ($\varepsilon=0.5$)	0.1103	0.1082	0.1047	0.1018	0.0995	0.0980	0.0973	0.0973	0.0982	0.0999	0.1025	0.1042
Índice de Atkinson ($\varepsilon=1.0$)	0.2103	0.2061	0.1984	0.1920	0.1870	0.1834	0.1813	0.1808	0.1818	0.1844	0.1887	0.1914
Índice de Atkinson ($\varepsilon=2.0$)	0.3876	0.3785	0.3620	0.3481	0.3369	0.3285	0.3230	0.3206	0.3212	0.3249	0.3315	0.3359
Índice de Entropia Generalizada ($\theta=-1.0$)	0.3165	0.3045	0.2838	0.2670	0.2540	0.2446	0.2386	0.2360	0.2366	0.2406	0.2480	0.2530
Índice de Entropia Generalizada ($\theta=0$)	0.2362	0.2307	0.2211	0.2132	0.2071	0.2027	0.2001	0.1994	0.2006	0.2038	0.2091	0.2125
Índice de Entropia Generalizada ($\theta=1.0$)	0.2330	0.2292	0.2226	0.2173	0.2134	0.2111	0.2103	0.2113	0.2140	0.2187	0.2254	0.2296
Índice de Entropia Generalizada ($\theta=2.0$)	0.3025	0.2980	0.2905	0.2848	0.2813	0.2800	0.2811	0.2851	0.2922	0.3031	0.3181	0.3274
Incidência da Pobreza – F(0)	0.2276	0.2242	0.2198	0.2124	0.2079	0.2001	0.1936	0.1878	0.1822	0.1783	0.1827	0.1830
Intensidade da Pobreza – F(1)	0.0761	0.0728	0.0681	0.0624	0.0583	0.0539	0.0504	0.0479	0.0461	0.0452	0.0460	0.0462
Severidade da Pobreza – F(2)	0.0356	0.0333	0.0299	0.0263	0.0237	0.0213	0.0194	0.0182	0.0175	0.0174	0.0180	0.0183

Anexo III. | 351

Quadro n.º A3-3
Sensibilidade das Medidas de Desigualdade e de Pobreza Face a Diferentes Escalas de Equivalência

2000	Elasticidade de Equivalência										
	0.00	0.05	0.15	0.25	0.35	0.45	0.55	0.65	0.75	0.85	0.95	1.00
Índice de Gini	0.3732	0.3670	0.3613	0.3565	0.3527	0.3501	0.3487	0.3487	0.3500	0.3528	0.3571	0.3598
Índice de Atkinson ($\varepsilon=0.5$)	0.1116	0.1095	0.1060	0.1031	0.1009	0.0994	0.0987	0.0988	0.0998	0.1016	0.1044	0.1061
Índice de Atkinson ($\varepsilon=1.0$)	0.2116	0.2073	0.1995	0.1931	0.1880	0.1844	0.1823	0.1818	0.1829	0.1857	0.1901	0.1930
Índice de Atkinson ($\varepsilon=2.0$)	0.3844	0.3751	0.3582	0.3438	0.3322	0.3235	0.3178	0.3151	0.3155	0.3191	0.3257	0.3302
Índice de Entropia Generalizada ($\theta=-1.0$)	0.3122	0.3001	0.2790	0.2620	0.2488	0.2391	0.2329	0.2300	0.2305	0.2343	0.2415	0.2464
Índice de Entropia Generalizada ($\theta=0$)	0.2373	0.2323	0.2225	0.2145	0.2083	0.2039	0.2013	0.2007	0.2020	0.2054	0.2108	0.2144
Índice de Entropia Generalizada ($\theta=1.0$)	0.2354	0.2327	0.2263	0.2212	0.2176	0.2155	0.2150	0.2162	0.2193	0.2243	0.2313	0.2357
Índice de Entropia Generalizada ($\theta=2.0$)	0.3045	0.3004	0.2938	0.2891	0.2865	0.2861	0.2883	0.2932	0.3011	0.3126	0.3279	0.3373
Incidência da Pobreza – F(0)	0.2349	0.2329	0.2239	0.2153	0.2144	0.2045	0.1942	0.1894	0.1828	0.1742	0.1786	0.1785
Intensidade da Pobreza – F(1)	0.0781	0.0752	0.0686	0.0627	0.0587	0.0537	0.0493	0.0466	0.0448	0.0429	0.0428	0.0433
Severidade da Pobreza – F(2)	0.0357	0.0336	0.0293	0.0255	0.0229	0.0202	0.0181	0.0169	0.0163	0.0158	0.0160	0.0164

Fonte: IOF 89/90, 94/95 e 2000. Cálculos efectuados pelo autor a partir dos micro-dados

Referências Bibliográficas

ALBUQUERQUE, J.L., BOMBA, T., MATIAS, I., RODRIGUES, C.F. e MATOS, G. (2002) Distribuição de Rendimento e Condições de Vida. In: DEPP/MTS *Portugal 1995--2000, Perspectivas de Evolução Social*. Lisboa, Celta Editora, pp. 67-86.

AMIEL, Y. e COWELL, F.A. (1998) Distributional Orderings and the Transfer Principle: A Re-examination. In: Slottje, D.J. ed. *Research on Economic Inequality*. Vol. 8, Greenwich (Conn.), JAI Press, pp 195-215.

ATKINSON, A.B. (1970) On the Measurement of Income Inequality. *Journal of Economic Theory*, 2 (3), pp. 244-263.

ATKINSON, A.B. ed. (1973) *Wealth Income & Inequality*. Middlesex, Penguin Education.

ATKINSON, A.B. (1974) *Unequal Shares*. England, Penguin Books.

ATKINSON, A.B. (1983) *The Economics of Inequality*. Oxford, Clarendon Press.

ATKINSON, A.B. (1987) On the Measurement of Poverty. *Econometrica*, 55 (4), pp. 749-764.

ATKINSON, A.B. (1995) What is happening to the distribution of income in the UK. In: Atkinson,A.B ed. *Incomes and the Welfare State*, Cambridge, Cambridge University Press, pp 15-40.

ATKINSON, A.B. (1997) Bringing Income Distribution From the Cold. *The Economic Journal*, 107, pp. 297-321.

ATKINSON, A.B. (1998) *Poverty in Europe*. Oxford, Blackwell Publishers.

ATKINSON, A.B. (1999) The Contributions of Amartya Sen to Welfare Economics. *Scandinavian Journal of Economics*, 101 (2), pp. 173-190.

ATKINSON, A.B. e BOURGUIGNON, F. (1989) The Design of Direct Taxation and Family Benefits. *Journal of Public Economics*, 41, pp. 3-29.

ATKINSON, A.B. e BOURGUIGNON, F. eds. (1999a) *Handbook of Income Distribution*. Amsterdam, North Holland.

ATKINSON, A.B. e BOURGUIGNON, F. (1999b) Introduction: Income Distribution and Economics. In: Atkinson, A.B. e Bourguignon, F. eds. *Handbook of Income Distribution*. Amsterdam, North Holland, pp 1-58.

BANCO DE PORTUGAL (1990) Relatório do Conselho de Administração-Relatório e Contas, Gerência de 1989, Lisboa, Banco de Portugal.

BANCO DE PORTUGAL (1991) Relatório do Conselho de Administração-Relatório e Contas, Gerência de 1990, Lisboa, Banco de Portugal.

BANCO DE PORTUGAL (1996) Relatório do Conselho de Administração-Relatório e Contas, Gerência de 1995, Lisboa, Banco de Portugal.

BANCO DE PORTUGAL (2001) Relatório do Conselho de Administração-Relatório e Contas, Gerência de 2000, Lisboa, Banco de Portugal.

BARRETT, G.F., CROSSLEY, T.F. e WORSWICK, C. (2000) Consumption and Income Inequality in Australia. *The Economic Record*, 76 (233), pp. 116-138.

BEACH, C.M., CHOW, K., FORMBY, J.P. e SLOTSVE, G. (1994) Statistical Inference for Decile Means. *Economic Letters*, 45, pp. 161-167.

BEACH, C.M. e DAVIDSON, R. (1983) Distribution-Free Statistical Inference with Lorenz Curves and Income Shares. *Review of Economic Studies*, 50, pp. 723--725.

BEACH, C.M. e KALISKI, S.F. (1986) Lorenz Curve Inference with sample weights: An application to the Distribution of Unemployment Experience. *Applied Statistics*, 35, pp. 38-45.

BEACH, C.M. e RICHMOND, J. (1985) Joint Confidence Intervals for Income Shares and Lorenz Curves. *International Economic Review*, 26 (6), pp. 439-450.

BECKERMAN, W. (1979) The Impact of Income Maintenance Programmes on Poverty in Four Developed Countries. Geneve, International Labour Office.

BECKERMAN, W. (1981) *The Impact of Income Maintenance Programmes on Poverty in Canada*. World Employment Programme Research Working Paper 2-23, Geneve, International Labour Office.

BIEWEN, M. e JENKINS, S. (2003) *Estimation of Generalized Entropy and Atkinson Inequality Indices from Survey Data*. Working Papers of the Institute for Social and Economic Research n.º 2003-11, Colchester,University of Essex.

BISHOP, J.A., CHAKRABORTY, S. e THISTLE, P.D. (1989) Asymptotically Distribution-free Statistical Inference for Generalised Lorenz Curves. *Review of Economics and Statistics*, 71 (11), pp. 725-727.

BISHOP. J.A., FORMBY, J.P. e SMITH, W.J. (1991) Lorenz Dominance and Welfare: Changes in the U.S. Distribution of Income, 1967-1986. *Review of Economics and Statistics*, 73, pp 134-139.

BISHOP, J.A., FORMBY, J.P. e THISTLE, P.D. (1989) Statistical Inference, Income Distributions, and Social Welfare. In: Slottje, D.J. ed. *Research on Economic Inequality*, Vol. 1, Greenwich (Conn.), Conn., JAI Press, pp 49-82.

BISHOP, J.A., FORMBY, J.P. e THISTLE, P.D. (1992) Convergence of the South and Non--South Income Distributions, 1969-1979. *American Economic Review*, 82, pp. 262-272.

BLACKORBY, C.D. e DONALDSON, D. (1978) Measures of relative Equality and their Meaning in Terms of Social Welfare. *Journal of Economic Theory*, 18, pp. 59-80.

BLACKORBY, C.D. e DONALDSON, D. (1980) A Theoretical Treatment of Measures of Absolute Inequality. *International Economic Review*, 21, pp. 107-136.

BOURGUIGNON, F. (1979) Decomposable Income Inequality Measures. *Econometrica*, 47 (4), pp. 901-920.

BRANCO, R. e GONÇALVES, C. (2000). Exclusão Social e Pobreza(s) em Portugal: uma primeira abordagem aos dados do Painel dos Agregados Familiares da União Europeia (1994-1997). Lisboa, INE.

BUHMANN, B., RAINWATER, L., SCHMAUS e SMEEDING, T. (1988) Equivalence Scales, Well-Being, Inequality and Poverty: Sensitivity Estimates Across Ten Countries Using the Luxembourg Income Study (LIS) Database. *Review of Income and Wealth*, 34, pp 115-142.

CARDOSO, A.R. (1997) Workers and Employers: Who is Shaping Wage Inequality. *Oxford Bulletin of Economics and Statistics*, 59 (4), pp. 523-547.

CARDOSO, A.R. (1998) Earnings Inequality in Portugal: High and Rising?. *Review of Income and Wealth*, 44 (3), pp. 325-343.

CASTANHEIRA, M.E. e PEREIRINHA, J.A. (1979) Real Disposable Household Income Distribution. *Planeamento*, 2 (3), pp. 111-150.

CHAMPERNOWNE, D.G. (1974) A Comparisons of Measures of Inequality of Income Distribution. *The Economic Journal*, 84, pp. 787-816.

CIES (1998) Rendimento Mínimo Garantido: Avaliação da Fase Experimental, Lisboa, DEPP/MTS.

COMISSÃO EUROPEIA (2004), *Joint report on social inclusion*. Directorate-General for Employment and Social Affairs Unit E.2, Luxembourg: Office for Official Publications of the European Communities.

COSTA, A. B. (1993) *The Paradox of Poverty – Portugal 1980-1989*. Ph.D. thesis, University of Bath.

COSTA, A.B., SILVA, M., PEREIRINHA, J.A. e MATOS, M. (1985) *A Pobreza em Portugal*. Lisboa, Cáritas.

COULTER, F.A.E., COWELL, F.A. e JENKINS, S. (1992a) Differences in Needs and Assessment of Income Distributions. *Bulletin of Economic Research*, 44 (2), pp. 77-124.

COULTER, F.A.E., COWELL, F.A. e JENKINS, S. (1992b) Equivalence Scale Relativities and the Extent of Inequality and Poverty. *The Economic Journal*, 102, pp. 1067--1082.

COWELL, F.A. (1977) *Measuring Inequality*. 1st ed. Oxford, Philip Allan.

COWELL, F.A. (1984) The Structure of American Income Inequality. *Review of Income and Wealth*, 30 (3), pp. 351-75.

COWELL, F.A. (1989) Sampling Variance and Decomposable Inequality Measures. *Journal of Econometrics*, 42 (1), pp. 27-41.

COWELL, F.A. (1995) *Measuring Inequality*. 2nd ed. London, Harvester Wheatsheaf.
COWELL, F.A. (1999a) Estimation of Inequality Indices. In: Silber, J. ed. *Handbook of income inequality measurement. With a foreword by Amartya Sen*, Boston, Dordrecht e London, Kluwer Academic, pp. 269-86.
COWELL, F.A. (1999b) Measurement of Inequality. In: Atkinson, A.B. e Bourguignon, F. eds *Handbook of Income Distribution*, Amsterdam, North Holland, 87-166.
COWELL, F.A. ed. (2003) *The Economics of Poverty and Inequality*.Vol 1. Cheltenham, Edward Elgar Publishing.
COWELL, F.A. e JENKINS, S. (1995) How Much Inequality Can We Explain? A Methodology and an Application to the United States. *Economic Journal*, 105 (429), pp. 421-430.
COWELL, F.A. e JENKINS, S. (2003) Estimating Welfare Indices: Household Weights and Sample Design. In: Amiel, Y. e Bishop, J.A. eds. *Inequality, Welfare and Poverty: theory and measurement*. Oxford, Elsevier Science, pp. 147-172.
COWELL, F.A., JENKINS, S. e LITCHFIELD, J. (1996) The Changing Shape of the UK Income Distribution: Kernel Density Estimates. In: Hills, J. ed. *New Inequalities – The Changing Distribution of Income and Wealth in the United Kingdom*. Cambridge, Cambridge University Press, pp 49-75.
COWELL, F.A. e KUGA, K. (1981a) Additivity and the Entropy Concept: An Axiomatic Approach to Inequality Measurement. *Journal of Economic Theory*, 25 (1), pp. 131-143.
COWELL, F.A. e KUGA, K. (1981b) Inequality Measurement:An Axiomatic Approach. *European Economic Review*, 15 (3), pp. 287-305.
CREEDY, J. (1977) The Principle of Transfers and the Variance of Logarithms. *Oxford Bulletin of Economics and Statistics*, 39, pp. 153-156.
DAGUM, C. (1990) On the Relationship Between Income Inequality Measures and Social Welfare Functions. *Journal of Econometrics*, 43, pp. 91-102.
DALTON, H. (1920) Measurement of the Inequality of Incomes. In: Cowell, F.A. ed. (2003) *The Economics of Poverty and Inequality*.Vol 1. Cheltenham, Edward Elgar Publishing.
DAVIDSON, R. e DUCLOS, J.Y. (2000) Statistical Inference for Stochastic Dominance and for the Measurement of Poverty and Inequality. *Econometrica*, 68 (6), pp. 1435-1464.
DEATON, A. (1997) *The Analysis of Household Surveys – A Microeconometric Approach to Development Policy*. Baltimore and London, World Bank/Johns Hopkins University Press.
DGEP/MIN.FINANÇAS (2003) *A Economia Portuguesa – Reformas e Ajustamento*. Lisboa, Ministério das Finanças.
DUCLOS, J.Y. e ABDELKRIM, A. (2005) *Poverty and Equity Measurement, Policy and Estimation with DAD*. CIRPÉE, Universite Laval, Québec.

EEC (1981) *Final Report from the Commission to the Council on the First Programme of Pilot Schemes and Studies to Combat Poverty*. Brussels, Commission of the European Communities.

EUROSTAT (2003a) *Household Budget Surveys in the EU: Methodology and Recomendations for Harmonization-2003*, Luxembourg, Office for Official Publications of the European Communities.

EUROSTAT (2003b) *Poverty and Social Exclusion in the EU after Laeken – Part 1*. Statistics in Focus – Population and Social Conditions n.° 8/2003, Luxembourg.

EUROSTAT (2003c) *Poverty and Social Exclusion in the EU after Laeken – Part 2*. Statistics in Focus – Population and Social Conditions n.° 9/2003, Luxembourg.

FERREIRA, L.V. (1992) Pobreza em Portugal – Variação e Decomposição de Medidas de Pobreza a Partir dos Orçamentos familiares de 1980-81 e 1989-90. *Estudos de Economia*, 12 (4), pp. 377-394.

FERREIRA, L. V. (1997) Teoria e Metodologia de Medição da Pobreza – Aplicação a Sociedade Portuguesa na Década de Oitenta. Dissertação de Doutoramento, Lisboa, Universidade Técnica de Lisboa.

FOSTER, J.E. (1984) On Economic Poverty: a Survey of Aggregate Measures. In: Basman e Rhodes eds. *Advances in Econometrics*, Vol. 3, Greenwich (Conn.), JAI Press, pp. 215-251.

FOSTER, J.E. (1985) Inequality Measurement. In: Young, H.P. ed. *Fair Allocation*. Providence, American Mathematical Society, pp. 38-61.

FOSTER, J.E., GREER, J. e THORBECKE, E. (1984) A Class of Decomposable Poverty Measures. *Econometrica*, 52 (3), pp. 761-776.

FOSTER, J.E. e SHORROCKS, A.F. (1988a) Poverty Orderings. *Econometrica*, 56, pp. 173-177.

FOSTER, J.E. e SHORROCKS, A.F. (1988b) Poverty Orderings and Welfare Dominance. *Social Choice and Welfare*, 5, pp. 171-198.

FRIEDMAN, M. (1957) *A Theory of the Comsumption Function*. Princeton, Princeton University Press.

FUCHS, V. (1967) Redefining Poverty and Redistributing Income. *The Public Interest*, 8, pp. 89-95.

GASTWIRTH, J.L. (1971) A General definition of the Lorenz Curve", *Econometrica*, 39, pp. 1037-1039.

GASTWIRTH, J.L. (1972) The Estimation of the Lorenz Curve and Gini Index, *Review of Economics & Statistics*, 54 (3), pp. 306-316.

GOUVEIA, M. (1998) Impactos na Distribuição do Rendimento. In: Barbosa, A.P. ed. *O Impacto do Euro na Economia Portuguesa*, Lisboa, Publicações Dom Quixote, pp. 357-392.

GOUVEIA, M. e ALBUQUERQUE, R. (1994) *Distribuição dos Salários em Portugal: 1980 e 1990*. Revista de Estatística e Estudos Económicos n.° 16, Lisboa, Banco de Portugal.

Gouveia, M. e Rodrigues, C.F. (1999), *Impacto do Rendimento Mínimo Garantido na Distribuição do Rendimento e no Bem Estar das Famílias*. Relatório de Investigação, Lisboa, CISEP – ISEG/UTL.

Gouveia, M. e Rodrigues, C.F. (2002) The Impact of a Minimum Guaranteed Income Program in Portugal. *Public Finance and Management*, 2 (2).

Gouveia, M. e Tavares, J. (1995) The Distribution of Household Income and Expenditure in Portugal: 1980 and 1990. *Review of Income and Wealth*, 41 (1), pp. 1-17.

Haddad, L.H. e Kanbur, R. (1990) How Serious Is the Neglect of Intra-Household Inequality?. *The Economic Journal*, 100 (402), pp. 866-881.

Harris, G. (1994) The Take-up of Income Related Benefits: Inaccuracies in the Estimation of Take-up Rates. Department of Social Security – Analytical Notes n.º 3, UK.

Howes, S. R. (1993) Income Distribution: Measurement, Transition and Analysis of Rural China. Ph. Thesis, London School of Economics.

Instituto Nacional de Estatística (1990) *Inquérito aos Orçamentos Familiares 1989-1990 – Metodologia*. Lisboa, INE.

Instituto Nacional de Estatística (1997) *Inquérito aos Orçamentos Familiares 1994--1995 – Metodologia*. Série Estudos, Lisboa, INE.

Instituto Nacional de Estatística (2002a), *Estatísticas Demográficas 2000*. Lisboa, INE.

Instituto Nacional de Estatística (2002b) *Inquérito aos Orçamentos Familiares 2000*. Lisboa, INE.

Jenkins, S. (1991a) The Measurement of Income Inequality. In L. Osberg eds. *Inequality and Poverty: International Perspectives*, New York: M. E. Sharpe, pp. 3-38.

Jenkins, S. (1991b) Poverty, Measurement and Within-Household Distribution: Agenda for Action. *Journal of Social Policy*, 20 (4), pp. 457-483.

Jenkins, S. (1992) *Recent Trends in UK Income Inequality*. In: Slottje, D.J. ed. *Research on Economic Inequality*. Vol. 2, Greenwich (Conn.), JAI Press, pp. 193-228.

Jenkins, S. (1994) *Winners and Loosers: A Portrait of the UK Income Distribution During the 1980s*. Department of Economics Discussion Paper n.º 94-07, University College of Swansea.

Jenkins, S. (1995) Accounting for Inequality Trends: Decomposition Analysis for the UK, 1971-86. *Economica*, 62 (245), pp. 29-63.

Jenkins, S. (2000) Modelling household income dynamics. *Journal of Population Economics*, 13 (4), pp. 529-567.

Jenkins, S. e Cowell, F.A. (1994) Dwarfs and Giants in the 1980s: Trends in the UK Income Distribution. *Fiscal Studies*, 15 (1), pp. 99-118.

Jenkins, S. e Lambert, P. (1997) Three 'I's of Poverty Curves, with an Analysis of UK Poverty Trends. *Oxford Economic Papers*, 49, pp. 317-327.

Jenkins, S. e Lambert, P. (1998a) Ranking Poverty Gap Distributions: futher TIPs for Poverty Analysis. In: Slottje, D.J. ed. *Research on Economic Inequality*. Vol. 8, Greenwich (Conn.), JAI Press, pp. 31-38.

JENKINS, S. e LAMBERT, P. (1998b) Three I's of Poverty Curves and Poverty Dominance: Tips for Poverty Analysis. In: Slottje, D.J ed., *Research on Economic Inequality*. Vol. 8, Greenwich (Conn.), JAI Press, pp. 39-56.
JIMENO, J.F., CANTÓ, O., CARDOSO, A.R., IZQUIERDO, M. e RODRIGUES, C.F. (2000) *Integration and Inequality: Lesson from the Accessions of Portugal and Spain to the EU*. FEDEA Working-Paper n.º 2000-10, Madrid, FEDEA.
KAKWANI, N. C. (1980) Income Inequality and Poverty: Methods of Estimation and Policy Applications. A World Bank Research Publication, Oxford University Press.
KAKWANI, N.C. (1984) Welfare Ranking of Income Distributions. In: Basman e Rhodes eds. *Advances in Econometrics*. Vol. 3, Greenwich (Conn.), JAI Press, pp. 191-213.
KAKWANI, N. C. (1990) Testing for Significance of Poverty Differences with Applications to Côte d'Ivoire. LSMS Working Paper n.º 62, World Bank.
KAKWANI, N.C. (1993) Statistical Inference in the Measurement of Povertry. *Review of Economics and Statistics*, 75 (4), pp. 632-639.
KAKWANI, N. C. (1997) *Inequality, Welfare and Poverty: Three Interrelated Phenomena*. School of Economics Discussion Paper n.º 97/18, University of New South Wales.
KOLM, S.-C. (1969) The optimal production of social justice. In: Margolis, J. e Guitton, H. eds. *Public Economics*, Londres, MacMillan, pp 145-200.
KUZNETS, S. (1955) Economic Growth and Income Inequality. *American Economic Review*, 45 (1), pp. 1-28.
LEVI, H. (1992) Stochastic Dominance and Expected Utility: Survey and Analysis. *Management Science*, 38 (4), pp. 555-593.
LEVI, H. (1998) *Stochastic Dominance*. Norwell, MA., Kluwer Academic Publishers.
LORENZ, M.O. (1905) Methods for Measuring Concentration of Wealth. In: Cowell, F.A. ed. (2003) *The Economics of Poverty and Inequality*.Vol 1. Cheltenham, Edward Elgar Publishing.
MOOKHERJEE, D. e SHORROCKS, A.F. (1982) A Decomposition Analysis of the Trend in the UK Income Inequality. *The Economic Journal*, 92, pp. 886-902.
MTSS (1994/.../2000), "Quadros de Pessoal", Colecção Estatísticas, Lisboa, Ministério da Segurança Social e do Trabalho, Departamento de Estudos, Prospectiva e Planeamento.
NUNES, F. (2004) Dinâmica de Pobreza e Eficácia do Sistema de Solidariedade e Segurança Social – uma Aplicação a Portugal. Dissertação de Doutoramento, Lisboa, Universidade Técnica de Lisboa.
PARENTE, P. e BAGO D'UVA, T. (2001) Índices de Custo de Vida: Um Estudo sobre a Realidade Portuguesa. *Revista de Estatística*, 1 (1), pp. 97-138.
PARENTE, P. e BAGO D'UVA, T. (2002) Evolução da Pobreza e da Desigualdade em Portugal no período 1995 a 1997, Lisboa, INE.

PEDROSO, P. (1997) Rendimento Mínimo Garantido: Ideias, Experiências e Desafios para as Políticas Sociais em Portugal, Lisboa, Conselho Económico e Social.
PEN, J. (1974) *Income Distribution*. 2nd ed. London, Hardmondsworth: Allen Lane.
PEREIRINHA, J.A. (1986) Repartição do Rendimento. In: *Portugal Contemporâneo: Problemas e Prespectivas*. Oeiras, INA, pp. 147-166.
PEREIRINHA, J.A. (1987) A Desigualdade do Rendimento como Fenómeno Estrutural: Reflexões Sobre o caso Português. *Planeamento*, 2 (3), pp. 23-49.
PEREIRINHA, J. A. (1988) *Inequalities, Household Income Distribution and Development in Portugal*. Ph.D. Thesis, Institute of Social Studies, The Hague, Netherlands.
PEREIRINHA, J.A. (2003) *Poverty and anti-poverty policies in Portugal: the experience of the Guaranteed Minimum Income (GMI)*. Paper presented at the Workshop "Poverty and Social Deprivation in the Mediterranean Area", CROP, 13-15 June 2003, Komotini, Greece
PIGOU, A.C. (1912) *Wealth and Welfare*. London, Macmillan.
POLLAK, R.A. e WALES, T.J. (1979) Welfare Comparisons and Equivalence Scales. *American Economic Review*, 69 (2), pp. 216-221.
RAVALLION, M. (1994) *Poverty Comparisons*. Chur Switzerland, Harwood Academic Publishers.
RAWLS, J. (1972) *A Theory of Justice*. Oxford, Oxford University Press.
RODRIGUES, C.F. (1994) Repartição do Rendimento e Desigualdade: Portugal nos Anos 80. *Estudos de Economia*, 14 (4), pp. 399-427.
RODRIGUES, C.F. (1996) Medição e Decomposição da Desigualdade em Portugal [1980/81 – 1989/90]. *Revista de Estatística*, 3 (3), pp. 49-70.
RODRIGUES, C. F. (1997) *Nota sobre o cálculo dos extrapoladores a utilizar nos IOFs 1980/ /81, 1989/90 e 1994/95, mimeo*, Lisboa, Departamento de Estatísticas Sócio- -Económicas, INE.
RODRIGUES, C. F. (2001) *Anti-poverty effectiveness and efficiency of the Guaranteed Minimum Income Programme in Portugal*. Departamento de Economia – Documentos de Trabalho n.º WP8/2001/DE/CISEP, Lisboa, ISEG/UTL.
RODRIGUES, C. F. (2004) *The Redistributive Impact of the Guaranteed Minimum Income Programme in Portugal*. Departamento de Economia – Documentos de Trabalho n.º WP9/2004/DE/CISEP, Lisboa, ISEG/UTL.
RODRIGUES, C.F. e ALBUQUERQUE, J.L. (2000) Pobreza e Exclusão Social: Percursos e Perspectivas da Investigação em Portugal. In: *Actas do Seminário Pobreza e Exclusão Social: Percursos e perspectivas da Investigação em Portugal*, Lisboa, CESIS – Centro de Estudos para a Intervenção Social.
RODRIGUES, C.F, ALBUQUERQUE, J.L. e FERNANDES, R. (2005) *Micro-simulação de Políticas Redistributivas em Portugal: a Experiência do Euromod*, Relatório de Investigação, Lisboa, CISEP – ISEG/UTL.

ROTHSCHILD, M. e STIGLITZ, J. (1970) Increasing risk I: A definition. *Journal of Economic Theory*, 2, pp. 225-243.
SANTOS, J. (1983) A distribuição lognormal: sua aplicação a dados portugueses de distribuição do rendimento. *Estudos de Economia*, 3 (2), pp. 201-218.
SANTOS, J. (1984) Escalas de Equivalência. *Estudos de Economia*, 5 (1), pp. 43-65.
SANTOS, J. (1985) Inflação e distribuição pessoal do rendimento em Portugal (1971--1981). *Estudos de Economia*, 5 (4), pp. 397-418.
SAPOSNIK, R. (1981) Rank-Dominance in Income Distributions. *Public Choice*, 36, pp. 147-151.
SAPOSNIK, R. (1983) On Evaluating Income Distributions: Rank Dominance. *Public Choice*, 40, pp. 329-336.
SEN, A. (1973) *On Economic Inequality*, 1st ed. Oxford, Claredon Press.
SEN, A. (1974) Informational Bases of Alternative Welfare Approaches. *Journal of Public Economics*, 3, pp. 387-403.
SEN, A. (1976) Poverty: an Ordinal Approach to Measurement. *Econometrica*, 44, pp. 219-231.
SEN, A. (1992) *Inequality Reexamined*. Oxford, Oxford University Press.
SEN, A. (1997) On Economic Inequality, Expanded Edition with a Substantial Annexe by James Foster and Amartya Sen. New York, Clarendon Paperbacks.
SHORROCKS, A.F. (1980) The Class of Additively Decomposable Inequality Measures. *Econometrica*, 48, pp. 613-625.
SHORROCKS, A.F. (1982) Inequality Decomposition by Factor Components. *Econometrica*, 50, pp. 193-212.
SHORROCKS, A.F. (1983) Ranking Income Distributions. *Economica*, 50, pp. 3-17.
SHORROCKS, A.F. (1998) Deprivation Profiles and Deprivation Indices. In: Jenkins, S., Kapteyn, A. e Van Praag B. eds. *The distribution of welfare and household production: International perspectives.* Cambridge; New York and Melbourne, Cambridge University Press, pp. 250-267.
SHORROCKS, A.F. e FOSTER, J.E. (1987) Transfer Sensitive Inequality Measures. *Review of Economic Studies*, 54, pp. 485-497.
SILVA, M. (1984) Uma Estimativa da Pobreza em Portugal em Abril de 1974, *Cadernos de Ciências Sociais*, 1, pp. 117-128.
SILVA, M. (1985) A Repartição do rendimento em Portugal no Pós Abril 74 – Tópicos para um Debate. *Revista Crítica de Ciências Sociais*, 15/16/17, pp. 269--279.
SILVA, M. (1999) *Novas Desigualdades, Novas Solidariedades e a Reforma do Estado – Uma Reflexão Breve*. Comunicação ao Colóquio Comemorativo dos 20 Anos da Revista Crítica de Ciências Sociais, Coimbra, Centro de Estudos Sociais.
SILVA, M., COSTA, A.B., CARDOSO, A., PEREIRINHA, J.A., PIMENTA, M., SEQUEIRA, M.J. e MARANHÃO, M.J. (1989) *Pobreza Urbana em Portugal*. Lisboa, Cáritas.

SILVERMAN, B.W. (1986) Density Estimation for Statistics and Data Analysis. London, Chapman & Hall.
SOARES, R. e BAGO D'UVA, T. (2000) *Income, Inequality and Poverty*. Lisboa, INE.
STOLINE, M.R. e URY, H.K. (1979) Tables of the Studentized Maximum Modulus Distributions and an Application to Multiple Comparisons among Means. *Technometrics*, 21, pp. 87-93.
SUTHERLAND, H. (1997) Households, Individuals and the Re-distribution of Income. *Fiscal Studies*, 18, pp. 1-22.
SUTHERLAND H. ed. (2001) *EUROMOD: an integrated European Benefit-tax model, Final Report*", EUROMOD Working Paper EM9/01, Cambridge, The Microsimulation Unit-Cambridge University.
THEIL, H. (1967) *Economics and Information Theory*. Amsterdam, North Holland.
THISTLE, P.D. (1989a) Duality Between Generalized Lorenz Curves and Distribution Functions. *Economic Studies Quarterly*, 404 (6), pp. 183-187.
THISTLE, P.D. (1989b) Ranking Distributions with Generalized Lorenz Curves. *Southern Economic Journal*, 56, pp. 1-12.
WEISBROD, B. (1969) Collective Action and the Distribution of Income: A Conceptual Approach. In: *The Analysis and Evaluation of Public Expenditures: The PPB System*. Washington DC, U.S. Congress, Joint Economic Committee.
WOOLLEY, F. e MARSHALL, J. (1994) Measuring Inequality within the Household. *Review of Income and Wealth*, 40 (4), pp. 415-431.